商业元宇宙

开启万亿规模社会经济

[荷] 马克·冯·里吉门纳姆（Mark van Rijmenam）◎著
赵丽霞◎译

中国出版集团
中译出版社

图书在版编目（CIP）数据

商业元宇宙：开启万亿规模社会经济 /（荷）马克·冯·里吉门纳姆 (Mark van Rijmenam) 著；赵丽霞译 . -- 北京：中译出版社，2023.2

书名原文：Step into the Metaverse: How the Immersive Internet Will Unlock a Trillion-Dollar Social Economy

ISBN 978-7-5001-7233-8

Ⅰ.①商… Ⅱ.①马… ②赵… Ⅲ.①信息经济—研究 Ⅳ.① F49

中国版本图书馆 CIP 数据核字 (2022) 第 224501 号

著作权合同登记号：图字 01-2022-4244

Step into the Metaverse: How the Immersive Internet Will Unlock a Trillion Dollar Social Economy
ISBN: 978-1119887577 Copyright © 2022 by Mark van Rijmenam
All Rights Reserved. This translation published under license. Authorized translation from the English language edition, published by John Wiley & Sons. No part of this book may be reproduced in any form without the written permission of the original copyrights holder.
Copies of this book sold without a Wiley sticker on the cover are unauthorized and illegal.
Simplified Chinese translation copyright © 2023 by China Translation and Publishing House.
ALL RIGHTS RESERVED
本书仅限中国大陆地区发行销售

出版发行：中译出版社
地　　址：北京市西城区新街口外大街 28 号普天德胜大厦主楼 4 层
电　　话：010-68359719
邮　　编：100088
电子邮箱：book@ctph.com.cn
网　　址：www.ctph.com.cn

策划编辑：刘香玲
责任编辑：张　旭
文字编辑：张莞嘉
营销编辑：毕竟方　刘子嘉
版权支持：马燕琦　王立萌　王少甫

封面设计：仙境设计
排　　版：冯　兴
印　　刷：河北宝昌佳彩印刷有限公司
经　　销：新华书店
规　　格：710mm×1000mm　1/16
印　　张：18.75
字　　数：240 千字
版　　次：2023 年 2 月第 1 版
印　　次：2023 年 2 月第 1 次

ISBN 978-7-5001-7233-8　　定价：79.00 元

版权所有　侵权必究
中译出版社

献给开放元宇宙的所有创作者和创造者

关于作者

马克·冯·里吉门纳姆博士是数字演讲者,也是未来技术战略家,思考新兴技术将如何改变组织、社会和元宇宙。他还是国际知名主题演讲家、4X策略游戏开发者和创业家。他创立了大数据平台"无限数据"(Datafloq);与丹·图尔钦(Dan Turchin)共同主持播客"两个博主对话"(*Between Two Bots*),主题涉及文化、技术以及人工智能、科技和元宇宙的伦理影响。他拥有悉尼科技大学(University of Technology Sydney)管理学博士学位,研究领域是组织如何应对大数据分析、区块链和人工智能(AI)。

数字演讲者可以在现场做主旨报告,也可以由全息影像呈现。冯·里吉门纳姆的虚拟化身也以虚拟现实形式发表演讲。他是澳大利亚专业演讲者协会(Professional Speaker Association Australia)认可的演讲者,也是全球演讲者联盟(Global Speakers Federation)成员。他发布的"$f(x)=e^x$"简报关注工作发展和未来组织,高管读者多达数千位。数字演讲者已在全球20个国家发表演讲,受益的经理、董事和首席高管超过10万人。

推荐语

马克全面介绍了元宇宙的历史和现状,并展望了元宇宙的未来。阅读本书就像背着喷气背包跳下兔子洞的奇妙旅程,当你穿越兔子洞从另一头出来时,将能够完全理解元宇宙对你自己、你的公司或你的组织的含义。

——保罗·汉密尔顿(Paul Hamilton),元宇宙设计机构"虚拟协同"(vTogether)创始人

从多年前第一次读《雪崩》(Snow Crash)开始,我就一直沉迷于元宇宙。我写了很多关于元宇宙的东西,在元宇宙行业工作,搭建了 VR 体验,持续撰写有关元宇宙的每周通讯……而我依然从马克的书里学到了很多。元宇宙还有很多方面我没有想到。哪怕你觉得自己已经很了解这个话题,还是要读这本书。读完这本书,你会发现大把可以研究探索的全新事物,你的大脑也会在这些事物之间建立起新的关联。

——丹尼尔·西森(Daniel Sisson),作家、咨询师、扩展现实(XR)开发者

冯·里吉门纳姆极其全面地解释了元宇宙的方方面面。无论你是刚开始接触元宇宙的概念,还是已经精通元宇宙的某些方面却还想了解其全貌,本书都会对你有所启示。

——拉宾德拉·拉坦(Rabindra Ratan),副教授,自 2005 年以来从事元宇宙技术等研究

这本书全面而直白地介绍了元宇宙和第三代互联网（Web 3.0）带来的机遇和挑战，是企业家和商业领袖的必读书。

——阿维纳什·考希克（Avinash Kaushik），"哇咔元宇宙全套解决方案"（Waka Metaverse Suite）的创始人和 CEO

当第三代互联网拓展到第三个维度，带来新的交互、合作和个体交往方式，以及新的产品、服务、娱乐等，《商业元宇宙》正当其时。

——拉古·巴拉（Raghu Bala），区块链公司"物网平台"（NetObjex）CEO

马克·冯·里吉门纳姆的书描述了元宇宙的起源，对元宇宙的好奇者和先行者有启发意义，就像黑暗中的一道光。

——马修·布雷巴克（Matthew Brewbaker），VEU 公司和"娱乐宇宙"（Enterverse）CEO

冯·里吉门纳姆带我们领略元宇宙的发展现状，探索网络空间演变带来的无限机遇，以及因缺乏标准和监管等可能存在的威胁。本书细致入微地描述了元宇宙这个新兴产业，展现了数字演讲者（The Digital Speaker）冯·里吉门纳姆本人作为元宇宙第一批居民的深刻认识。任何对元宇宙空间感兴趣的人都应该读一读。

——山姆·约翰斯顿（Sam Johnston），投资人、创业工作室"阿库米诺"（Acumino）CEO

在《商业元宇宙》中,马克·冯·里吉门纳姆全面审视了将会形成合力的各种力量。这些力量终将成为人类发展、繁荣和生存的未来范式。当然,我们可不能搞砸。

——约翰·盖耶塔(John Gaeta),创作人、发明家、执行官

本书全面呈现了当今有关元宇宙的重要讨论。

——尼尔·特雷维特(Neil Trevett),
科纳斯组织(The Khronos Group)主席

冯·里吉门纳姆对元宇宙进行了广泛的探索。他及时地提出了有关道德和主权的问题。此时此刻,我们还在构建下一代数字现实,这样的讨论显得至关重要。

——王星宇(音译,Tiffany Xingyu Wang),元宇宙标准组织
"绿洲联盟"(Oasis Consortium)主席、联合创始人

马克·冯·里吉门纳姆博士专业地分享了新兴元宇宙充满希望的愿景,同时也对现有解决方案的挑战和差距持务实态度。

——亚历克·拉扎雷斯库(Alec Lazarescu),
"宇宙科技元宇宙"(VerseTech Metaverse)创始人

人类存在的下一篇章正在构建。"商业元宇宙",你会充分认识技术、消费趋势、品牌和个人自我表达的重塑等汇合而成的力量。

——贾斯汀·W·霍赫伯格(Justin W. Hochberg),
虚拟品牌集团(Virtual Brand Group)CEO、创始人

推荐序

像《雪崩》《头号玩家》这样的科幻故事把元宇宙描述成一个对娱乐和价值攫取有无限可能的虚拟世界。在它们所描绘的元宇宙中，有个中心化的实体控制着元宇宙，控制着所有的数据、数字资产和进入元宇宙的人。鉴于我们已经建立起一个依赖中心、封闭专有、攫取价值的互联网，这种反乌托邦的未来在现实世界中绝对不可能出现。当前的互联网治理是股东至上而非用户中心，而我们都沉迷于"免费"访问这些互联网平台。

所有这些"免费"服务的代价就是失去隐私以及对自身数据、身份控制权的丧失。这也是为什么我在2014年创办了加密风投机构Outlier Ventures，当时我觉得应该建立一个不同的世界。在新世界里，区块链、加密货币、人工智能、混合现实等技术手段相互融合，终端用户能够重新掌控自己的数字生活。多年来，我们投资了几十家公司，这些公司都把第三代互联网（Web 3.0）技术构建在三个创新关键层次上，即基础设施层、中间层和应用层。

Web 3.0技术将会推动实现去中心化、无须许可的开放数字经济，紧密围绕用户、身份和数据可移植性，这将使我们能够创建更加公平、更加包容的互联网。拥抱这种迈向去中心化的范式转变至关重要，特别是考虑到我们正处于元宇宙发端或互联网下一次迭代之际，其重要性就更加凸显。

如果说Web 2.0和社交互联网实现了数据的大规模采集，想象一下沉浸式数字环境会是怎样。收集和分析数据的可能性会呈指数型增长，使企业或国家的监视达到前所未有的水平。这就是为什么我们需要由用户而非一小群技术精英所有和控制的开放元宇宙。

第一次听说《商业元宇宙》时，我欣赏马克·冯·里吉门纳姆为开放元宇宙打造蓝图的愿景。元宇宙将解锁全新的经济形式：物理世界和数字世界的界限，或者说我们的虚拟生活和物理生活的界限，将在其中开始变得模糊。从经济角度看元宇宙，我们会提出一些重要的问题，如元宇宙究竟能有多包容，谁能参与数字经济、谁又不能。冯·里吉门纳姆在确保实现开放元宇宙经济方面颇有见地，其中数字资产的互操作性、自我主权身份和加密货币发挥着关键作用。

Web 3.0 技术是开放元宇宙的关键，我们在 Outlier Ventures 上支持的公司都在为此而努力。在开放的元宇宙中，每个人最终都能为人类已知的首个真正面向全体且无须许可的经济形式做出贡献，并从中受益。在《商业元宇宙》中，马克·冯·里吉门纳姆简明扼要地解释了我们如何构建这种沉浸式互联网，实现奇妙的数字体验，并融入完全开放的经济体系，推动数字资产的互操作性，并使我们的社会从关注价值攫取转变为关注价值创造。

杰米·伯克
Outlier Ventures 创始人、CEO

前　言

2021年10月28日，马克·扎克伯格（Mark Zuckerberg）宣布他要把脸书（Facebook）从社交网络转型为互联网的未来——元宇宙。他还声称这是互联网的下一次迭代，并将脸书改名为Meta。虽然扎克伯格说得都对，我们的确需要一个由用户赋能、具有开放性和互操作性[①]的元宇宙，但没什么人相信他。实际上，弗雷斯特公司（Forrester）的一项调查表明，700名受访者中有75%不相信扎克伯格在建造元宇宙。[1]《华尔街日报》（WSJ）的研究显示，1 058位受访的美国互联网用户中，有72%非常不信任或完全不信任脸书。我在领英（LinkedIn）上的调查也得到了类似的结果，469人中有78%表示他们不会信任扎克伯格打造互联网的下一次迭代。[2]时间将告诉我们他能有多成功，但如果用户和内容创作者要在自己主宰的世界和创造者主宰的世界之间做出选择，我想答案显而易见。

过去几个月里，我穿越了元宇宙的兔子洞。在本书的前期研究中，我与近100位元宇宙创造者和创作家交流，还另外邀请了133位受访者完成了关于元宇宙的超长调查。作为这一全新互联网的先驱，他们正在构建一个开放包容、去中心化、可互操作的元宇宙。

我希望你的阅读体验能像我探索这个神奇世界时一样充满享受，

[①] 互操作性是元宇宙的重要特征，我将会在后文中深入讨论。其基本含义是你可以把自己的数据和数字资产从一个平台带到另一个平台，这在今天是不可能的。——原注

在这个世界中，唯一会限制我们的只有我们自己的创造力。在本书中，我将会分享我关于元宇宙的愿景、元宇宙的未来形态以及它将怎样改变我们的身份、游戏、社交、购物和工作的方式。如果我们真正建成一个开放的元宇宙，由此带来的数万亿美元收益将属于所有创造者和创作家。不过我们也要注意前路隐藏的危险，三思而后行才能避免重蹈建设 Web 2.0 或社交互联网时的覆辙。元宇宙领域千头万绪，而世界又瞬息万变。我知道本书每一章都足以独立成书，然而，我在覆盖面尽可能广的同时尽量精简篇幅。开篇我将带领读者一窥未来可能的样子，展示元宇宙在 2032 年真正到来时的生活。请诸君享受！

目录

插曲：2032　　　　　　　　　　　　　　001
引　言　　　　　　　　　　　　　　　012

第 1 章　沉浸式未来

从 Web 1.0 到 Web 3.0　　　　　　　　026
从 AR 到 VR 再到 XR　　　　　　　　　034
元宇宙会是什么样　　　　　　　　　　039
元宇宙的六个特征　　　　　　　　　　045
开放元宇宙意味着自由　　　　　　　　061
无尽的蓝海　　　　　　　　　　　　　063

第 2 章　建立开放的元宇宙

开放还是封闭？　　　　　　　　　　　068
混合 Web　　　　　　　　　　　　　　076

开放的经济体系 080

第 3 章　成为你想成为的人

虚拟化身的兴起 084

数字时尚 094

沉浸商务 102

寒武纪式身份大爆发 106

第 4 章　去你想去的地方

虚拟世界 110

元宇宙中的游戏 119

元宇宙中的体育 123

元宇宙中的媒体和娱乐 127

元宇宙中的教育 131

赋权于创作者 134

第 5 章　为品牌带来无限创意

超越光鲜外表 138

沉浸式社群的力量 142
体验营销的时代 149
创意、社群和共同创作 154

第 6 章　企业连接的指数式增长

一个变化的世界 160
沉浸式工作的未来 163
数字孪生 172
政府的角色 181

第 7 章　创作者经济

充满活力的元宇宙经济 186
代币为什么重要 192
NFT 的挑战 198
数字房地产 205
经济机制 209
从去中心化金融到元金融 214

第 8 章　元宇宙中的数字主义

技术是中立的　　　　　　　　　　　218

元宇宙的危险　　　　　　　　　　　220

验证、教育和监管　　　　　　　　　230

监控还是赋权　　　　　　　　　　　237

第 9 章　元宇宙的未来

脑机接口：沉浸式体验的未来　　　　242

艺术、创意和创造的复兴　　　　　　247

结　语　　　　　　　　　　　　　　251

致　谢　　　　　　　　　　　　　　253

参考文献　　　　　　　　　　　　　257

插曲：2032

拉雅的大橡木桌对面，站着最新款虚拟助手小埃和来自南方小村庄的机灵小伙儿达里尔的全息影像。在他们背后，一份虚拟的演示文稿飘浮在空中。

"早上好，首相。"小埃用中性而舒缓的声音说道。拉雅的安全官总是不太愿意使用小埃，不过这软件还算好用，加之有刚成立的网络警察部（Ministerial Cyber Police，M.C.P）保障，拉雅就忽略了安全官这种老派的人对新技术的排斥。

"我们能快点儿吗？今天是我几个月以来第一次见到我的家人。"拉雅询问两人，鼻梁上架着增强现实（AR）眼镜。小埃和达里尔交换了一个眼神，开始工作。

达里尔开始用一贯的语气向首相汇报三个重点项目的进展：新技能、文化保护项目和区块链+。达里尔从新技能讲起，这个项目是全民基本收入（Universal Basic Income）的创新举措，旨在支持和鼓励剩余劳动力通过再培训转移到面向未来的工作岗位。接着达里尔谈到文化保护项目，该项目的目的是安抚老年公民，他们短短几年见证了太多变化。

小埃介绍至第三个项目。她带着恐怖谷①般的微笑走上前,把演示文稿换成拉雅教育改革的最新进展和财政部区块链+项目的最新情况。

他们又用了一个小时讨论最紧迫的议题。上午9点,拉雅和助手互道早安。她扶了扶眼镜,终于忙完所有事。这是她两个月以来第一次留出时间与家人共度,要是再有什么事搅乱这一天,她实在难以交代。

拉雅起身,走近通信墙(Communication Wall),从墙上取下一副光滑轻巧的金属涂层头戴式显示器,走到房间正中间,那里画着一个6×6的方格。方格另一侧摆着一把舒适而且看起来很结实的安全椅。大多数虚拟现实(VR)区都会有这么一把椅子,因为VR会让人疲惫。拉雅站在方格中央,穿上装备,打开捕捉动作的智能雷达系统,发出指令。

---

① 恐怖谷理论是一个关于人类对机器人和非人类物体的感觉的假设,由日本机器人专家森昌弘在1970年提出。该假设指出:由于机器人与人类在外表、动作上相似,人类亦会对机器人产生正面的情感;而当机器人与人类的相似程度达到一个特定程度的时候,人类对他们的反应便会突然变得极其负面和反感,哪怕机器人与人类只有一点点的差别,都会显得非常显眼刺目,从而使整个机器人有非常僵硬恐怖的感觉,犹如面对行尸走肉;当机器人和人类的相似度继续上升,相当于普通人之间的相似度的时候,人类对他们的情感反应会再度回到正面,产生人类与人类之间的移情作用。——译者注。

插曲：2032

屏幕亮起，拉雅突然就站在了数字孪生办公室的中央。无论是她桌子下的紧急按钮，还是角落里挂着的一堆外套，都跟真实办公室里的一模一样。唯一的区别是飘浮在办公桌上方的数据大屏，上面显示着实时经济预测和头条新闻。

拉雅用默认的虚拟化身走进数字衣橱。闪光的衣橱门自动打开，然后旋转着消失不见。她来回挑选几种服装和虚拟化身，最后选定了一身浅褐色套装。这身衣服比较休闲，无论是见家人还是撞上不请自来的数字狗仔队，都是理想的选择。

她又轻轻地挥了下手，调出一排按键，滑动界面，在"人物"那里停下。"人物"列表中第一个联系人的标签是她丈夫"泰瑞"。拉雅按下这个名字，选择了"去他那里"选项。

拉雅的眼前一片漆黑，随后一个约篮球大小的球在她前面转动，并逐渐显现颜色。等球的颜色完全稳定，拉雅发现自己面前是无数个风格各不相同的壁球场。她依然没有完全适应场景的高速切换，因为几年前元宇宙几乎哪里都会有延迟。

她前面是丈夫的数字孪生背影。他正在看一场虚拟化身之间的超级壁球比赛，其中一个虚拟化身看起来像三文鱼，另一个则像小布什。这两个虚拟化身把一个金色的球打来打去，他们冲刺和跳跃的方式只有在数字王国中才能实现。

"泰瑞！"拉雅叫道，差点儿被自己这久违的充满爱意的语气吓到。她好像已经许久没有听到自己这么甜美的声音了。她走近丈夫，她真实的笑容投射在自己的数字孪生脸上。

泰瑞转过身，看到妻子的虚拟化身很激动。他们上前拥抱对方，反馈传感器随着动作热了起来。

"吃早午餐了吗？"

"还没有，我就是等待的时候看看超级壁球，"泰瑞解释道，"我已经到餐厅了。"

※※※

泰瑞戴着 AR 眼镜，一边看着妻子的全息影像，一边吃饭。从拉雅的视角来看，她正坐在阿尔·潘乔餐厅的数字孪生中，注视着丈夫的数字孪生。

阿尔·潘乔是一家全息餐厅，这样的餐厅在购物中心遍地都是。这种设计能够同时服务真实客人和数字客人，让相隔千里的朋友、家人和爱人能够坐在餐厅一起吃饭。拉雅的早午餐由其厨房员工准备，而泰瑞的大餐则由阿尔·潘乔烹饪。

吃完以后，拉雅抬起全息影像手，戴阿尔·潘乔牌 AR 眼镜的服务员拿着实体刷卡机对着她的手扫了一下，随后给了泰瑞一张实体收据。

泰瑞转头看向拉雅，"谢谢你的早午餐，亲爱的。"他的声音有些可爱，"虽然我还是希望你能真的在这里。"

"我知道。我也希望，不过我们今晚就会见面了。我保证。"

"没关系。反正等我真的见到你，你的警卫也总是神出鬼没。"泰瑞扬起眉毛补充道，他的声音有些泄气。

泰瑞走进购物中心，拉雅的全息影像也自动跟上他的脚步。他们漫步的时候，实体广告和数字广告都在不知不觉地发生变化。拉雅、泰瑞和夫妻这些词似乎总是在几个广告里出现。让拉雅觉得很烦的是，她的前进方向上弹出一个十分直白的更年期营养品广告，飘浮在离地面约 1 米的地方。

泰瑞知道她讨厌这些广告,所以伸出手抓住这些广告,像扔飞盘一样扔到购物中心另一边。

"噢,看,"泰瑞飞快地转移话题,"达尔根托(D'Argento)在甩卖。去买上次我们看的那条项链吧?"

拉雅又开始微笑。她伸出自己的全息影像手牵住泰瑞的数字手,一起走进了达尔根托品牌店,这是一家面向实体珠宝和数字珠宝爱好者的高档珠宝店。

店内陈设独具21世纪初珠宝店的典型风格。各种形状和大小的玻璃展示柜里摆满了漂亮的艺术品。在实体珠宝的上方和旁侧,飘浮着闪耀的数字珠宝。商品标签以AR的方式骄傲地呈现,上面写着非同质化代币(NFT)认证和独特数字产品。

他们一起仔细看了看这些珠宝,最终选定了曾经几次想买的那条项链。这次是泰瑞付钱,在刷卡机上扫了自己的手掌。在确认支付后,这条项链就出现在拉雅的数字藏品中。

拉雅戴上项链,夫妻俩在一个虚拟镜子前驻足片刻,欣赏购物成果,还像年轻时那样咯咯笑着耳语了几句。正当泰瑞告诉拉雅她看起来多么光彩照人,拉雅视线的角落里闪过一道红光,屏幕上出现小埃两个字。她必须接。有那么一小会儿,拉雅忘记了年龄,也忘记了工作。"嗯,小埃?我说了别打扰我。"

"呃,工作无休无止,首相。"小埃进入拉雅的视野时还在打趣。

"很明显,你从不听自己程序的话。"

小埃眯起眼睛表示不满,但没让对话跑偏。文化保护项目刚刚找到了一位明星代言人,对拉雅来说是个好消息,而且也差不多是时候去米娅的学校看她表演了。米娅是拉雅的孩子,今年15岁。

拉雅对小埃表示感谢，就让小埃去忙了。她看向自己的丈夫，眼里充满了难过。她无比感激泰瑞。许多男人不会支持像她这样的工作狂妻子。她在想，回到20年前，要是没有元宇宙帮助他们像这样忙里偷闲共度时光，她该如何是好。况且，那时候也没有AI助手来分担文书工作。

夫妻俩互道再见，答应会在当天晚餐时真正见面。

随后，拉雅调出主目录，打开一扇通往帝国艺术学院（The Imperial College of Arts）新元宇宙表演空间的大门。

※※※

这地方总是人未到，声先来。拉雅刚一进门就差点儿被大厅喧闹的声音淹没。她的头显里回荡着年轻人兴奋的交谈、欢笑和叫喊声。她调整了头显右侧的音量，环顾这个宽敞昏暗的大厅。

舞台设在大厅另一头，被无形的灯光照亮。她抬起头，注意到大厅消失在黑暗中，上面并没有天花板，只有无尽的虚空。

学校校长哈奇金斯女士现身，亲自带拉雅穿过各种虚拟化身组成的人群。数字孪生们一排排地站在大厅里，有的穿着燕尾服，有的穿着背心短裤。其中夹杂着一些看起来非常奇怪的虚拟化身，有的看起来像忍者神龟，最起码也是某种大型的会走的爬行动物。

他们找到了指定的观看区域，大厅很快安静下来。中心舞台上出现了一排戴面具的脸。表演开始。学生们开始展示他们在内容创作模块中学到的内容，这个模块是国家课程的新增模块，也是拉雅五步走现代化项目的一部分。

大概过了30分钟，米娅的数字孪生穿着芭蕾舞裙出现在舞台上。米娅调整了配色方案，身着黑白两色，看起来就像黑色风格（Noir-esque）的电影。

她站在中心舞台上摆出芭蕾的姿势。当她轻盈起舞时，拉雅的视野下方出现了一个黑色的触控栏，轻轻地滚动着一行小小的白色文字"巴赫：G弦上的咏叹调，第三首，作品编号（BWV）1068"。当女儿随着音乐优雅地舞蹈，拉雅的耳边传来的弦乐之声直击人心。

米娅对观众鞠躬。人群中爆发出欢呼声和口哨声，还有人点燃了数字烟花。拉雅激动地跳起来，朝女儿挥手。由于虚拟化身滤镜中有家庭设置，舞台上的女儿能看到妈妈，米娅也激动地向她挥手。

拉雅珍惜这一切。她想要当她的孩子们取得了不起的成就时，她能在场见证。她脸上带着微笑，但有一滴眼泪滑过她真实的脸颊，汇聚到脸颊上贴着头显的地方。

拉雅还在为她的女儿欢呼，不过人群最终安静下来，下一位学生走上舞台。

拉雅走出观看区，穿过一扇门，进入后台。她没能在一群疯狂的学生和教师中找到女儿，就拉出菜单邀请米娅进入私聊。这是一种通过眨右眼就能实现的简单功能。米娅进入私聊时，她们的虚拟化身会出现在一起，周围的景象暗了下来。

"我真为你骄傲，亲爱的。"拉雅告诉她的女儿。她们聊了一会儿表演、歌曲，还有整场活动。很明显，她们思念对方，迫切需要一些母女相处时间。

在她们庆祝的时候，又有一道红光闪过。又是小埃。拉雅在女儿面前收起不悦，向女儿道歉之后开始应答，"这事必须让我来吗，还是达里尔也能处理？"

小埃解释道，瑞典刚刚宣布要启动拉雅正在推行的教育改革。他们方才跟一个技术巨头签了合同，给瑞典所有的学校提供最新的头显和雷达系统，还要给瑞典政府建造一个元宇宙大使馆，这也是所有政府着手要做的事。

米娅站在那里，看着她的妈妈跟一个看不见的人说话，她的热情逐渐减退，想起来为什么妈妈的工作让她这么不耐烦。拉雅看着她的女儿，她什么都知道。虽然正在讨论瑞典交易的细节，她还是抬起手把小埃静了音。

"我真抱歉，亲爱的。你今天表现真好。我超级骄傲。晚点儿回到家再见。"

她们互相发送了充满爱意的表情符号，然后米娅消失在人群中。拉雅打开她麦克风的声音。"回头再说细节，小埃。你能找到我另一个孩子在哪里吗？扎克马上要放学了。"小埃很快就找到了定位。

"他在池箱（Pondbox）里，"小埃报告道，她的声音听起来像拉雅一样失望。

※※※

池箱是元宇宙中一个比较新的区域。她告诉过12岁的儿子扎克不要去那里，因为池箱没有受到政府反欺诈（Government Anti-Cheat，GAC）保护。

这个区域中有数百种新型体验式游戏、内容和NFT，但不存在任何指导或规则。这让拉雅想起21世纪初的互联网，当时她经常访问搞笑垃圾（FunnyJunk）或早期油管（YouTube）这样的网站。就像那时的互联网一样，池箱中有大量的自动程序（bots）和网络钓鱼窃取密码，还有许多不受限制的成人内容。父母绝对不会愿意让自己12岁的孩子前往这样的地方。

插曲：2032

小埃在一个有密码保护的射击概念游戏中找到了扎克。拉雅用她的首相级数字身份证（ID）直接穿过了密码门。在门内，她看到扎克和米娅正在对话。拉雅进门的时候，听到他们正在大喊"你就不能告诉我吗？"

大家都转过脸来，扎克和拉雅都一脸困惑。而米娅的表情却波澜不惊，还带着一些神秘。

扎克讨厌妈妈来看他。"妈妈，"他说，"你不需要来看我在做什么。"扎克转过去面对米娅，"现在你别烦我了。你去问妈妈吧。"他转过脸来对着她们，仿佛身处无形战斗的士兵。

拉雅知道出事了。她伸出左手定住了两个虚拟化身，又伸出右手按下头显上的紧急按钮，连通了网络警察专线，并在右手边打开了紧急出口。

此刻在现实世界中，在半个国家之外一栋不起眼的建筑里，练习多次的预演终于派上用场。一群程序员和编码员戴着头显和腕上设备。轻柔低沉的嗡嗡声中不时夹杂着喃喃的低语声，从昏暗的蓝色墙壁上反射回来。这间操作室通风良好，"网络警察部"的牌子一尘不染，闪闪发光。

拉雅拽着扎克的虚拟化身穿过紧急出口。身后的大门关上时，出现了几个网络警察，围住假米娅。拉雅和扎克出现在自家后花园中，这里的数字孪生被永久设置成盛夏午后模式。拉雅放开了扎克，让他坐在真实世界的安全椅上。

"扎克，"拉雅轻声地说，"你知道那个不是姐姐，对吧？"

扎克一开始很困惑，但他的表情马上就变成羞愧和尴尬。扎克流着眼泪，对妈妈的数字孪生承认他正要告诉米娅家中密码。"她说她忘了密码。"他解释道。

拉雅尽力安慰了自己的儿子,但没有任何语言能代替真实的拥抱。她迫切地想安抚儿子,却突然觉得一阵悲伤。

"我马上回家。我爱你。"

※※※

拉雅决定要回家,她把头显换成了AR眼镜,冲出了办公室。这时红光又闪起来了。"最好真的是要紧事。"

"一向要紧,首相。"小埃一贯的中性声音听起来很开心。"一份联合国(UN)报告刚刚宣布,2024供应链弹性项目取得了巨大成功。智能合约和联合国支持的中央数字货币已经确立。"报道这个新闻时,小埃脸上浮现了神秘的微笑。"世界野生动物基金(WWF)今天上午早些时候也发布了一份报告,认为元宇宙减轻了交通污染。"小埃快速补充道。

一小时后,拉雅的司机在家门前绿树成荫的车道上停下来。她的政府配车四轮驱动,可以自动驾驶,但拉雅还是坚持人为驾驶,这也是她唯一听取的安保意见。

"我们到了,首相。"前座传来一个疲惫的声音。

拉雅在车里稍做等待,想躲躲刺骨寒风,于是便从厨房窗户往家里望去。虽然外面又冷又黑,家人的欢笑让她倍感温暖。扎克和泰瑞都在笑,米娅坐在厨房那边,在划动着看看什么,拉雅觉得是AR社交信息。拉雅享受这一切,沉浸在难得的平静中。

拉雅冲进门,大声跟家人说她回来了。扎克和米娅都很激动,从厨房跑过来拥抱妈妈。

"我们好久都没见你了。"米娅眼睛湿润。

"几个小时以前才见过。"

"妈妈……"米娅稍稍退后了一些,看着妈妈的脸,"我们已经64天没见面了,我一直在记录。"

整个夜晚,拉雅都沉浸在家人真实的陪伴中。他们几个月以来第一次坐在同一张桌子上,相互分享学校和工作的故事。饭吃到一半时,泰瑞的故事还没讲完,拉雅眼前又开始闪红光。家人们当然知道这意味着什么,餐桌上出现了令人难过的沉默。泰瑞想掩饰自己的失望,站起来拥抱他的妻子。

"如果他们需要你,去吧。我们爱你。"

拉雅伸手去摸眼镜,却犹豫了。她没有应答,而是摘下了眼镜。拉雅平静地把眼镜放在餐厅的桌子上,对既开心又困惑的家人说:"如果事情重要,他们就会派人过来。"

引　言

2020年11月13日和14日，美国说唱歌手蒙特罗·拉马尔·希尔（Montero Lamar Hill）、词曲作者利尔·纳斯·X（Lil Nas X）登上了在孩子们当中尤其流行的全球性游戏平台《罗布乐思》（Roblox）的虚拟舞台。这是《罗布乐思》的第一场虚拟演唱会，吸引了3 300万听众，大家在虚拟世界中享受了一场别开生面的表演³。对常常被视为先锋的利尔·纳斯·X来说，虚拟演唱会是个独特的机会，他能与数百万粉丝共度时光。由于疫情，现场表演不可能做到这一点。真人演唱会受到体育馆容量和物理条件的限制，而虚拟演唱会则可以利用一切可能性赢得观众喝彩，提供神奇的体验。利尔·纳斯·X在演唱会上发布了他的新单曲《假日》（Holiday）。无论从哪个角度来看，这场虚拟演唱会都大获成功。《罗布乐思》和说唱歌手都得以大量曝光，带动了价值将近1 000万美元的数字服装、配饰、虚拟化身皮肤等虚拟商品的销售，用户可以使用该游戏中的货币罗布币进行购买。⁴

利尔·纳斯·X以比真人还大的数字孪生出现，把用户带入四个不同的主题世界，从狂野西部（Wild West）到白雪覆盖的寒冷冬天（Wintery）。《罗布乐思》的用户对这次独特体验的评价颇高。一些孩子可能会想跟朋友一起观看演唱会，但由于现有的硬件限制，一台服务器不能同时承载所有3 300万观众。最重要的是，这么多人同时观看，现场难免会混乱。因此，玩家只能看到约50位观众在观看现场表演，显得人气不够火爆。除了这种新颖体验偶尔出现的一些故障之外,这场演唱会十分成功。

过了还不到一年,2021年10月,游戏平台《虚无之地》(Decentraland)不仅召开了演唱会,而且是为期整整四天的元宇宙音乐节,邀请到80位艺术家参演。⁵《虚无之地》是一个完全去中心化的三维(3D)虚拟世界,由去中心化自治组织(DAO)控制,用户能够在游戏中建立自己独特的数字体验,同时与其他用户互动。虚拟音乐节最大的王牌是加拿大电子音乐制作人、音乐节目主持人(DJ)电子鼠(Deadmau5)和帕里斯·希尔顿(Paris Hilton)。《罗布乐思》和利尔·纳斯·X的目标观众是年纪比较小的游戏玩家,而元宇宙音乐节则更多地瞄准精通技术的加密货币社群。用户可以使用游戏里的加密货币马纳币(MANA)购买数字商品,如为数字孪生购买数字穿戴设备,⁶所有观众的钱包里都会多出一枚非同质化代币(NFT)①,作为参与凭证。⁷

当开始阅读本书时,你可能会想为什么一本关于元宇宙的商业书籍会以一个虚构故事和两个虚拟事件作为开篇?我选对书了吗?

---

① 我们会在后文中详细地讨论非同质化代币。这里可以先讲一下,"非同质化"是指这些(以数字的形式)代表(数字)资产的代币,与代表钱的赌场筹码相似,却不能交易。也就是说,一种NFT不能换另一种NFT,因为它们的价值不同。赌场筹码或美元钞票是同质的,一美元筹码或一美元钞票可以换另一个一美元筹码或另一张一美元钞票,你手里的钱还是一样的。《宝可梦GO》(Pokémon Go)中的卡片是非同质的,因为一张卡片可能比另一张更有价值,如果交换的话,你手里东西的价值就会发生变化。——原注。

好吧，是的……你肯定选对了书。这两场音乐会，还有在《堡垒之夜》（Fortnite）①等游戏中举办的其他许多场音乐会，意味着真实世界和虚拟世界开始成为相互交织、共同作用的体验。虚构故事代表元宇宙未来的模样，用不了多久，我们就会生活在这样的未来之中。元宇宙最基本的形式，是物理世界和数字世界合二为一成为数实融合（Phygital），既增强虚拟世界也增强物理世界。我们将会发现，元宇宙会从根本上改变我们的社会，提供我们直到最近还觉得只能是魔法的体验。我们已经能够体验元宇宙的初级形式，世界各地的人都在元宇宙中生活、体验和探索。未来十年，元宇宙将真正到来。用不了多久，独一无二的混合体验将会变成（虚拟）现实。

欢迎来到元宇宙

大型互动性现场活动（MILE）的兴起，率先表明了互联网的发展方向，以及下一次迭代带来的机会。几年前谁能想到 3 300 万人能同时参加一场音乐会？如今所有人都能从最佳的位置观看演唱会，哪怕无法真正见面，也能与分散在世界各地的朋友们共享这种体验，并形成集体记忆。对 Z 世代（出生于 20 世纪 90 年代后期到 2010

---

① 给不了解《堡垒之夜》的人介绍一下，这是一款由英佩游戏（Epic Games）开发并于 2017 年发布的在线游戏。它属于所谓的大逃杀游戏（Battle Royale Game），玩家们互相战斗，直到只剩下最后一个人。《堡垒之夜》有多种游戏模式，让玩家们不仅能互相战斗，还能观看演唱会、建造岛屿和社交。——原注。

年）群体而言，特别是对阿尔法世代（出生在 2010 年以后）的人来说，即便在疫情之前，在虚拟游戏环境中进行在线娱乐和社交也十分正常。

阿尔法世代是出生在 21 世纪的第一代人，他们对（数字）世界的看法与之前的世代完全不同。这些孩子出生时，已经有了苹果公司的平板（iPad），脸书已经是主要的社交网络，大型多人在线游戏（MMO）已经有数百万玩家。你可能知道 2011 年的那个视频，一个一岁的宝宝可以熟练地使用 iPad，却因为不能捏合缩放纸质杂志而受挫。对她来说，这样的杂志就是坏了。[8] 虽然阿尔法世代也很熟悉婴儿图书或涂色图书这种实体物品，不过这些孩子还很小的时候就能得心应手地驾驭数字王国，因此我们可以认为他们的大脑从一开始就与数字世界建立了联系。

十年以后，这个宝宝在一个互联网无处不在的世界中长大，只要按下按钮就能上网，在线互动跟真实互动一样正常。她看世界的方式与千禧一代（Millennials）大相径庭，与正在掌控世界的婴儿潮一代（Baby Boomers）更是天壤之别。因此，她会非常自如地沉浸在拥有无限可能和无限机遇的虚拟世界中。不过这个世界也带来了许多问题，我们将在本书后面的章节中展开。对她来说，元宇宙一直就在那里，我们的（数字）技术越发达，物理世界和数字世界就越融为一体，她也就能更好地驾驭这个所谓的数实融合的世界。

元宇宙带来的新的奇妙体验之一，就是这些大型互动性现场活动。对阿尔法世代来说，这些活动比真实世界的演唱会要好得多。首先，参加这些活动轻而易举。孩子们无须父母许可，因为他们其实哪儿也不用去，在家里就能舒适地观看。其次，他们可以穿着最喜欢的服装出现，或扮成最喜欢的角色，用虚拟化身来拓展他们在真实世界的人格，使他们有能力进行终极的自我表达。如果你的孩子觉得他想扮成一个独角兽去参加音乐会，他完全可以这样做，而且可一分钱都不用花。再次，世界各地的朋友都可以参加演唱会。要知道阿尔法世代从一开始就满世界交朋友。他们跟在真实生活中可能从来没有见过、也许永远不会真正见面的人，建立起亲密的友谊。对他们来说，全球化并不是坏事，反而带来遇到新朋友、学习更多文化的机会，哪怕这一切都完全建立在虚拟体验之上。最后，就算演唱会迟到，也能坐在第一排。事实上，在他们最喜爱的歌手表演时，他们甚至可以站歌手身边，截屏记录这样的体验，并与无法到场的朋友分享。演唱会刚结束，你的孩子就已经到家准备吃晚饭了。最棒的是，下周他们还可以去另一场演唱会，不需要花100美元买票就能看到最想看的表演，而现实中的艺术家是那样遥不可及。对许多孩子来说，虚拟演唱会可以媲美传统演唱会，体验甚至要更好。

无论是消费者还是各种组织，都很难忽视元宇宙带来的这些好处，从互动型演唱会，到开篇的虚构故事中描述的更多体验。元宇宙带来了新的商业模式、新的客户关系模式和新的同事合作模式。我们将会看到，那些已经商业化元宇宙的公司都已经从中获利，他们的品牌忠诚度更高，产品设计和生产过程更优化，企业更具有可持续性，总体上来说底线也更高。与20世纪90年代第一批接受互联网的公司一样，那些已经进入元宇宙的公司，将从即将在十年内成形的新万亿美元体量的经济中获益。

我们也会看到，元宇宙并不会因循守旧。没错，沉浸式互联网是组织需要掌握的又一渠道，但这一渠道需要你全神贯注。它需要大量的前期投资、试错和与社群的紧密联系。还有，设计一系列与你品牌相关的非同质化代币收藏品，或是推出你总部的沉浸式数字版，让客户同样能够在疫情期间访问，都比发动社交媒体攻势需要的资本和资源要密集得多。此外，"数据化"过程、嵌入带有传感器的操作设备、创建数字孪生（物理过程或资产的虚拟形式），这些会为长期监控远程生产设施、不断提高产出提供有用参考，但这一切终归是说起来容易做起来难。最后，从视频会议软件 Zoom 或微软的 Teams[①] 转到虚拟现实会议室，让世界各地的雇员能见面、合作、在虚拟世界中共处更长时间，需要雇主的行为发生巨大的改变。如我们所知，技术实现"易"，改变用户或雇主的行为难。

当然，对元宇宙的原住民（阿尔法世代，Z 世代也勉强算是）来说，拥抱元宇宙轻而易举。而更加年长的世代却不适应无处不在的沉浸式互联网，说服他们拥抱虚拟现实和增强现实能够带来新的机遇和奇妙的体验，才是真正的挑战。

本书旨在帮助你理解元宇宙，包括元宇宙是什么，元宇宙的运行原理，你怎样能从中获益，还有我们应该怎样建设元宇宙。当然，没有一本关于元宇宙的书能避开它的起源。元宇宙是小说家尼尔·斯蒂芬森（Neal Stephenson）在 1992 年发表的著名小说《雪崩》[班坦图书公司（Bantam Books），1992] 中创造的词。这部小说将元宇宙定义为这样一个地方——人们能够使用虚拟现实头显在类似数字游戏的世界中进行互动。这部小说有很多狂热的拥趸，特别是在硅谷

---

① Zoom 是一款多人在线会议软件，Teams 是一款工作场所协同软件。——译者注。

（Silicon Valley）的企业家中享有盛誉，美国家庭影院频道（HBO）正在将它拍成电视剧。欧内斯特·克莱因（Ernest Cline）的《头号玩家》［皇冠出版集团（Crown Publishing Group），2011］也是一样，史蒂文·斯皮尔伯格（Steven Spielberg）于 2018 年将其拍成了电影，电影中的主角将元宇宙描述为一个"虚拟宇宙，人们可以……追求能够做到的一切，但只能得到能够实现的一切"。[9]这两本科幻小说都将元宇宙视作一个能够通过虚拟现实与之交互的数字宇宙。这与我们正在构建的元宇宙相去甚远，在我们正在构建的元宇宙中，虚拟现实只是与元宇宙交互的方式之一。另外，两位作家都将元宇宙描述为商业所有，是帮助人们逃离未来世界反乌托邦现实的一种手段。虽然我们的未来也的确存在这种可能，但我们的确仍有机会阻止这样反乌托邦的未来。在这样的未来中，小部分精英控制着元宇宙，我们的地球因气候变化危在旦夕。这将是一场漫长而艰苦的斗争，掌权者不愿意将权力下放给社群，但是没人输得起这场斗争。我们并不想要斯蒂芬森和克莱因描述的反乌托邦未来，所以要确保建立一个由社群推动的去中心化的开放元宇宙，并纠正 Web 2.0 的所有错误。

通过本书，我想给读者提供建立开放元宇宙的工具，避免我们将今天的世界变得更糟。我希望本书能帮助你驾驭沉浸式互联网。更重要的是，本书将讨论我们怎样才能建立一个开放、包容、去中心化的元宇宙,而非科技巨头(Big Tech)①控制的元宇宙。毕竟,我们应该避免重蹈建立 Web 2.0 时的覆辙。

蒂姆·伯纳斯-李爵士(Sir Tim Berners-Lee)发明 Web 时,认为它应当去中心化且开放,由用户控制数据,然而我们却困于科技巨头控制的孤岛。[10] 现在我们正在进入互联网的下一个阶段,如果技术手段齐备,就能够纠正以往犯下的错误。毕竟,由科技巨头或国家控制的封闭的元宇宙非常可能导致反乌托邦的梦魇,我们应该不惜一切代价加以避免,后面我将继续论述这一点。

我们还将讨论在元宇宙中可能犯的错误。这不是为了吓得读者不敢进入元宇宙,而是因为当前互联网上的网络罪犯活跃,黑客和骗子也总是在元宇宙中出没,寻找他们的下一个受害者。元宇宙一定会遭到黑客攻击,每个人都必须认识到元宇宙可能会以怎样的方式对社会、组织和个人造成伤害。随着越来越多的设备接入互联网,到 2030 年将有 1 250 亿台联网设备、75 亿互联网用户,网络罪犯有大把机会攻击你、你的公司和整个元宇宙,造成的损失在 2025 年就会高达 10 万亿美元。[11] 如开篇的科幻故事所述,在元宇宙中网络罪犯能更加容易地伪装成别人,如果一个人看起来像你姐姐、听起来像你姐姐,我们很快就会相信她就是你姐姐。即便这个问题跟充斥着骚扰和有害推荐引擎的元宇宙比起来也不算什么。这些推荐引擎会制造沉

---

① 本书中"科技巨头"是指脸书(Meta)、亚马逊(Amazon)、苹果(Apple)、微软(Microsoft)和阿尔法贝特(Alphabet),以及它们的中国对手阿里巴巴(Alibaba)、百度(Baidu)和腾讯(Tencent)。——原注。

浸式过滤气泡[①],进一步割裂和分化社会并伤害个体。

本书第一章将深入讨论元宇宙是什么、能够成为什么,如果我们想从这个新概念中获益,对它的含义达成共识就十分重要。元宇宙有哪些特征,这些特征会怎样影响我们的体验?我们的讨论将回溯到互联网首次问世,互联网泡沫(dotcom bubble)初露端倪之时。Web 1.0使个人计算机能够联网,互联网来到了我们的客厅,但你只是时不时会上网。虽然不能确定移动互联网出现的确切日期,但 Web 2.0 带来了智能手机。它使互联网离我们更近,让我们能永远在线,但我们还是得做点儿什么才能"上网",如拿起手机或打开电脑。互联网的下一次迭代将会是永远就位的互联网,它始终开启,你始终联网,即使睡觉的时候也一样,比如苹果手表(Apple Watch)会跟踪你的睡眠。无论何时,只要你想,或者你需要,就能跟它交互。[12]

这种沉浸式互联网需要新的硬件解决方案,这就像如果没有 AR 和 VR,我们就只能是虚拟世界的旁观者而不是积极的参与者。我们将会讨论什么是 AR 和 VR,我们的技术现状以及物理世界和数字世界实现真正融合所需达成的目标。我们也会深入探讨开放元宇宙的主要特征,以及怎样才能建设一个创造最大社会价值的元宇宙。

在第二章,我们将会讨论怎样实现一个能够赋权于用户而不是奴役他们的元宇宙,以及这样一个元宇宙能够对社会有哪些裨益。

在第三章,我们将会探讨虚拟化身和数字人类的兴起,即在数字

---

① 过滤气泡指的是算法基于搜索历史过滤掉与我们观点相左或我们不喜欢的信息,只提供我们想看的内容,从而造成认知的隔绝状态。——译者注

世界中人类身份的二维（2D）和三维（3D）表现形式，以及这些数字身份怎样被当作成为人类的必要条件。我们会讨论虚拟化身怎样改变我们的身份，以及为什么在虚拟世界中名誉显得更加重要。当然，虚拟化身不能在元宇宙中光着身子走来走去，所以未来几年中数字时尚和数字产品将爆炸式增长，为品牌带来新的机会，用可持续的、环境友好的方式与它们的客户紧密相连。

如果我们知道自己在元宇宙中能够成为谁，就能开始探索在元宇宙中能够做什么，如第四章所述。人类总是试图逃避现实，无论是围着火堆讲故事还是开卷读书，都是逃避现实的方式。今天我们史无前例地能够开创自己的空间，邀请世界上任何人加入，并拥有远离日常生活的社会体验。当然，喜欢独处式沉浸式体验的用户也能在元宇宙中得其所愿。像当今的互联网一样，元宇宙中将会有数百万个元宇宙空间，熟悉元宇宙将会提升你的体验。因此，我们会深入探讨如何游历元宇宙，在听歌、游戏、运动、购物和学习时拥有沉浸式体验。

当然，元宇宙不只是为了乐趣。对组织来说，元宇宙是一笔大生意。通过提高品牌忠诚度、开发数字孪生、在虚拟现实中合作等方式，元宇宙将改变工作的未来。第五章将讨论品牌如何进入元宇宙，包括无数已经涉足其中的品牌案例，以及品牌怎样做才能在元宇宙中取得成功。第六章会讨论位置、数据和物联网（Internet of Things，IoT）如何成为推动家庭、公司、工厂、供应链和整个城市进入元宇宙的力量。虽然许多企业的元宇宙环境为确保隐私和安全，仍将会是围墙花园（walled garden）[①]，但从消费者来看，只要元宇宙是一个由用户而非科技巨头控制的开放、包容的空间，元宇宙就能取得成功。扎克伯格声称他的品牌改名为"Meta"（元）是开启了元宇宙，但他永远不能拥有和控制元宇宙。

在第七章，我们将会涉及元宇宙的经济方面，包括非同质化代币。2021年就已有数百万美元的数字房地产交易和数字资产兑换，而这才仅仅是个开始。在各个元宇宙空间中，数字土地可以无限供应，你可能会觉得这应当会拉低价格，但事实并非如此。价格处于有史以来的最高点，元宇宙在新闻中出现得越多，这种情况就越可能持续。然而需要注意的是，如果我们想确保元宇宙的包容性，减少不平等而不是加剧不平等的话，这种早期的淘金热虽然非常有可能继续，却不应如此。数字房地产怎样运作，怎样影响元宇宙经济，它到底是不是件好事？要理解元宇宙的经济怎样运行，就必须深入讨论NFT：NFT是什么，如何运作，为什么重要，有哪些挑战，为什么当下大肆炒作以几百万美元的价格出售压缩图像（JPEG）很重要，但这却不是NFT真正的价值所在。

最后，本书结尾将在第九章中展望元宇宙的未来，探索元宇宙的黑暗面。就像现在的Web中有暗网（Dark Web）一样，元宇宙也天然地具有伤害公民、组织和社会的负面因素。这样的问题有哪些，以

[①] 控制用户对应用、网页和服务进行访问的环境。围墙花园把用户限制在一个特定范围内，只允许用户访问或享受指定的内容、应用或服务，禁止或限制用户访问或享受其他未被允许的内容、应用和服务。——译者注。

及更重要的是，怎样才能避免这样的问题？我们将讨论元宇宙的危险和道德挑战，对其用户最可能产生的（精神）影响，以及不胜枚举的隐私和安全风险。只有正确地建设元宇宙，它才会既有趣又有用。第八章将讨论怎样规避这些问题，以及怎样解决这些问题，以维持元宇宙的怡人环境，不致加剧社会动荡，而是推动人类向前发展。

未来几年中，我们的社会及其对人类的意义都将发生巨大的变化。我们正处于构建一个不受物理定律限制、一切皆有可能的新的现实的窗口期。我希望本书能让你完全理解元宇宙能够成为什么，你作为一个消费者能怎样享受其中，以及组织怎样才能既不像今天 Web 中的组织那样骚扰和追踪这些消费者，又从元宇宙中获益。如果我们行差踏错，不能以自己的错误为鉴，尼尔·斯蒂芬森在《雪崩》中描绘的反乌托邦的元宇宙就会变成现实。然而，如果我们成功了，就会迎来一个富足的世界。让我们开始这段奇妙的旅程，让我们进入商业元宇宙。

第1章

沉浸式未来

从 Web 1.0 到 Web 3.0

要理解元宇宙会怎样改变我们,就需要知道我们从哪里来,知道什么将推动沉浸式互联网。因此我们首先得回到过去,回到20世纪50年代,那时第二代基于晶体管的计算机刚进入市场。[13]这些巨大的主机取代了真空管机器,开始建立今天我们所说的信息时代(Information Age)。几年前,贝尔实验室(Bell Labs)的三位科学家威廉·布拉德福德·肖克利(William Bradford Shockley)、约翰·巴丁(John Bardeen)和沃尔特·豪泽·布拉顿(Walter Houser Brattain)发明了晶体管,才有了这些机器的问世,三人也因此获得了1956年的诺贝尔奖。

不过几年时间,组装个人计算机的各种组件,从计算机芯片到微处理器,都精妙到足以把我们带入一个新时代。多年来,硬件领域的进展一直致力于更迷你的解决方案,现在我们已经有了能生产1纳米长的晶体管的机器。[14]一纳米是一米的十亿分之一,是人类脱氧核糖核酸(DNA)链宽的40%。[15]换句话说,它微乎其微。如果我们想使用小型、舒适、经济的设备访问元宇宙,硬件的发展必不可少。这些设备包括VR头显、AR眼镜,甚至是遥远的未来的智能隐形眼镜,"遥远的未来"意味着离实现VR和AR的主流应用还得几年。此外,复杂硬件的发展只是沉浸式互联网的先决条件之一。

另一个要素当然是软件。第一个算法出现在19世纪。19世纪40

年代，阿达·洛芙莱斯（Ada Lovelace）编写了第一套算法。她是一位分析师和数学家，也被认为是第一位计算机程序员。她在1843年发表的文章中准确预测了未来的机器可能能够"创造出任意复杂度、任意长度的，既丰富又专业的音乐作品。"[16] 当然，计算机程序用了175年多一点儿才真正做到了这一点，但她的前瞻性实在令人惊叹，她因此也被尊称为现代计算机之母。[17]

120年后，我们用1和0编程进入编程语言时代。1964年，美国新罕布什尔州（New Hampshire）汉诺威市（Hanover）达特茅斯学院（Dartmouth College）的研究人员发布了BASIC，即初学者通用符号指令代码（Beginner's All-purpose Symbolic Instruction Code）。这种高级编程语言强调易用性，早期的许多视频游戏都使用了这种编程语言。几年后，惠普公司（Hewlett-Packard）发布了能够运行BASIC程序的多种计算机。到了20世纪70年代，微软也有了自己的编程语言，称为微软BASIC。从此微软开始逐渐成为世界上最有价值的公司之一。自那以后，微软又走了很长的路。2021年，微软宣布进军企业元宇宙，并在2022年以700亿美元的价格收购了游戏公司动视暴雪（Activision Blizzard），更加坚定了这一战略方向。

有了硬件和软件，美国国防部高级研究计划局（Defense Advanced Research Projects Agency, DARPA）就能够建立第一个计算机网络，称为阿帕网（ARPANET）。20世纪70年代，阿帕网通过主机到主机协议和网络软件实现了拓展，出现了包括电子邮件在内的第一批网络应用。最初的研究者们很聪明，开发了一种简单的协同机制，不管用于收发电子邮件的是什么应用，都能将邮件信息送到不同的计算机上。这种互操作性使电子邮件很快成为当时最主要的互联网应用之一。[18]

阿帕网后来分成了军用和民用两部分，并最终演变为公共 Web。几年后，蒂姆·伯纳斯 - 李在瑞士欧洲核子研究组织（CERN）工作时提出了万维网的概念。伯纳斯 - 李编写了我们目前在 Web 中使用的三种主要技术：超文本标记语言（HyperText Markup Language, HTML）、统一资源标识符（Uniform Resource Identifier, URI，也称 URL）和超文本传输协议（Hypertext Transfer Protocol, HTTP）。1990 年底，第一个网页上线。1991 年，Web 1.0 向公众开放。后来的事大家都知道了，到今天已有数以百万计的网站和数以十亿计的网页。随着 Web 演变至今天，历史已经证明了这些标准的重要性。如果我们要建立一个交互性的元宇宙，使内容创作者和所有者得到回报，也需要类似的标准。

阿帕网和万维网都发端于封闭的研究环境这个事实，对我们理解互联网的运行为什么是现在的样子至关重要。多年来，随着互联网和 Web 的发展，人们建立了很多开放标准，包括传输控制协议／网际协议（TCP/IP）、域名系统（DNS）和 HTTP 等，建立了无须许可的互联网，任何人都能随手接入网络，分享和接收信息。然而不幸的是，这些标准和协议并没有覆盖 Web 的每个部分，结果，替代电子邮件的移动消息并不具有互操作性。于是，科技巨头获得了强大的网络效应，形成了移动消息的围墙花园。直到 2021 年，依然不可能用 WhatsApp 发消息、用 Signal 收消息，反过来也不行。在元宇宙中，我们应该不惜一切代价避免这种缺乏互操作性的现象。好在欧盟正在提议将互操作的移动消息写进《数字市场法案》（*Digital Markets Act*）。在元宇宙中，你想从《堡垒之夜》直接发一条文本信息给你的朋友，使他能在《罗布乐思》上收到，或者你想从一个世界切换到另一个世界时无须中断与朋友的对话。当然，像"不和谐之音"（Discord）[①]这样的平台能有所帮助，但归根结底它也是个围墙花园。[②]无论如何，这些参与创建互联网的组织都带着最大的善意，都在设想一个开放的、去中心化的、人人皆可访问的 Web。

然而，Web 还有另一个设计缺陷。长期以来，身处其中的人忘记建立身份协议以在线上使用线下身份，也忘记建立名誉协议确保线上的名誉和问责，即便匿名上线也理应如此。[③]他们忘记的原因很简单，但后果却很严重。早前，在设计 Web 时，只有值得信任的行动者能进入网络，没有必要建立身份协议或名誉协议。这个缺陷的结果是，在互联网上"没有人知道你是一条狗。"[19]你能是任何人，线上行为不会有任何后果。而且创建数据和身份的人并不拥有或控制它们。于是，用户现在不能把他们的数据（身份和名誉）和数字资产从一个平台转移到另一个平台，这进一步巩固了围墙花园，使科技巨头实现了垄断。

---

① 平台选择这个名字是因为"听起来很酷，而且跟交谈相关"，另外也致力于解决"游戏社群中的不和谐之音"。——译者注。

② "不和谐之音"是一个免费的语音、视频和文本交流应用，用户超过 2 500 万。它最初主要由游戏玩家使用，近年来发展成 NFT 和元宇宙社群的首选平台。"不和谐之音"允许任何人启动一台服务器，创立公共或私有社群。——原注。

③ 世界上如欧洲的《通用数据保护条例》（GDPR）等各种隐私相关的法律法规所界定和要求的匿名程度可能永远不会实现。只要有足够的资源，哪怕只有几个数据点，也几乎总是能赋予一个人新的身份。——原注。

当我们从社交互联网或移动互联网（即 Web 2.0）进入沉浸式互联网时，对数据的要求只会越来越重要，是数据推动着沉浸式互联网。我们在线上做得越多，互联网就越会整合到我们的真实生活，我们把数字世界和物理世界融合得越深入，数据就会变得越重要。数据已经是这个世界最有价值的资源，其价值远高于石油。看看 2021 年最具价值的 50 家公司的结构，其中有 18 家是数据或（数字）科技公司，只有三家从事石油和天然气相关的行业。[20]

当然，这种数据和权力的去中心化可能引发社会问题。科技巨头拥有和控制着我们的数据，因此也拥有和控制着我们，围绕剑桥分析公司（Cambridge Analytica）的争议就是明证。他们早就认识到数据带来的巨大的权力和经济利益，而我们则陷入他们免费服务的陷阱并沉迷其中。结果便是科技巨头的权力太大，政府也无法削弱这些公司的权力，他们肆无忌惮地侵犯消费者的信任、隐私和自由。随着元宇宙的到来，数据的重要性只会愈加凸显。研究者 2018 年就发现，20 分钟的 VR 游戏会收集包括身体移动在内的 200 万个数据点。[21] 可以想见，当你使用 Meta 的 VR 眼镜时，它一样会收集海量的数据。这些数据很可能包括你看了哪儿，看了多久，所见物引发的情绪，还有手势、房间、房中物品以及房中其他人的样子。虽然扎克伯格在 2021 年 10 月 28 日的声明中声称隐私和安全非常重要，但 Meta 还是会继续采集人类行为数据，通过他们的预测算法来销售越来越量身定制的广告，通过他们有害的推荐算法进一步扰乱我们的社会。[22] 2022 年 2 月，Meta 威胁道，如果欧洲要阻止在美国处理欧洲的数据，就要关闭欧洲的脸书（Facebook）和照片墙（Instagram），恰恰印证了我的观点。[23]

Meta 并非唯一一家滥用数据的公司。有句名言道，如果你没有为产品付费，那么你就是产品本身。Web 2.0 时代的互联网由围墙花园构成，我们不能把自己的内容和数据从一个平台转移到另一个平台，原因只是数据的价值太高。今天，用户就是数据，封闭的平台又限制了资产的互操作性，如果我们想兑现元宇宙的承诺，这些资产就至关重要。另外，科技巨头又一次证明他们并不可信。2021 年，就在扎克伯格宣布更名 Facebook 为 Meta 之后，一位名为西娅 - 迈·鲍曼（Thea-Mai Baumann）的澳大利亚艺术家发现她在照片墙上的整个身份都被删除了，因为她的账户名是 @metaverse（元宇宙）。她十年的心血突然凭空消失，也没有办法要回来。一开始，Meta 声称因为她假冒他人才被封锁账号，可是当西娅 - 迈联系照片墙想对账号进行认证时，却没有得到任何回应。直到她的故事登上《纽约时报》(*New York Times*)，Meta 终于回应并恢复了她的个人信息，说她的账号"因冒充他人而被错误地删除。"[24] 这正是为什么我们需要一个去中心化的、开放的元宇宙，阻止 Meta 这样的公司轻而易举地删除一个人的整个身份。

幸运的是，黑暗中还是有光明。我们开始进行 Web 的去中心化，慢慢从科技巨头手中拿回属于社群的权力。显然，这个过程遭到现有掌权者的激烈抵制。然而，未来十年我们将会看到，如本书所述的去中心化力量势不可挡。就像黑客们还没有能力黑掉在数百万台计算机上运行的比特币（Bitcoin）区块链一样，科技巨头和权威政府无法阻挡 Web 的去中心化进程。

我们从 Web 1.0（只能阅读）来到了 Web 2.0（能读写，但没有所有权）时代，已经能看到 Web 3.0（实现读、写和所有权）的雏形。

在建设 Web 1.0 时，工具还比较原始，发布网站所需要的知识水平比较高，但至少这些网站是发布在自己的服务器上，而不是像亚马逊云（AWS）、谷歌或微软这样的云集成商（cloud aggregator）上。在 Web 3.0 时代，我们能够扭转 Web 2.0 不少中心化的趋势，把权力、身份和控制权还给用户，就像 Web 1.0 时代那样。如果我们想构建一个让整个社会，而不是科技巨头或少部分精英受益的元宇宙，就要拥抱去中心化的 Web 3.0，限制科技巨头的控制和影响，阻止像 Meta 这样的公司建立一个只允许他们自己采集和滥用我们的数据的元宇宙。区块链就是 Web 3.0 的核心。

中本聪（Satoshi Nakamoto）于 2008 年在比特币白皮书中首次提出分布式账本技术（distributed ledger technology）。[25] 从那以后，去中心化的生态系统发展迅速。区块链是一种关键技术，有机会彻底改变我们的社会运作方式。① 区块链最简单的定义是数据库，但与传统的数据库能够读、写和编辑有所不同的是，区块链只能读和写。区块链不能编辑的事实确保了它来源的唯一性，任何访问区块链的人都能确信数据没有被篡改。

Web 的第三次革命有机会带来一个社群控制、无须许可、永远在线而且可远程控制的互联网，让你（个体）能够拥有自己的数据、凭证、身份和内容。它的基础是去中心化的数据存储和计算能力，让每

---

① 我曾在 2018 年与菲利帕·瑞安（Philippa Ryan）博士合著的书《区块链蓝图：区块链的六大应用场景》（*Blockchain: Transforming Your Business and Our World*）中写到过区块链，那本书由伦敦劳特利奇出版社（Routledge）出版。——原注。

个人都能在做出贡献的同时赚取代币。这意味着容错，减轻黑客、攻击和数据泄露的影响，确保抗审查能力。区块链使数据不可更改、可验证、可追踪，在保护个体隐私的同时实现了极度透明。智能合约可能会使任何行业的中间人都变得没那么重要。有了智能合约，这种中间人的收费制度就会消失，取而代之的是点的经济形式，由密码而非人类监管。但我们还有很长的路要走，需要投入人力物力财力来攻克从中心化网络转变到去中心化网络时面临的最复杂的挑战。

Web 3.0 将围绕数据和身份建立新的社会契约。我们将会看到，Web 3.0 是开放元宇宙的前提条件，但不一定是元宇宙本身的必要条件。使用基于 Web 3.0 的基础设施建设元宇宙，能帮助我们脱离大企业的监控，让实现赋权的公民控制自己的数据和身份，数据错付的风险比较低。区块链能够改变我们处理数据的方式，这是开放元宇宙的前提条件，特别是物联网①、5G 以及 VR 和 AR，[26] 我们生产的数据量会呈指数式爆炸，从泽字节（ZettaByte）（10^{21}）到尧字节（YottaByte）（10^{24}），最终会达到雷字节（BrontoByte）②（10^{27}，即一万亿兆字节）。

---

① 物联网是指嵌入传感器、接入互联网、共享数据并获取观点的产品、设备和机器构成的网络。尤瓦尔·诺亚·赫拉利（Yuval Noah Harari）将之称为物联网，表明不光是你的打印机或天气预报站点联网，而是你——物理的你通过穿戴设备和追踪器、智能指环等进行联网。引自《未来简史：从智人到智神》，作者尤瓦尔·诺亚·赫拉利，原书出版社 Random House。——原注。

② 又译"波字节"。——译者注。

从 AR 到 VR 再到 XR

1955 年，美国哲学家、发明家、电影导演、摄影师莫顿·海利希（Morton Heilig）发表了一篇标题为"未来电影院"（*The Cinema of the Future*）的文章。[27] 在这篇文章中，他描述了一台沉浸式、多感官的机器，即他所称的体验剧院（Experience Theatre），里面有一台立体环绕式显示器，一套故事声效系统，一些风扇，气味发射器和一把会动的椅子。这台机器被称为全景感官（Sensorama），事实上就是一个定制化的五维（5D）电影院，他因此获得了一项专利。[28] 观众会欣赏到一辆假想的摩托车穿越纽约。伴随着模拟的噪声和人、汽车、比萨的气味，加上风扇吹出来的风，他们能够像在真实生活中一样感受这座城市。然而，这个发明对当时的社会过于前卫，海利希没有从中获得经济回报，全景感官也从未实现量产。因为他的成就，莫顿·海利希被认为是虚拟现实之父。

自那以后，虚拟现实曾几度被视为突破性技术，却从未真正达到预期。长期以来，虚拟现实设备既笨重又不舒服，图像显示往好了说也不过是平平无奇，机器体验会让用户头晕恶心，硬件成本也很高昂。这项技术远远没有达到成为主流所需的无缝体验。

2010 年，18 岁的创业家帕尔默·拉奇（Palmer Luckey）制作出 Oculus Rift 头显的原型，这是第一台拥有 90 度视野（FOV）的 VR 头显。这项发明改变了一切。视野是 VR 的关键指标，决定了在任一时刻能看到的虚拟世界的范围。视野越大，体验就越身临其境。2012 年这款头显在起步网（KickStarter）上的众筹活动取得了巨大的成功，帕尔默筹到了 240 万美元创建了 Oculus。仅仅过了两年，在看到生产 VR 头显的巨大潜力并从斯坦福大学虚拟人类互动实验室（Virtual Human Interaction Lab）[29] 拿到虚拟现实样品之后，扎克伯格用 20 亿美元收购了 Oculus。从此，虚拟现实迅速发展壮大，直接促使脸书于 2021 年 10 月 28 日宣布进军元宇宙，元宇宙运动得到了全世界的广泛关注。

过去几年，我们看到许多新的 VR 头显进入市场，同时瞄准低端消费市场和高端企业市场。用户可以与 3D 环境进行交互，这种 3D 环境可以在计算机上使用一站开发（Unity）或虚幻引擎（Unreal Engine）①等工具开发，也可以是对真实世界事件的 360 度记录。虚拟现实的目标是为用户提供沉浸式体验，使他们能够不受物理定律的限制而在其中自由探索。VR 带来了无限的机遇，唯一的限制就是我们自己的想象力。VR 为我们提供了在虚拟世界中与他人互动的方式，可以是为了乐趣的互动，如游戏或社会活动，也可以是为了工作的互动，如虚拟 3D 会议、远程指导、协作或维修，以及沉浸式培训。

虚拟现实能够提供沉浸式体验，却不是元宇宙的唯一驱动技术。另一种技术当然是增强现实，其主流应用无疑是 2016 年 Niantic 公司的游戏《宝可梦 GO》——"把他们全部抓住"（Gotta Catch 'Em All）！

---

① 一站开发和虚幻引擎是让开发者能够制作 3D 虚拟世界的游戏引擎。——原注。

VR 为用户提供了完全沉浸式的环境和拓展的视野（FOV），而 AR 则为用户提供了在现实之上的数字层，通常视野要小得多。这个数字层可以随时随地调用，基于你所在的位置和你正在寻找的目标，为你提供独一无二的体验，因此有无限的可能。从车里的抬头式显示器（叫这个名字是因为它们真的能让你在开车的时候抬着头）到谷歌眼镜，从 MagicLeap 和微软 HoloLens 这样的 AR 眼镜，到未来能够将信息直接投到你的视网膜上的隐形眼镜，增强现实将彻底改变我们的生活。事实上，资深行业专家郭明錤（Ming-Chi Kuo）在 2021 年曾预测，2032 年苹果公司将用 AR 设备取代其手机产品。[30]

虽然增强现实可能比虚拟现实对我们生活的影响要大，但实现起来也会更难。将要应对的是你无法控制的、混乱的、永远在变化的真实世界。为了体验的真实性，有时还需要把数字对象藏在真实物品背后。这个概念称为"包藏"（occlusion），是个非常棘手的问题。[31] 另外，虚拟现实中的头戴设备又大又重，这一点尚且可以接受，但在增强现实中你走在街道上时，这样的设备就行不通了，既不舒服又不安全。我们需要的是方便佩戴，最好还很时尚的智能眼镜，视野也要符合人类本身的视野，即前方大约 180 度。这样的技术极具挑战性，不过发展得非常迅速。2021 年最先进的 AR 眼镜是快拍（Snap）公司的 Spectacles，视野只有 26.3 度，电池只能用 30 分钟（在我写作本书时，还只向少数开发者供应），[32] 到了 2022 年的国际消费电子展，库拉（Kura）公司发布了他们的 Kura Gallium AR 眼镜，视野达到 150 度，镜片透明度为 95%，重量仅有 80 克，单眼分辨率高达 8K。[33] 虽然技术在发展，但高昂的成本（微软 HoloLens 和 MagicLeap 眼镜都要几千美元，Kura Gallium 大约要 1 200 美元）和开拓视野挑战使 AR 眼镜在短时间内无法实现大规模生产。一旦硬件能跟上（苹果发布苹果眼镜或叫其他名称的这类产品，可能会成为一个转折点），增强现实对人类社会的影响就会超过虚拟现实，成为进入元宇宙的主要方式。不过在未来几年内，VR和AR设备会成为常态，就像你现在总是带着智能手机一样。

当然，这些挑战并不是说我们今天不能使用AR。苹果的AR套件平台（ARKit）提供了大量能在手机上直接使用的AR应用，谷歌的AR核（ARCore）也为安卓（Android）手机提供了同样的应用。这些数不清的应用程序让我们能用手机或平板体验增强现实，如在旅行时获取地标信息，或是用手机扫一扫真实产品就能得到非常逼真的3D数字复本。还有一个有趣的例子，墨西哥于2022年发布了新的法案，现在你只要用智能手机扫一扫，就能看到与该国历史和文化相关的增强动画。这种绝佳的方式提供了独特的体验，还有一定的教育意义，同时也提高了正版产品的安全性。[34] 目前在智能手机上使用增强现实还不能说是与现实无缝对接的体验，不过我们未来会拥有AR眼镜，也许最终也会拥有智能隐形眼镜。

相对保守地说，再过五年或十年，如果你走在街上却没有戴着增强现实设备，你可能会错过街上发生的许多事情，如墙上新颖的街头艺术，从空中飞过的神奇动物，还有沉浸式的个性化广告（你可以用AR的广告拦截功能进行拦截）。总之，我们可以预见，再过五年或十年，增强现实就会变成现实的一部分。如果你没有穿戴设备参与其中，就会被物理世界抛在身后。AR会成为新的现实。VR和AR的界限已经开始模糊，很快就会融合成为扩展现实（XR），如果你想在虚拟现实和增强现实之间切换，就不再需要更换设备。

一旦我们发展到这个程度，可能就是21世纪30年代初，元宇宙就会到来。我们就不再需要智能手机和笔记本电脑，或是单独的VR和AR设备。要是想娱乐、社交或工作，我们只需要戴上时尚的XR眼镜。

VR和AR将会帮助我们缩小数字世界和物理世界的差异。二者都是沉浸式技术，让用户能够在物理环境和虚拟环境中体验数字呈现内容，二者也都将改变我们的社交、游戏、工作和合作方式。[35]虽然虚拟现实和增强现实对元宇宙很重要，但它们并非进入元宇宙的唯一方式。特别是在今天，许多元宇宙体验都包括虚拟体验，但绝对不是沉浸式的3D体验。最著名的例子来自游戏领域，流行的游戏如《堡垒之夜》、《我的世界》（Minecraft）、《罗布乐思》、《虚无之地》或《萌宠无限》（Axie Infinity）为玩家提供虚拟的2D社交体验，已经成为一些玩家生活中的重要组成部分，吸引了数百万用户，获利数十亿美元。这些平台都不能让用户在虚拟现实中或使用增强现实打游戏，但并没有阻止它们成为正在推动元宇宙发展的平台。不过这些元宇宙空间实现3D虚拟环境只是时间问题。像《幻梦空间》（Somnium Space）和《索利斯》（Solice）这样的平台已经能通过网页浏览器和虚拟现实访问，未来我们可能会看到更多这样的混合环境，面向VR的先行者通过网页或移动浏览器体验实现主流应用，让元宇宙离我们更近一步。

元宇宙会是什么样

1973年,传奇的亚瑟·查尔斯·克拉克(Arthur C. Clarke)提出了他的第三条定律,认为"任何足够先进的技术,初看都与魔法无异"。[35a] 如今我们正处于元宇宙的初级阶段,这条定律比从前任何时候都更加适用。虽然元宇宙还处于婴儿期,但随着技术的融合,几年内将迎来指数级的增长。在这个十年结束之前,我们就会将移动互联网或社交互联网转变为一个无处不在且永远在线的沉浸式互联网,这里将源源不断地涌现魔法。元宇宙将把我们带入一个新的时代,即创想时代(Imagination Age)。

设计师和作家查理·麦基(Charlie Magee)于1993年第一个提出创想时代的概念。理论上,创想时代是信息时代之后的一段时期,其间创造力和想象力成为经济价值的主要推动力。[36] 特别是考虑到现有的许多工作将会通过人工智能和机器人实现自动化。元宇宙将全面开启创想时代,将其从理论带入现实世界。通过NFT的革命性力量,元宇宙将给予创造力前所未有的回报,使内容创作者能够以此为生,根据社群的接受度来奖励创造力。在元宇宙中,每个人都能成为艺术家,与世界分享自己的创作。但我们应该怎样定义元宇宙呢?

首先要剔除错误的认识,要知道只有一个元宇宙,就像只有一个互联网一样。当然,这个元宇宙中会有无数的空间、世界、环境和体验,人们可以在其中放松、娱乐、社交、工作和合作。这些世界有的还将是围墙花园，如 Meta 的《视域世界》（Horizon Worlds）或英佩游戏的《堡垒之夜》。如果我们做得没错的话，元宇宙的主体便是社群推动、用户控制、开放和去中心化。当然，不是一切都能实现开放或社群推动。有的环境将成为安全的虚拟空间，你得有正确的数字钥匙才能进入，就像大多数办公室都得用正确的实体钥匙才能打开一样。在第二章中，我会深入进行有关元宇宙应该是开放还是封闭的辩论，以及各自可能产生的结果。

虽然元宇宙看起来还很遥远，事实却并非如此。建立元宇宙的努力已经持续多年，组成元宇宙的许多要素和平台也已经存在多年。从过去两年来看，这种趋势更加清晰。如果说疫情还带来了什么好处的话，就是使我们加速进入数字时代。各个组织长期以来因各种原因推迟数字化转型进程，但当疫情来袭，世界各地的组织都不得不转为远程工作彻夜不眠，所幸技术条件已然完备，组织都没有遇到什么问题。每年我都会写下一年的年度技术趋势预测，如果我在 2019 年年底预测三个月以后大多数组织都会实现远程工作，大家可能会觉得我疯了。然而事实就是如此。幸运的是我们的技术条件已经到位，许多雇员可以用早晨通勤的时间补觉和吃早餐，他们 1∶1 的分身在办公室走来走去地接电话，他们的会议室都是在家办公的会议平台 Zoom、微软的 Teams 或谷歌的 Hangouts。当然也会出现各种各样的问题。例如，美国得克萨斯州（Texas）一位律师在线上庭审时，以一只猫的形象出现在法官面前。甚至还会有更严重的数据安全问题，不过好在都比较迅速地得到处理。总而言之，我们做得特别棒。如果技术没有跟上，我们就不可能实现远程工作，不可能实现在线社交聚会、在线酒吧游戏，或者举办完全虚拟的火人节（Burning Man）。如果疫情发生在五年或者十年之前，我们完全不可能如此轻松地实现这种转变。

自互联网于20世纪90年代末诞生以来，我们已经缓慢地从模拟物种（Analog Species）变成了数字物种（Digital Species）——数字智人（Homo Digitalis）。今天，互联网对大多数人来说都是常态，我们每天都要在网上花费几小时。其中许多人，也包括我自己，一天中大部分时间都在上网。然而，我们不应该忘记，即便在2022年，还有将近29亿人从来没有上过网。[37] 埃隆·马斯克（Elon Musk）的星链（Starlink）这样的创举，以及未来十年即将到来的元宇宙，很有可能让剩余的29亿人接入互联网。一旦所有的人类都能上网，我们就真的成为数字物种。

未来几年，我们将经历数字旅程中最大的变化。当我们进入元宇宙，世界将实现真正的范式转变。我们将从与互联网分离、需要采取有意识的行动才能上网，转变为完全接入并沉浸在互联网中。互联网将变得像我们呼吸的空气或我们的设备使用的电源一样普遍。我们将不再需要"上网"。在元宇宙中，"网"就在那里，等着你在任何时候与之交互，你可以坐在最喜欢的饭店里一边喝拿铁一边用智能眼镜投射自己的办公室，你的自动驾驶汽车会在你开车回家时告诉你的家人，你的睡眠追踪设备会监控你睡眠中的一举一动，在你醒来后生成一份详细的睡眠分析报告，并自动调整你的虚拟冥想安排。元宇宙是物理世界和数字世界的完全融合，正如微软CEO萨提亚·纳德拉（Satya Nadella）所说的那样，我们将"把计算嵌入真实世界，并把真实世界嵌入计算"，[38] 在两个世界之间再加一层，我们就能使用任何能够想象到的联网设备与之交互，无论是智能手机、计算机、AR/VR

头显、物联网设备,还是未来我们将发明出来的其他任何设备。

元宇宙可被视为互联网的下一次迭代,即一个支持《虚无之地》、微软网格(Microsoft Mesh)、《宝可梦GO》和《堡垒之夜》,或是未来将会发明的其他沉浸式、交互式、持久在线的数字体验互联网。元宇宙不是一个地点,也不是像《头号玩家》描绘的那种特定的虚拟世界。元宇宙将会是物理世界和数字世界的融合,我们所有的数据,无论是身份、个性、名誉和资产,还是任何(虚拟或现实)地点、组织和事物的全部历史、感受和心情,都能以全新的方式交互、控制和体验,使人和事物能创造出新奇并充满魔力的体验、互动和环境。数字世界和物理世界的融合将带来前所未有的应用,就像互联网带来了我们在20世纪90年代中期不可能想象的全新应用一样。如区块链公司"亚空间"(Subspace)的CEO巴扬·托菲克(Bayan Towfiq)所述,元宇宙"更像(一个游戏)主机而不是在它上面运行的游戏中的超级马里奥(Mario)"。[39] 未来,元宇宙将使创建各种形式的新体验成为可能。然而,任何说自己正在建立一个元宇宙的公司,都与声称自己正在建立一个互联网的公司没有区别。

在元宇宙中,2D和3D内容、以空间形式组织的信息和体验以及任何机器之间的实时同步互动,都将实现无缝交互。各大品牌已经在探索这种新的"数实融合"体验。例如,2022年初耐克(Nike)和艺电体育(EA Sports)共同推出一个活动,如果玩家能在真实世界中跑8千米并用耐克的耐克跑团(NRC)应用记录的话,就能在麦登橄榄球(Madden NFL)游戏中获得特别的奖励。[40] 我们将会看到许多这种全新的体验。用户、组织和事物都是元宇宙的一部分,能够采集超越传统的视觉和听觉的数据并与之交互。例如,我们无须通过新闻读到或听到世界某地发生地震的消息，而是可以通过无线连接到世界地震仪的体内传感器实时感知到地震。听起来像天方夜谭吧？完全不是。西班牙艺术家穆恩·里巴斯（Moon Ribas）在2012年就这么做了，她在体内植入传感器，从而能够感觉到地球所有的地震活动。七年来，她的身体都能感觉到地球的震动。[41] 这种新的体验也是元宇宙的一部分，在未来将成为常态。

借助一系列技术手段，从人工智能、机器学习、物联网、第五代移动通信网络（5G）（很快就会到第六代，6G），当然还有VR和AR，元宇宙将使我们能够创造超越真实和虚拟世界的任何形式的沉浸式体验，唯一会限制我们的只有自己的想象。虽然物理世界和数字世界每天都在进一步融合，比如视频会议Zoom的虚拟背景或是使用加密货币购买实体产品，但只有当我们不再区分虚拟世界和物理世界，而是只能看到一个融合的世界时，元宇宙才会真正到来。

元宇宙中将会有大量的虚拟或增强现实世界、体验或环境。与互联网一样，元宇宙也将会是社群推动、内容创作者中心的，二者的区别是我们又获得了一次机会，与社群和内容创作者共享元宇宙带来的利益，创建一个更加公平的社会。要使元宇宙对社会的利益最大化，元宇宙本身就得是开放的，数据和身份就得是私人的（关于你并属于你）、可迁移的（即可互操作，也就是说你可以把自己的身份、名誉、资产和数据从一个平台带到另一个平台）、私有的（你控制着自己的身份、资产和数据）、持久的（没有你的许可，不会改变你的数据、身份和你创造的体验，你随时可以进入一个体验，这个体验会发生变化，但除非它的创作者允许，否则不会消失）、受保护的（你的数据和身份不会被盗）。[42] 在下一节中，我将进一步讨论这些特征。虽然如脸书和《堡垒之夜》等围墙花园还将继续存在一段时间，但我相信从长期来看，我们应当努力构建一个能使整个社会受益的开放元宇宙，使用户能够把自己在一个环境中的辛苦努力和所得带到另一个环境中。当然，我不是说在元宇宙中就没有围墙花园，如我们将在第七章中看到的一样，利益相关者和社会的经济利益已经大到无法忽视，任何围墙花园只要愿意开放并拥抱互操作性、数据隐私和（个体、组织和事物的）自我主权身份，就能取得显著的收益。[①] 如果因为某种原因，我们人类无法建成这样的开放元宇宙，我们仍将拥有非凡的沉浸式体验，但就会继续困于 Web 2.0 的范式，即科技巨头控制我们的数据和身份。我们要的不是从一个蛋糕上切下更大的一块，而是，如果我们能通过开放获得一个大得多得多的蛋糕，科技巨头就也能从中受益。这不过是商业常识。

开放元宇宙将会是一个不断发展、去中心化、创作者驱动的生态系统，打破物理和时空的限制，人类和技术能够互惠、和谐共存（即双赢局面，没有零和博弈），让人类能够以不曾想象的方式体验真实世界和数字世界。

[①] 2022 年 3 月，无聊猿游艇俱乐部（Bored Ape Yacht Club）的创始公司尤加实验室（Yuga Labs）在一年时间内估值上涨了 4.5 亿美元。该公司 40 亿美元的估值可以归功为，任何人只要拥有一个无聊猿，就拥有那个无聊猿所有的版权和知识产权（IP），使所有者能够从他们的投资中获得巨大的回报。——原注。

元宇宙的六个特征

在元宇宙中,能够限制我们的只有我们自己的创造力和可用的资源。因为元宇宙的数字化,只要我们决心坚定,就能创造一切。毕竟物理定律在数字世界并不适用,就连在与物理世界交互时也是如此。在构建元宇宙中的虚拟世界和体验时,这种视角的转变是保持开放心态的关键。在开发元宇宙体验时,无论是某品牌想与客户保持联系,游戏开发者想开发一款沉浸式社交游戏,还是行业公司计划在供应链中加入数字孪生,都不再受到真实世界稀缺性的限制。

因此,在虚拟世界中模仿真实世界毫无意义。在元宇宙中,空间用之不竭。用户能够便捷地从一种体验切换到另一种体验,所以人为地创造稀缺的数字房地产可能对一小群内部人士有利,可以成为创业公司筹资的新渠道﹝类似2017年初始代币发售(ICO)热﹞,但如果你从这个完全不同的视角去看,会发现这么做没有任何意义。在元宇宙中,你能创建你想要的东西、你想去的地方、你想要的方式。创作者的这种完全自由无疑会带来一些无与伦比的体验,但要让元宇宙能发挥作用,创作者们(个人、创业公司、品牌、企业,甚至政府)在建设元宇宙时要记住它的六个特点,最好还要遵从刚刚讨论过的数据的六大原则:

· 互操作性
· 去中心化

- 持久性
- 空间性
- 社群推动
- 自我主权

接下来我们依次讨论这些特征，全面了解我们应该怎样建立一个提供独特体验的开放元宇宙。

互操作性

如果我们想把蛋糕做大，而不是从现有的蛋糕上切下更大的一块，互操作性就是关键。互操作性能够拓展网络并增加网络对消费者的外部价值。如果缺乏互操作性，用户只能固定使用某一平台。这一点是网络所有者最大的利益所在。WhatsApp 就是个很好的例子，它多年以来积累了强大的网络效应，你的朋友中使用它的人越多，你跟他们联系起来就越容易。

缺乏互操作性还使终端用户的转换成本非常高，这可能是脸书于 2014 年以 190 亿美元的价格收购 WhatsApp 的原因之一。2021 年，脸书宣布将共享 WhatsApp 数据，以提高广告推送的瞄准度，而 2014 年扎克伯格曾承诺过他不会这么做，许多用户觉得受够了社交消息平台，想转到 Telegram 或 Signal 等通信平台。虽然这些平台的用户基数有所增加，但对 WhatsApp 并未造成实质性的影响，原因很简单，转换成本太高。因为消息平台之间缺乏互操作性，除非你所有的朋友都转到另一个社交消息平台，这么做才行之有效，但这几乎不可能。如果我们想为整个社会解锁这个万亿美元级的经济，就要避免在元宇宙中形成这样的孤岛。

互操作性是指用户能够在多大程度上不受任何限制地把自己在一个平台里创造的价值带到另一个平台。互操作性使用户能够在一个环境里赢得、购买或赚取数字资产，随后带到另一个环境中使用，不管所指的环境是物理环境还是数字环境。互操作性为用户提供了一种渠道，让用户可以把数据和资产从一个平台转移到另一个平台，并按开放市场决定的市场价格出售给其他用户。这样的体验越是流畅，元宇宙为社会创造的整体价值就越大。

通过建立每个人都同意使用的标准、协议和发展框架，就像实现电子邮件的标准和协议，或是使分散的平台能够便捷相连的应用程序界面（API）一样，就能实现互操作性。然而，实现元宇宙的互操作性还面临着许多挑战，不仅需要全球性的标准、协议和框架，还得就能够在不同的虚拟世界中使用的可互操作资产的功能和规则达成共识。[43] 显然，我们得防止你因为觉得会议太长或同事太烦，就在会议期间对着同事大放游戏《侠盗猎车手》（Grand Theft Auto）中的火箭。还有，不同的世界有不同的设计，把一个资产从低模（low-poly）世界（如《我的世界》）带到高模世界（如《堡垒之夜》），或从高模世界带到低模世界，可能会破坏用户体验，甚至破坏整个环境。①

从这个角度来看，标准只是一种可互操作的、每个人都决定遵从

---

① 低模或高模是指一个模型或一个世界中多边形的数量，其决定了一个环境中的细节和逼真程度。多边形是直线组成的二维形状，开发者能使用多边形组合创建任何数字模型。多边形越多，环境就越逼真，调取虚拟化身或数字资产所需的计算能力就越高。——原注。

的协议。标准是让两个事物合力工作的共识，我们人类非常擅长制定标准。比如让你可以用美元或欧元购买任意产品的货币标准，或者可以把一个硬件（如你的手机）接入另一个硬件（如你的电脑）的通用串行总线（USB）标准。标准的含义可以有很多，但在元宇宙中，互操作性很大程度上将会是数字资产格式。这种格式以及这些资产格式中的信息必须遵从约定的互操作性标准，这样你就能够在元宇宙中转移任意资产，而未来数百万个元宇宙空间、世界和体验需要理解怎样拆解、处理和使用这些数字资产。于是我们立刻就要面对巨大的挑战，如科纳斯组织（The Khronos Group）当选主席尼尔·特雷维特（Neil Trevett）所说："我们需要无数标准。"[44] 国际标准组织（ISO）和科纳斯组织等标准组织都在努力构建所需的互操作性标准。然而无论他们有多努力，最终都将由市场决定选择开放的元宇宙还是封闭的元宇宙。如果科技巨头推行的产品标准被市场所接受，我们就只能允许围墙花园的存在，而它们将会限制创作者和终端用户从元宇宙中获得的价值。幸运的是，我们已经看到从公司标准到开放标准的转变，如在上传虚拟化身文件时已由 .fbx 标准变为 .glTF 标准。①

---

① .glTF 是指图形语言传输格式（Graphics Language Transmission Format），是 3D 资产的标准文件格式，与电影盒（Filmbox）软件使用的 .fbx 格式类似。.fbx 格式是欧特克公司（Autodesk）于 2006 年开发并所有的专有文件格式，而 .glTF 是科纳斯组织开发的开发标准，即将成为 ISO 标准。大多数公司都正在转而使用 .glTF 作为重要格式，包括 Meta、微软和虚拟化身平台 Ready Player Me。——原注。

证明数字资产的归属和交易，是互操作性的一个重要特性。好在非同质化代币、同质化代币（加密货币）和（去中心化）市场已经在很大程度上解决了这个问题。我将在第七章中讨论 NFT 是什么、怎么样构建活跃而繁荣的元宇宙经济时，再深入展开这些话题。现在，读者只要知道 NFT 的优点并不在于你可以花几百万美元买一幅 JPEG 再对朋友炫耀，而在于能让我们毫无疑虑地验证和证明任何数字资产的所有权，并在元宇宙中追踪这些资产的来源。说到底，如果你拥有能够打开你装满 NFT 的加密钱包的私有密钥，就意味着你拥有这个钱包，也就是拥有这些 NFT。最好的类比是邮局里的邮箱。每个人都可以往邮箱里放东西，甚至还能看看邮箱里面有什么，但只有拿着实体钥匙的那个人才能打开它，拿出里面的东西。如果我们能克服互操作性的挑战，NFT 就会成为元宇宙经济的驱动力。

去中心化

互操作性让资产能够在虚拟世界或虚拟体验中进行交易，而去中心化则是关于谁控制这些虚拟世界、资产和体验，以及谁将从中获益。Web 的愿景一直就是完全的去中心化，让权力回归个体，而不是任由科技巨头或政府通过中心化的平台来控制、剥削和操控个体。其中数字所有权和数据控制是关键所在，也是我们弥补 Web 2.0 的缺陷的关键所在。建立一个不受任何人控制而归所有人共同所有的元宇宙是重中之重。

这就需要用到区块链。过去十年诞生了各种区块链技术。元宇宙中的利益相关者进行价值交换时，无论这些利益相关者是玩各种游戏的消费者,还是供应链中的企业,都应该依赖去中心化的、单一的事实来源。在去中心化的元宇宙中,加密技术的应用确保数据不可改变、可验证、可追踪,不再需要可信的中间人管理来获得信息的事实来源。也就是说,数据和(数字)产品的来源本身就足以确保有效的价值交换和完全透明。区块链使交易结算可以在几秒内完成。① 在每一种数字资产中,智能合约使我们能够在代码中嵌入规则和管理制度,并自动执行这些规则和制度。智能合约是处理交易和/或决策的脚本,可以看作是把"如果发生这个,则触发那个"语句(当然实际上要复杂得多)编进了位码(bit code)中。智能合约是简单的软件程序,满足两个或多个行动者达成共识的条件就会自动运行。[45,46] 智能合约有三个显著特征:自治、去中心化和自给自足(能够积累并消费价值)。[47] 一旦在区块链上形成智能合约,就是终极合约,无法更改(即不可更改、可验证、可追踪,不过如果代码允许的话,可以改变部分参数)。[48] 这将使治理实现自动化。账本可以成为数据的法律证据,使元宇宙中的数据所有权、数据透明度、资产来源和可审计性变得更加重要。

智能合约将越来越多地取代人类的判断并消解信任。如果有多个

---

① 很大程度上取决于你使用哪种区块链。一些区块链能够实现几乎即时的交易结算,但大多数著名的区块链,如比特币区块链和以太坊区块链,则要慢得多。2022年,比特币区块链每秒能够处理大约4.6笔交易[对比维萨信用卡(Visa)每秒平均处理1 700笔交易,或阿里巴巴双十一期间每秒能处理50多万笔交易]。——原注。

智能合约，再加上人工智能和分析，就有可能实现自动化的决策能力。于是就出现了一种全新的、由代码管理的组织活动和建立社群的范式，即所谓的去中心化自治组织（DAO）。DAO是元宇宙的重要组成部分，会颠覆民主进程的运作方式和社群的形成方式。

智能合约嵌入了相关的规则，所以是NFT的关键。NFT的制造者可以决定在NFT上附加哪些规则，如在线上使用NFT的方式及相应的权利（如果有这些权利的话）等。第七章将深入讨论NFT和用户怎样将自己拥有的数字资产货币化。

去中心化是元宇宙成功的关键所在，如果我们想实现数字资产的互操作性，就更是如此。在元宇宙中，去中心化是指证明（数字）资产的所有权，拥有对自己的身份、名誉和数据的完全控制权（自我主权）。然而，去中心化还不是指使用区块链技术实现计算能力、带宽和数据存储的去中心化。虽然已经能够实现这些技术解决方案，但将区块链作为数字基础设施来推动元宇宙的发展还有很长的路要走，因为交互、实时、沉浸式的体验需要（更）高分辨率、低延迟和极速带宽，而区块链技术还不能实现这些目标。

无论如何，去中心化将赋权于终端用户，让创作者能够直接与大规模的粉丝建立联系，限制内容审查，并在一个没有中间人的环境中通过加密手段实现信任，因此是开放元宇宙的关键。[49]

持久性

元宇宙将是一个永不停歇、持久性的互联网，只要创作者同意，无论虚拟体验还是增强体验都会对所有能够进入元宇宙的人开放并始终在线。这种持久性适用于增强现实体验和虚拟世界，使虚拟体验能够随时间不断变化并始终在线等用户去探索。与真实世界一样，就算你离开了，元宇宙也还在。例如，如果你体验了设置在真实世界的某个位置的增强现实体验，除非决定要移除这些体验，否则它们就会一直在那里。因此，任何人只要戴上 AR 眼镜，或者使用装有相应应用程序的手机或平板，都能看到时代广场（Times Square）上空有一条飞龙，只是看到的角度不同。如果我们更进一步，在虚拟现实中来到时代广场时，也能看到同一条龙飞在这个世界知名的广场上空。要实现一个真正具有持久性的元宇宙起码还得十年，到时候在虚拟现实中的人能看到在时代广场上看龙的人的虚拟化身，而在真实世界中的人通过 AR 眼镜也能看到在虚拟现实中看龙的那些虚拟化身。这将是真正持久性的 XR 体验，即在真实和虚拟世界中同步发生。

持久性元宇宙的关键是只有创作者能删除内容，就像在真实世界中的建筑具有持久性，只有得到所有者的许可才能拆除。这种技术可能被罪犯或恐怖分子所用，他们可能会发布诽谤、冒犯或非法内容，如招募恐怖分子的海报等，这些内容也会具有持久性而无法移除，存在一定的风险。因此，允许用户在真实世界中投放增强体验的平台，应该制定某种规则，使用户不能随意投放内容，就像地方政府不会允许随意盖楼一样。

持久性元宇宙会为艺术家和内容创作者带来无限的（赚钱）机会，以丰富数字世界和虚拟世界，使他们的付出能够有所回报，所有收益无须银行即可实时到账。例如，街头涂鸦艺术家班克西（Banksy）可以在伦敦人流密集的地方投放一幅虚拟画作，如果你刚好到了那个地方，就能看到这幅画，并为此支付小额的加密货币。①由于这幅虚拟画作具有持久性，除非班克西自己删除它，否则就将无限期地留在那里。

从技术角度来看，元宇宙还需要实现高精度、持久性的实时连接。无论你是在跟 10 个人还是 1 000 个人同时看（虚拟）时代广场上方的龙，每个人从自己的角度看不应该成为问题，不过这是个难以解决的技术挑战，需要多对多（many-to-many）的连接才能维持这样的高并发。[50]

空间性

元宇宙如果不具有空间性，就是一个机遇有限的元宇宙。任何虚拟世界、空间或体验都应加入空间锚，使这些虚拟或增强体验中的对象具有持久性，方便用户访问，实现更加逼近真实世界的体验。运用空间音频，能够进一步增强这种体验。空间数据能够使用户通过五官（甚至是未来可能出现的感官，如前文所述）以最自然的方式与虚拟世界或真实世界中的数字对象进行交互。空间计算能将物理行为（移动、演讲、姿势）转化为虚拟或增强体验中的数字交互。这里的关键词是位置（location），其决定了应该将用户（虚拟化身）、数字资产

---

① 当然也可以用法定货币支付（payment in fiat）。但由于我们可能面对的是微型交易，法定货币交易的成本太高，过程也太慢。如果有中央数字货币就能解决这个问题，如中央数字美元或数字欧元，但这样会导致政府能够监控其公民的每一笔交易。——原注。

移动到物理世界和 / 或虚拟世界的哪里。

每个事物、用户或空间都应该有独一无二的标识符、治理和交互规则（理想情况下，应该嵌入记录在区块链中的智能合约的代码中）以及可验证的来源，使利益相关者能够进行互动，并在物理世界或数字世界中保存一个完美的复本。回到时代广场上方的龙，空间数据让这条龙具有持久性，使用户能够从不同的视角去体验，甚至根据他们与这条在空中的龙的相对位置听到相应的声音。空间数据会带来新的赚钱机会，如基于与虚拟对象的距离制定不同的定价策略。

空间数据不仅是在数字对象上加上空间锚，还要在物理对象上加上传感器使其更加数字化，使物理对象在虚拟世界中拥有一模一样的复制品，即数字孪生，让用户能与之交互。我们将在第六章中讨论企业元宇宙时展开更多的细节，企业元宇宙就是把数字孪生整合到商业过程之中。

空间数据给所有对象、空间和用户加上背景，使物理世界和虚拟世界都更加智慧。空间数据将有助于实现实时交互与协作，为人类和机器提供直观的体验。[51]空间数据也能帮助我们在元宇宙中进行搜索。要记住，在元宇宙中还没有谷歌。显然，如果谷歌或未来的创业公司在几年内进入这个空白领域，使用户能够在数百万种体验和数字对象中找到他们想要的东西，一切都会改变。如果没有这些空间锚，元宇宙就会是一个变幻莫测、不可持续的混乱世界，在里面什么都不可能找得到。

社群推动

人类天生就是社会动物,所以元宇宙不出意外的话将主要是一种社交体验,这也不足为奇。即使是通常只有独处才能体验的 VR,也会加上社交元素,如排行榜或其他游戏技术。无论是哪种元宇宙体验,是围绕社群构建的还是由社群成员创建的,社群都至关重要。因此,元宇宙与人们聚在一起、围绕任意话题成立的社区与真实世界毫无区别,群体归属对个人生存从来都是至关重要的。

社群可以是利基(niche)[①]社群,如面向葡萄酒爱好者的元宇宙空间,也可以是规模庞大、专注于大型多人在线角色扮演游戏的社群。在元宇宙中,社群成员能够拥有实时、共享、沉浸式的体验,甚至拥有这些体验的所有权,从而使社群发展到一个新的层次。例如,《堡垒之夜》《萌宠无限》《我的世界》等成功游戏,其核心特征就是加强社交体验,[52]元宇宙也同理。

想进入元宇宙的品牌必须承认现有的社群,不能自认为比这些社群更高明。尊重社群、向他们学习并与他们互动,是在元宇宙中成功的关键。今天的品牌和组织会在社交媒体平台上寻找自己的社群,而网页多数情况下只不过是展示品牌形象而已。几乎所有品牌都在其用户所在的社交媒体平台上与其社群互动,而不是将社群带入企业网站。元宇宙也一样,品牌应该去到其社群所在的地方。此外,元宇宙

---

① 利基(niche)是指按更窄的范围确定某些群体。这些群体是一个小市场,而且它的需要并没有被服务好,有获取利益的基础,能够成为有利的市场。——译者注。

让品牌有机会与社群一起创造独特的沉浸式品牌体验，社群还有可能控制和拥有这样的体验。我们将在第五章中深入讨论品牌怎样能够成为元宇宙的一部分。

自我主权

开放元宇宙的最后一个特征是自我主权，也就是说个体而非平台或网站控制他们的在线身份和数据。自我主权的身份和/或名誉一直是 Web 3.0 的目标，也是我们在建设开放元宇宙时应该确保实现的最重要特征。过去几十年间，我们过于享受科技巨头提供的免费服务，自我主权一直没有提上日程。正因如此，我们才沦落到今天的境地，用户的数字身份没有自我主权，而是由公司控制，他们按下按钮就能删除你的（线上）身份，就像被 Meta 从照片墙上完全删除的澳大利亚艺术家西娅-迈·鲍曼一样。没有自我主权就会导致隐私侵犯、数据泄露和数据作假，以及更严重的身份盗用和身份冒用等问题。如果我们想建立一个开放的、去中心化的、互操作的元宇宙，自我主权就是重中之重。

身份包括许多不同的属性，各种属性的次序和时限都会变化和发展。例如，出生日期、出生地、生物学父母和社会保险号等属性，会伴随一个人一生。又如，员工号、学生号、地址或电话等属性，会发生周期性的变化。还有一些属性可能存在的时间很短，如在论坛或网站的用户名。每个属性都有不同的、唯一的身份特征，它们加起来才是一个人的身份（虽然有人可能并不这么认为）。[53] 身份是个复杂的概念。在元宇宙中，身份可以是任何形式，而由于虚拟化身的存在，身份还可以是任何形状,因此身份的概念就变得更加复杂。用户非常有可能使用几个虚拟化身进行不同的元宇宙体验,一个人在某空间里以非常逼真的恐龙形象出现,在工作会议中以数字人类的形象出现,在《我的世界》或《沙盒》(Sandbox)这样的环境中又以像素化的低模虚拟化身出现。所有形象都是同一个人,只是身处于不同环境。这不是什么新鲜事,在物理世界中我们也这么做(尽管我们在拜访朋友的时候可能不会穿得像只恐龙)。

如果身份中包含某些一直在变化的属性,那么自我主权身份就是将控制权从能够接触这些属性的人手中交还给拥有这个身份的消费者或设备。于是,社交媒体公司或政府不再拥有个人的身份属性,消费者完全控制并决定在每次互动中谁能够接触哪些属性或哪些数据点。[54] 自我主权的概念是指个体应该控制自己在互联网上的数据、身份、名誉和信息,而无须依赖任何公司或政府部门的庇护,或是任何中间人来控制他们的数据或身份。在不远的未来,自我主权也将适用于一切事物。通过区块链技术,包括零知识证明(zero-knowledge proof)① 技术,人们将重新获得对自己身份和数据的主权。[55]

例如,当我们进入一个要求最低年龄限制的元宇宙社群时,我们可以通过自我主权身份来证明自己属于这个年龄段,而不需要披露我们的年龄。我们可以分享一个零知识证明,一个加密验证的"是"或"否"的声明,证明我们比要求的最低年龄要大,而不需要分享额外

---

① 零知识证明是一种密码协议,允许一方在不泄露信息的情况下证明其对信息的所有权。零知识证明提供"有效性证明",即将信息从证明者传递给验证者。——译者注

的信息。与今天的世界做一下对比，你得提供身份文件或驾照才能证明自己的年龄，而这些证件中包含很多非常私人的细节，如出生日期、地址、姓名或驾照号等，这些信息跟判断你是否达到这个社群的年龄要求并无半点儿关系。通过智能合约，这个过程就能实现自动化，在保护你的身份的同时，为你提供无缝的体验。拥有了自我主权身份，消费者就会成为组织的黑盒（black box）[①]，只有用户才能决定在哪些元宇宙空间中分享哪些数据。

在元宇宙中，证明你的身份，或者证明你就是你说的那个人，会变得史无前例的重要。因为有了虚拟化身，冒充一个人就更加容易，只需要制作一个他平时在用的虚拟化身的数字复本就行。随着甲尚科技（Reallusion）的第四代角色创造者（Character Creator 4）和虚幻引擎（Unreal Engine）的元人类创造者（MetaHuman Creator）等技术进步，制作名人、政治家或企业家的一模一样的复本，通过深度伪造（deepfake）[②]的音频让他或她在任意数字环境中按照你的意愿说话做

[①] 黑盒是指算法，算法一般都是黑盒。只有创建算法的组织才知道算法到底是怎么算的，甚至常常连它们也不知道。这种现象导致我们不知道一个算法为什么会得出特定的决定，由于社会中算法做出的决定越来越多（也越来越重要），这么做显然有问题。如果消费者变成了黑盒，就是说只有消费者才能接触自己的数据，而组织则需要申请许可才能获准拿到这些数据。——原注。

[②] 英文 deep learning（深度学习）和 fake（伪造、假装、冒充）的组合。其中以视频伪造为主，也被称为人工智能换脸技术（AI face swap）。——译者注。

事，比以往任何时候都更加容易。除非这些人能够通过加密技术证明他们拥有和控制这些虚拟化身或数字人类，否则我们就将打开灾难的潘多拉盒子（Pandora's box）。在第八章中，我将深入分析元宇宙可能会摧毁人类生活并对社会造成巨大危害的危险因素。

与冒用虚拟化身相关的问题是信任和名誉。你怎么才能知道跟你互动的人就是他声称的那个人？你怎么才能相信我们面对的虚拟化身？这时候就要用到自我主权名誉。许多人都在讨论自我主权身份，但很少有人谈及自我主权名誉的概念，如果我们想确保自己即便在匿名或定期改变身份（即虚拟化身）的情况下依然是可信的，自我主权名誉就非常重要。

答案是确保元宇宙实现匿名问责（anonymous accountability），而这只有当我们拥有自我主权的验证身份才能实现。匿名问责使用户能够跨平台建立自己的名誉，同时对外部世界保持完全的匿名。假设用户能够从银行这样的地方获得一个唯一代码，而银行的"了解客户"（know your customer）程序会验证他的身份。这个唯一代码中会包含各种数据点，如提供代码的时间和银行（确保只有可信的银行才能提供这种代码）。这些信息储存在区块链上，连接到用户的元宇宙身份中，元宇宙身份又连接到用户的加密钱包里。如果用户转换虚拟化身，可以使用同样的验证过程。用户根据自己的行动建立起名誉，由于名誉与用户的身份相连接，即使用户在匿名状态下互动，他的名誉也可以从一个平台带到另一个平台。有了匿名问责和自我主权，用户在匿名互动时也会负起责任。于是，元宇宙中的信任就会增加，披露个人身份的权力就会属于用户而不是组织。当然，这种主权不只关注身份和名誉，用户还应当拥有对数据、数字资产和作品的主权，确保它们的所有权属于用户而不是组织或政府。因此，在元宇宙中，数字钱包是确保自我主权的关键。

如果我们能够使自我主权成为元宇宙的基石，就离一个真正开放的、去中心化的，由社群而非企业所有和控制元宇宙又近了一步。我们将能够摆脱 Web 1.0 和 Web 2.0 的程序化信息交换（programmatic information exchange），实现 Web 3.0 独有的程序化价值交换（programmatic value exchange），使用户能够在他们所有的资产上加入代码组件，用这些资产去做有趣的事，去增加整个系统的价值，而不是依赖于将用户与其生态系统割裂开来的中间人。

开放元宇宙意味着自由

开放的元宇宙事关价值交换，人们可以自由互动，完全控制在元宇宙中构建生活的方式。任何参与建设元宇宙的平台，如果想为开放元宇宙做出贡献并长期存活，都应以某种形式或形态实现上述特征。为了理解实践中的操作方式，我们来看一个虚构的例子。

自由平台（Freedom Platform）是一个全新的数字世界，让用户能够在沉浸式的空间环境中社交、放松、工作和协作。用户可以用自己的数字钱包创建一个账号，在这个平台上注册。注册之后，他们可以选择一个平台提供的虚拟化身，用搭载的创作工具创作自己的虚拟化身，或者只要上传就可以添加使用自己的作品。他们的虚拟化身以 NFT 的形式存在钱包里。想验证身份的用户可以使用去中心化应用（dApp）连接自己的本地银行，从而实现完全验证。用户可以选择匿名在平台上进行互动，也可以共享自己的身份。

在自由平台中，与《虚无之地》《沙盒》或《荒野世界》（Wilder World）等现有的虚拟世界一样，用户可以构建世界、建筑和体验。他们可以在自己的电脑或平板上用 2D 沉浸式体验与平台进行交互，也可以在虚拟现实中实现真正沉浸式的体验并进行探索。一些体验可以投放到真实世界，用空间锚连接真实世界和虚拟世界。例如，艺术家可以在平台上创作一座独特的雕塑，并将同样的雕塑投放到伦敦的特拉法加广场（Trafalgar Square）。这座雕塑与艺术家持有的 NFT 相连，用户可以用平台原创的加密货币自由币（FRDM）在虚拟世界和增强世界中付费参观这座雕塑，艺术家会即时收到款项。

许多公司都在自由平台上开店，他们可以与自己遍布全世界的员工召开沉浸式会议。雇员们可以用电脑和摄像头或者 VR 头显远程参会，而办公室里的雇员则用 AR 眼镜实时投影远程参会的同事的虚拟化身。空间音频能够为所有参会者营造一种更加沉浸式的体验，确保会议的高效进行。

一个公司的虚拟总部和一位艺术家的雕塑都具有持久性，任何人只要有正确的密钥，就能够浏览或加入，这也能防止不速之客参加公司的会议。由于平台是去中心化的，没有人能够删除他人创作的内容，当然还是有规则来阻止某些行为。人工智能和智能合约负责管理这些规则，用户如果不断地破坏这些规则，其名誉就会受到影响。

在自由平台中，任何人都能聚在一起建立社群，成立去中心化自治组织，共同构建体验。这个体验由社群所有和控制，从中获得的任何收益都立即由社群基于投入进行分享。

多年以来，自由平台已经发展成一个不断壮大的虚拟和增强体验。由于有互操作性标准，用户能够方便地用自己的虚拟化身和资产去探索其他世界，从那些世界中获取资产，并在自由平台的"家"里摆放这些虚拟奖杯，或在真实世界、真实的家中摆放增强数字奖杯。

当然，这只是个虚构的例子。但它依然能够揭示未来的平台将怎样利用元宇宙的这六个特征去构建一个真正能够为社会带来收益的平台。构建平台的人也能从中获益，因为自由币（FRDM）这种加密货币的价格持续上涨，使他们为打造这样一个独特的世界而承担的风险能够有所回报。

无尽的蓝海

未来一定是虚拟的和增强的。未来已来。我们不再需要记住所有的事实，因为我们有谷歌。我们不再需要为公路旅行做任何准备，因为我们只需要告诉我们的汽车我们想去哪里。在不会太远的将来，由于即时翻译会成为常态，学习新语言也将被摒弃。因为区块链、人工智能、物联网和 AR/VR 等新兴技术的融合，我们有机会重建我们的社会，弥补 Web 2.0 的某些缺陷。人工智能就像胶水一样黏合一切并使它们各尽所能，而区块链则是保障数字资产互操作性和真实所有权的必要条件。我们需要物联网用机器、工厂，甚至人类的数字孪生来连接物理世界和虚拟世界，AR 和 VR 则带来了探索所有这些数字内容的新的方式。

元宇宙将开启创想时代，内容创作者将能够货币化自己的作品，贡献于一个繁荣、活跃、神奇的沉浸式互联网。人类是感官的动物，所以到元宇宙的转变是人性的自然迭代。在未来几年，无论是何种形式的计算设备，都将能够感知世界并彼此沟通。通过空间计算和背景计算，任何接入元宇宙的设备都将能够理解其（虚拟）环境并与之交互。

于是，元宇宙将会是一片充满机遇的无垠蓝海，正如最初的互联网。在元宇宙和我们的物理世界中，将会有数百万个虚拟和增强体验。真实世界和 Web 中的所有利基社群将以自己的方式进入元宇宙，并建立自己的沉浸式利基社群。我们正处于元宇宙刚刚开始萌芽的时期，受到构建这样一个世界所需的基础设施的限制，像上文虚构的自由平台这样的平台起码还得五年才能实现。甚至可以说，2022 年的元宇宙就像 20 世纪 90 年代末脸书和亚马逊还没出现时的互联网，不过由于各种技术的融合，元宇宙的潜力全部释放不会需要那么长时间。在未来几年中，创建沉浸式增强体验就会更加简便，特别是如果我们成功构建了使元宇宙平稳运行所需的"无数标准"的话。

如果我们能够成功，元宇宙就会使全球社会增加万亿美元的经济。不同渠道的预测各有出入，不过普华永道（PWC）2019 年发布了一份报告，预测到 2030 年 VR 和 AR 能够将全球的国民生产总值提高到 1.5 万亿美元，而这个数字在 2025 年将达到 4 764 亿美元。[56] 我认为这个预测极大地低估了 VR 和 AR 的潜力，因为到 2030 年，虚拟现实将变得无比逼真，而增强现实则会成为与元宇宙交互的标准手段。每个公民，每个组织，还有大多数政府，都将在元宇宙中生存、工作和互动。数字时尚将成为常态，内容创作者将能够以不曾想象的方式货币化自己的作品。直接面向虚拟化身将超越企业对客户（B2C）的商业模式。沉浸商务（iCommerce）将发展壮大，甚至超越电子商务（eCommerce）。

数字孪生已经开始为企业提供优化运营和供应链的新方式，增加了元宇宙能够贡献于全球 GDP 的价值。一些研究预测，今天的孩子中，有 50% 将在未来从事现在还不存在或是刚刚出现在市场上的工作，包括虚拟元宇宙导游，站在虚拟商店门口迎接并帮助你为虚拟化身选择最佳时尚的数字造型师等。[57] 元宇宙将形成自己的全球经济，由于人为划定的边境在元宇宙中可能起不了多大作用，元宇宙将使全球化更进一步。我们怎样组织这样的经济将直接影响它能够带给我们社会的价值。像去中心化财政等概念会十分重要,实现赋权于内容创作者使他们的资产活起来,才能创造更大的价值。

元宇宙可能会颠覆所有行业,在沉浸商务、事件、广告、硬件/软件、时尚等领域带来新的创收机会,成立新的公司并实现相当于 Web 2.0 公司 1.5 万亿美元市场总值的巨额价值,[58] 元宇宙对社会的影响将相当于曾经的互联网,甚至可能更大。元宇宙将彻底改变我们的工作、生活和社交方式。有的组织因为起步太晚已经无法适应,将在几年内无法存活。元宇宙是范式的转变。在接下来的章节中,我将讨论元宇宙对人类的意义以及对组织和社会的影响。不过,让我们先来聊聊怎样建立一个开放的元宇宙。

第2章

建立开放的元宇宙

开放还是封闭？

如第一章所述，互操作性是为整个社会创造巨大价值的关键推动力，使用户能把资产（包括身份）从一个平台无缝转移到另一个平台。可是互操作性到底意味着什么呢？由开放平台组成的元宇宙和只有封闭的围墙花园的元宇宙到底有什么区别，中间选项又是什么？是否会有某种混合的元宇宙，其中既有开放的又有封闭的数字体验？看起来二者的对立并非绝对，而判断平台或体验有多开放或多封闭，包括许多层次和方面。不过有一点很清楚，相比由封闭平台组成的元宇宙，特别是如《头号玩家》中描述的"绿洲"（The Oasis）那种只有一个封闭平台组成的元宇宙，开放的元宇宙能够显著地带来更多价值。事实上，绿洲由一个人创建、所有和控制，相当于一个公司控制着整个互联网。虽然有些公司竭尽全力地想把自己说成是元宇宙，但这种想法十分不切实际，理想状况下也永远不会发生。

不那么极端的情况则是只有封闭的围墙花园组成的元宇宙，差不多就是我们今天的现状。Web 中大多数组织都是运营着平台或网站的中心化的公司，由于网络效应，其中一些公司规模很大，被称为科技巨头。无论互联网的初衷是什么，现在都不可能把你的数据或数字资产从一个网站转移到另一个网站。你不能把自己在海外抖音（TikTok）上的全部记录下载下来，包括所有的评论和好友数据，然后上传到另一个平台，继续你的数字网红活动。海外抖音拥有你的数据，因为你的数据对他们太过重要，他们设置了重重障碍不想让你离开。科技巨头在实现无缝的用户体验方面卓有成效，通过联合认证使你能用谷歌或脸书账户登录第三方网站，从而获取更多的数据。用户用隐私换取便捷，科技巨头则用尽各种手段维持这种模式。

一个由封闭的围墙花园组成的元宇宙，基本就是现有 Web 的极端形式。由于沉浸式互联网的数据量将会是今天的 100 倍，科技巨头的地位会更加巩固，对我们生活的控制也会进一步加强。社交媒体和有害的推荐引擎将会推动利益相关者价值飞速增长。如果你觉得 2D 时代社交媒体让人们更激进，让社会更分化，那么想想 3D 时代会怎样吧。虚拟回声室（echo chambers）[①] 和新形态的虚拟现实会使社会碎片化，每个人都生活在自己的（虚拟）世界中，而广告和推荐形成的有害的恶性循环又使这一切雪上加霜。[59] 通过增强现实，我们能根据种族把虚拟化身叠加到街上的行人身上，创建我们自己的现实，也进一步割裂社会。如果我们想保持人类社会宜人、宜居，就得做出改变，阻止这样的想象成为现实。我们要跳出驱动有害推荐引擎、使人们尽可能长时间投入的利益相关者模式，建立起使各方都能得到回报、关注对社会的广泛影响的利益相关者模式。我们要阻止某些应用的发布，要使用户能够拥有把辛苦所得的数字资产、数据和身份从一个平台转移到另一个平台的无缝体验，要使所有创造价值的人而非只是平台所有者得到回报。

---

① 指我们只看到自己想看到的东西，只听到自己认同的观点，只跟观念相同的人交朋友，听到的都是自己意见的回声，于是认为自己的看法代表主流，扭曲对一般共识的认识。——译者注。

当然，这并不是说你能把这些资产、数据和你的虚拟化身带到任何地方。说到虚拟世界、增强体验甚至数字孪生，都有私有和公有之分，要么需要许可，要么无须许可。这里有以下三个选项：

· 无须许可的公有模式：任何人随时都能加入。可能得有账号，但不需要获得许可才能加入一个虚拟世界或看到一种 AR 体验；

· 需要许可的公有模式：需要某种许可才能加入公有的体验或网络。在付费或得到特别邀请之后，就能获得这种许可；

· 私有空间：从定义来看，是需要许可的安全空间，与组织的局域网或一些大型组织建立的私有 5G 网络类似。

每种数字空间都有自己的规则，由其创立者、所有者、社群或更大的组织所创建、监控和推动。与真实世界一样，其中会有大量完全开放、无须许可的平台，但也会有不少需要许可、封闭的私人空间，如你的虚拟办公室，还会有介于二者之间的任意空间。你在多大程度上能够把自己的虚拟化身和身份、数据资产和数据带进带出，取决于每个空间的规则和管理制度。去中心化的社交媒体平台和追踪你的健康、家庭、本地机场或政府大楼的数字平台，其开放程度和所需的许可会完全不同。例如，你不能瞬间移动到五角大楼（Pentagon）的虚拟世界。

拥抱 Web 3.0 范式的平台将使用分布式账本技术，如区块链和 NFT 等，使用户能够完全控制自己的数据和身份。而封闭平台则会关注其他利益，阻止用户拥有自己创造的价值。然而，我们不能强迫人们选择封闭或开放的平台。能够为终端用户带来最大利益的平台会胜出，这更像是一种达尔文主义（Darwinian），封闭平台和开放平台是良性的达尔文主义竞争关系。

不过考虑到开放平台为用户和社会带来的价值和利益，我当然希望开放平台能成为常态而非个例。如果围墙花园真的完全封闭，产生的财富和影响都十分有限。如果你创造的数字价值不能转移，那么对更大的经济体系没有任何价值。

Outlier Ventures 的 CEO 杰米·伯克认为，用《堡垒之夜》玩家去银行申请短期贷款或抵押贷款来打比方，可以很好地说明这一点。[60]某《堡垒之夜》玩家已经玩了很多年，投入了几百美元，通过虚拟化身、皮肤、资产和获奖等方式积累了大量财富。然而，对银行来说，这些财富大多是沉没成本，不能作为申请贷款或抵押贷款时的担保。在数字经济中，大多数人都面临这样的困境，如社交媒体上的网红。他们拥有数字资产的产权却无处施展，今天的金融系统不会承认他们所有的大多数数字价值和资产。这构成了一种金融排斥，即便游戏和数字生态系统总价值已经高达数十亿美元。如果用户不能把自己的资产从真实世界或数字王国的一个平台带到另一个平台，就依然不能形成合力，不会为社会增加任何价值。即便用户可以贡献大量的价值，但在金融上还是被排斥在经济体系之外。只要这种价值得不到承认，建立一个真正包容的经济体系就举步维艰。

这里就要用到经济互操作性的概念。我们必须能够将一个平台的资产转移出来，在开放市场中以市场价格自由转移，这将为经济体系带来巨大的价值，当然还有其他附加的好处。例如，Outlier Ventures 的研究表明，如果一个基于区块链的游戏允许用户把自己的资产从平台上转移出来，他们在游戏中的花费会高达非区块链游戏的 10 倍。[61]以《萌宠无限》这个"边玩边赚"（Play to Earn）的游戏为例，基于将近 300 万的玩家规模，这款游戏比地球上其他任何游戏都要赚钱，在2021年第三季度的收入就将近7.6亿美元。[62] 这款游戏于2018年发布,单日玩家数量几年内就爆炸式增长到100万人,每月收入高达3.64亿美元,[63] 2021年的估值是30亿美元[64](此外,《萌宠无限》萌宠代币的市值波动严重,2021年11月是97.7亿美元,到2022年2月中旬只有38.9亿美元。[65]),导致菲律宾很多人放弃工作全职打《萌宠无限》。一开始他们打游戏比工作还赚钱,但由于市场需求变化和加密货币的波动,大多数玩家的收入都降到最低工资水平以下。[66] 虽然如此,《萌宠无限》的经济和社会影响还是超过了《堡垒之夜》,后者2020年的收入是51亿美元,每月用户是8 000万,[67] 而数据集中在少数几个公司和个人手中。如杰米·伯克所述,人们会更喜欢可转移的数字资产而非不可转移的资产,所以拥抱互操作性将会同时赢得商业和社会效益。当然,结果可能是科技巨头精英的收入从10亿美元量级下降到亿美元量级,不过我认为,这是他们为社会进步和人类发展而必须做出的牺牲。

虽然NFT的可迁移性能够为经济体系带来价值,但从应用案例来看,可能需要阻止或限制这种可迁移性。[68] 例如,使用NFT来签发政府文件(如驾照)或大学学位,则不需要这种可迁移性。如果能够通过转移NFT来向他人证明你完成了大学学位,那么这个系统很快就会失去它的价值。另一个应用案例则是参与证明(Proof of Attendance,PoA)NFT,即证明一个人亲身参与了某个特定的事件。假设你参加了一个大型互动性现场活动,主办方给每个人一个参与证明,在主办方的实体店中出示这个证明就能享受折扣。进一步说,如百威英博(Anheuser-Busch InBev)前任全球技术与创新主管林赛·麦金纳尼(Lindsey McInerney)所述,参与证明可以是一件数字时尚单品,如给你的虚拟化身穿的与真实世界活动 T 恤类似的数字 T 恤,不同之处在于如果你参加更多的活动,数字 T 恤就会自动更新。[69] 用户展示这些 NFT 不是为了炫耀自己的财富,而是为了亲自参加某些活动,特别是如果 NFT 还带有某种实用性,如在商店享受折扣,那么限制其可迁移性就是明智之举。参与证明协议(POAP)平台使活动组织方能够便捷地制造出席证明代币,并发放给自己的访客。完全限制 NFT 的转移也不行,因为用户们可能会出于安全考虑,想把 NFT 从一个钱包转移到另一个钱包。因此,POAP 建议开发者和组织自己负责检查,如进行链上(on-chain)[①] 检查,看看当前的所有者是不是最初的接受者。

当然,开放经济带来的价值大于封闭经济并不稀奇,因为真实世界的经济也是如此。过去 500 年间,我们从相对封闭的经济发展到全球化浪潮下互联互通的开放经济,其间以开放姿态迎接相应的标准、协议和贸易协定的国家都实现了经济增长。

近年来出现了越来越多的平台,试图构建当前 Web 最有前景的平台的开放版本,然而大多都没有被广泛接受。例如,社交媒体网站"尊重"(Steem)[②] 想取代博客平台"媒介"(Medium),而"状态"(Status)浏览器的聊天工具想取代 WhatsAPP,但由于这些围墙花园强大的网络效应,用户的转换成本太高。此外,去中心化需要用户付出更多努力,大多数人都会选择便利,这也是这些新的平台接受度不高的原因。许多人觉得这些平台太麻烦、太复杂,或者保管完全去中

---

① 区块链上。——译者注。

② 命名来自 esteem(尊严、自尊、尊重)。——译者注。

心化的钱包责任太大,用户掌管自己的私钥,一旦出错就得付出高昂代价。

Web 3.0 的用户体验(UX)一直就充满挑战,需要比较高的技术素养(technical literacy)。[70] 随着 UX 逐渐改善,当大众能够接受和信任去中心化的钱包时,相比目前由技术巨头控制的封闭却便利的中心化平台来说,开放平台就会成为更好的选择。

钱包当然可以完全实现去中心化,让你独自负责私钥的安全。不过也可以选择托管钱包(managed wallet),就像银行负责你的钱包安全一样。托管钱包有些自相矛盾,即一个中心化实体监管去中心化资产。人们总是会丢护照、手机和实体钥匙,私钥是一串很难记住的字母和数字组合,所以确保私钥安全对许多人都是个挑战。肯定会有一些硬核人物只用完全去中心化的钱包,但大多数人应该不会这么做。我们必须承认这一点,建立相应的平台和规则以保护这些选择托管的去中心化钱包的人,因为丢掉整个数字身份可比丢掉护照要严重得多。

如果去中心化的 Web 能够提供像 Web 2.0 一样的便利和无缝体验,我们就有可能争取到那些把便利看得高于一切的硬核"懒惰"用户。理想情况下,去中心化技术的 UX 越好,阻碍实现互操作性的封闭的围墙花园就越无计可施。说到底,如果你在一个东西上投入了所有的时间、金钱和精力,而你又不能把它取出来或者换钱花,那它还有什么价值呢?

随着越来越多的封闭平台转向开放或彻底倒闭,互操作性就会成为元宇宙的主要特点。这当然不是说所有的平台都能够转移所有的资产,因为即使是互操作性,也还有几个层次。例如,超逼真平台不兼容低模虚拟化身，反过来也是一样，因为这样做会破坏整个体验。可以肯定，沃尔特·迪士尼（Walt Disney）拥有的任何虚拟世界，都不会容忍穿得像纳粹的虚拟化身进入他们的体验。

混合 Web

Web 3.0 的愿景是建立一个去中心化的互联网，由社群拥有、运行和控制。Web 3.0 的理念是实现数据民主，从中心化的服务器模式转到去中心化的、点对点的大型节点网络，可以无缝操作和运行 Web 应用。我们当然应该努力实现这样的模式，但我并不相信未来一二十年内能够看到这种在各个方面都完全去中心化的元宇宙，原因如下：

首先，元宇宙必须向后兼容。现有的平台和未来的平台都得能在 Web 2.0 条件下运行，也就是说在元宇宙中总会有一部分依然是中心化的。我们不能简单地删除元宇宙到来之前建成的一切，或者将一切从亚马逊云（AWS）或微软云（Azure）转移到像星际文件系统（IPFS）、存储台（Storj）或文件币（FileCoin）这样去中心化的存储平台。这些平台让用户能够分享多余的存储空间，建立起一种不属于某个公司而属于成千上万的用户的存储系统。

其次，在可预见的未来，分布式账本技术不会发展到能够处理元宇宙平台的程度。交付超现实、实时流、大容积的视频数据非常困难，更别说为数十万用户提供同样的沉浸式体验，他们同时还要彼此互动。想象一个事件中同时有 10 万个虚拟化身，意味着从这个世界中的 10 万个位置发生 1 000 万个动作，这些动作之间相互影响，所需的呈现角度几乎不计其数。实现这样的需求所要求的网络带宽、延迟和计算能力，还有前所未有的基础设施，连当今中心化的系统都无法应对。这就是为什么在今天的虚拟世界中,大多数时候你最多也只是面对几十个其他用户。一旦空间变成多维,技术挑战的复杂性就会呈指数型增长。怎样提供数据?怎样让数据满足社会性、适宜性和可访问性,还不会被攻击?如果想要真正实时的体验,就会更加复杂。假设有个共享对象,如一场比赛中的足球,两个人想要精准地同时踢到它,哪怕只是几毫秒的延迟,足球的轨迹就会发生变化,从而直接影响结果。在可预见的未来,分布式账本技术不可能处理这种活动。

再次,互联网从一开始就是一种开放协议,如今也依然是一种开放协议。而网络整合至今还不到十年,已经导致几个寡头统治互联网世界。其原因是,在互联网起步之时,建立数字平台和网络还相当困难,于是组团、发展规模经济、投入大量资本开发工具和建设互联网也就在情理之中。亚马逊云(AWS)、谷歌、Meta 和博客网(WordPress)这些平台,今天已经成为科技巨头。在元宇宙中,这种情况同样可能发生。建立今天的去中心化虚拟世界和增强体验已经相当困难,建设《虚无之地》和幻梦空间这样的去中心化沉浸式平台,比用博客网反转网络更是难上百倍。因此,如果同样的情况发生在 Web 3.0 时代,依然只有少数几个平台让我们能够非常简便地建立虚拟或增强体验,我也不会意外。这些平台当然应该是开放的,甚至应该部分地由社群所有。不过更有可能的结果是平台所有权集中在资助它们起步的投资者手里。

最后,即便能够克服技术挑战,去中心化自治组织(DAO)一开始也是中心化的。任何东西都不会生来就去中心化,需要有人以中心化的方式形成特定的想法并打下基础。在发展过程中当然可以接受资助,建立拥有并控制去中心化自治组织的社群,但只要还在通过程序限制个体用户拥有的所有权,就连去中心化自治组织最后也会被一群当选者所操控。在特定社群内提升自己的影响力是人类的天性。如果没有制约和平衡来约束这种天性,就连一开始去中心化的系统也很快会变得中心化。加密货币领域也同样如此。加密货币的目标是建立去中心化的生态系统,而现实却是规模经济和不平等导致了某种形式的中心化。例如,50%~60%的比特币挖矿权(哈希率,hash rate)集中在五六个矿池中(这些挖矿者共享计算能力),[71]最富裕的1万人控制着400万比特币,相当于流通量的21%。[72]NFT也一样,一小群白名单买家(在新的NFT发行时最先得到通知的买家)赚取了最多的利润,这些买家78%的交易都可获利,而不在白名单上的买家则78%的交易都在亏钱。[73]

因此,我相信元宇宙会建立在混合Web之上。Web的下一次迭代可能永远不会完全实现去中心化。我们所能够期待的最好的结果,就是这种两个世界无缝连接的混合Web。中心化网络的速度、带宽和计算能力能够实现实时且超逼真的视觉效果、高级人工智能能力和网络应用,推动快速创新,而区块链技术实现自我主权身份,让你真正拥有数字资产、你的数据和你想变现这些数据的方式。

开放元宇宙联盟(Open Metaverse Association)的创始人瑞安·吉尔(Ryan Gill)认为,"网页开发者建立了互联网,游戏开发者建立了开放元宇宙。"[74]虽然像一站开发(Unity)、第五代虚幻引擎(Unreal Engine 5)或混合开源(Blender)这些平台使建立沉浸式平台更加容易,但实现这样的体验仍然需要最先进的、游戏级别的基础设施,从快速光纤互联网一直到最好的游戏手柄。于是,元宇宙要想成功,Web本身就要变得智能,成为活跃的参与者。中心化平台将会帮助你创建数字资产，无论是增强体验、虚拟化身、沉浸式虚拟场景或空间、数字穿戴设备等，然后导出为去中心化、可互操作的资产，关联到所有者控制的NFT。提供这些数字资产需要（更加）低延迟、稳定的网络连接，极致的带宽和低冗余，就必须用到我们今天所知的中心化的服务器模式，因为你的虚拟化身在MMORPG[①]等场景中不可能是去中心化的。为确保自我主权身份，可以通过智能合约进行管理，即在你停止游戏或撤出NFT的瞬间，就自动删除这些数字资产相应的中心化的副本，使这两个世界分别的自主权和独特的沉浸式体验都发挥到极致。

---

① Massive Multiplayer Online Role-playing Game，指大型多人在线角色扮演游戏。——原注。

开放的经济体系

最理想的情况是：元宇宙中既有中心化平台，又有去中心化社区，而到处都能实现互操作性。当然，并不是说不会出现强大的中心化科技巨头，而是把消费者的转换成本降低到可以忽略不计，使组织不得不加倍努力来让用户满意，从而使用户和社会都从中受益。这对各方都最有利，也能带来最大的社会价值，不过对那些只关心自己个人财富的亿万身家的创始人来说可能没什么吸引力。一些去中心化的社群会是纯粹的DAO，实现完全的开放。还有一些则是中心化的平台，有自己的规则和规定，不过你还是能将自己能够控制的那部分资产转移出去，虽然不是全部资产。

包容性元宇宙能够为所有互联网用户带来价值，其关键是经济互操作性。虽然经济互操作性有许多层次，因平台、规则、管理机制而异，只有出现正确的互联网协议和第一章中讨论的全球标准时，产权（可以是你的身份、数字资产、内容、数据等）自由转移才会成为可能。

协议和标准能够为大型生态系统带来额外价值。例如，能源公司可以通过来自100台风力发电机的数据建立AI模型，预测它们什么时候需要维修，能够产生多少能源。然而，如果整个行业用来自全世界的风力发电机（属于同一类别）的数据建立一个AI模型，这个AI模型就会更加强大，为整个人类带来更大的价值。要实现这个目标，组织就要相互协作，分享数据并保护专有的见解（proprietary insights）。协议和标准有助于确保用户进入任何一个平台时，都不必担心自己的身份或数字资产被盗或被劫。这时科纳斯组织和国际标准组织（ISO）等标准组织就能够发挥作用。它们可以共同创建人人认同、社群控制的开放标准和协议，而不是让科技巨头推动自己的专有技术标准。

当然，说到标准，科纳斯组织当选主席尼尔·特雷维特说，"一个公司写一套专有技术标准，找三个人签字通过并广泛推行，肯定更简单、更快速"，而"让一个行业团结起来，动员数百个公司达成共识则不然。因为达成这样的共识不是恼人的问题，而是应有的成果。"[75] 虽然标准很耗费时间，但它依然是构建能够为将近80亿人带来最大价值的、开放包容的元宇宙的最快路径。

我们正处在历史的关键节点，我们依然可以选择。我们可以选择建立一个元宇宙，使每个人都成为独特的沉浸式体验的一部分，都用自己的方式去谋生，都对自己的身份、数据和数字资产有完全的控制权，当然也可以选择保持现状，同时接受现状中的所有问题。

互操作的元宇宙让用户能够货币化这些资产，能够出售、出借、抵押、出租这些资产，或者开发这些资产的衍生品。未来有大把的机会。我们将在后面的章节中看到，元宇宙将建立一个全新而永不停转的经济。然而，元宇宙也要求我们站起来反抗限制开放经济体系和互操作性的封闭平台，要求我们愿意为服务付费，而不是执迷于以自己的数据为代价的免费服务，这也是巨大的责任。我们应该用自己的数据和钱包投票，最好是用去中心化的钱包投票。

第3章

成为你想成为的人

虚拟化身的兴起

阿帕网不仅是建立互联网的关键，也被几个大学用于开发第一人称射击迷宫游戏（First-person Shooter Maze Game），其中诞生了世界上第一个虚拟化身。20世纪70年代初，美国国家航空航天局（NASA）的三个员工：史蒂夫·科利（Steve Colley）、霍华德·帕尔默（Howard Palmer）和格雷格·汤普森（Greg Thompson）发明了多人游戏迷宫战争（MazeWar），游戏中有个图形化的眼球在迷宫中移动，始终像巨人般注视着前方。[76] 这是第一个可视化的数字角色。从那以后，虚拟化身发生了巨大的变化，能够在虚拟世界中代表真实用户和不存在的用户。在不远的未来，虚拟化身也将通过增强现实或全息投影进入物理世界。

虚拟化身可以是任何形式，可以是加密朋克（CryptoPunks）那样 2D 的像素化图像，也可以是无聊猿游艇俱乐部里的一个角色，或者是《堡垒之夜》或《我的世界》等游戏中的角色，还可以是超逼真的人类 3D 数字形象，即数字人类。从根本上说，虚拟化身就是一个身份的虚拟表现形式。这个身份可以是一个人，他需要有个形象在虚拟世界中代表自己，也可以代表不存在的数字用户或数字角色，即所谓的非玩家角色（NPC），由计算机而不是人来控制。虚拟化身对元宇宙十分重要，让我们能把自己的身份带进虚拟世界、与他人互动，并把我们的虚拟身份带进真实世界。

与物理世界类似，元宇宙中的用户在不同的（虚拟）情境中会有不同的身份。在真实生活中，你跟朋友在一起时的行为表现和穿着，与在商业场合中完全不同。虚拟世界中也是如此。当你访问或加入不同的社群时，你会装扮虚拟化身，或者选择一个完全不同的虚拟化身。用虚拟化身来代表自己的身份相当激动人心，原因在于你不再局限于自己的物理身份，从而为自己带来了无限表达自我的机会。

过去几年中，我们已经拓宽了对身份含义的认识。性别身份刚开始只有男性和女性，现在却有很多，包括非二元性别（nonbinary）、跨性别（transgender）或流动性别（gender-fluid）。事实上，有许多种性别身份。[77] 然而，不是任何地方都能接受所有的身份，有时甚至会产生灾难性的后果。在虚拟世界中，只要你能想得到并做出来，你就能在自己想要的任何时候成为自己想成为的任何人。这可能会导致身份爆炸，毕竟在元宇宙中人们有完全的自由选择任何想使用的虚拟化身，并以任何想要的方式装扮自己的虚拟化身。

在元宇宙中，你能成为自己想成为的任何人。你能以自己本人出现，也能以自己能想到的任何形式出现，从毛茸茸的可爱兔子到巨大的机器人，再到会飞的紫色半人马。只要你高兴，什么都可以。虚拟化身看起来不一定非得像人类，这也没什么。事实上，这还有助于人们更好地描述自己的身份，更好地展示自己在某个时刻的感受，并根据心情来改变自己的虚拟化身。虚拟化身也能成为归属于特定社群的表现。许多人都在用自己的 NFT 作为虚拟化身，如加密朋克、无聊猿等，作为自己社交媒体的头像，来表示（炫耀）自己是某个利基社群的成员。2022 年初，推特（Twitter）让用户能够把自己的加密钱包连接到推特来验证自己的 NFT，也正是出于这个原因。[78]

在元宇宙中这种现象会更加普遍，因为 3D 虚拟化身将成为常态。3D 虚拟化身让你有更多新的方式来展示自己是谁、属于哪个社群。例如，你的虚拟化身是哪种形式或类别，你的虚拟化身怎样打扮，或是虚拟化身拥有哪种数字穿戴设备。一个全新的经济将会出现，我们现在看到的只是冰山一角。

可以预见，元宇宙中会有各种各样的虚拟化身，在哪个环境中有哪种类型的虚拟化身常常是个设计问题，从技术角度看却影响深远。平台可以使用《我是玩家》（Ready Player Me）等即用型（ready-to-go）平台，这种平台使开发者能够便捷地把虚拟化身平台融入自己的体验中，也可以建立自己的虚拟化身系统，《罗布乐思》、Meta 或微软等已经这么做了。这些平台都选择了不同的方式，《罗布乐思》和《沙盒》选择更像乐高（Lego）形象的虚拟化身，Meta 和微软则选择了没有腿的虚拟化身。这两个平台使用低模虚拟化身，以降低所需的计算能力，使大多数消费者能够通过几乎任何智能手机、平板或计算机来玩他们的游戏或使用他们的环境。简单的虚拟化身有很多优点，使游戏或环境更容易上手。正如开发《我是玩家》的"3D 之狼（Wolf3D）"公司 CEO 和联合创始人蒂姆·特克（Timmu Tõke）所说："越是逼真，就越是容易搞砸。"[79]

多边形的数量决定了虚拟化身以及任何数字资产的逼真程度。探问（Quest）上 VR 聊天室（VRChat）中的虚拟化身不能超过 10 000 个多边形[80]，否则就显示失败。而视频游戏《黑客帝国：觉醒》（The Matrix Resurrections）（它不仅是个游戏，还是展示第五代虚幻引擎的可能性的样本，同时也是对同名电影的宣传）中每个超逼真的资产都有数百万个多边形，因此只有拥有微软游戏机（Xbox）X 系列或第五代索尼游戏站（PS5）的玩家才能玩这款游戏。[81] 目前，只有少数平台兼容数字人类等超逼真的高模虚拟化身，原因是让大多数消费者操作这种虚拟化身所需的计算能力实在太高。因此，这种虚拟化身主要用在专业游戏、电影或录像中。另外，制作超逼真的虚拟化身也是巨大的挑战。即便像虚幻引擎的元人类或甲尚科技的角色创造者 4 等解决方案已经简化了实现过程，制作这种虚拟化身也依然充满挑战而且非常昂贵。过不了几年，像《黑客帝国：觉醒》中虚拟的基努·里维斯（Keanu Reeves）那样超逼真的数字人类就会变得平平无奇、人人可用。

除了实现超逼真虚拟化身需要的计算能力和带宽之外，大部分平台选择卡通虚拟化身的一个重要原因与大脑恐怖谷（uncanny valley of the mind）概念有关。人类非常善于从不同程度寻找物品的社会特性。任意一个对象，如一台冰箱，只要有两只眼睛、一个鼻子、耳朵和嘴巴，对我们来说就意味着社会性。长期研究虚拟化身的密歇根州立大学（Michigan State University）副教授拉宾德拉·拉坦（Rabindra Ratan）认为，如果这个"社会性"对象并没有完全按照人类的方式行事，我们就会立刻十分沮丧。因此，像苹果的西瑞（Siri）、亚马逊的亚历克萨（Alexa）和微软的小娜（Cortana）等数字助手都没有身体。如果它们有身体，那它们搞砸的时候，我们就会对其生气。没有身体使我们更容易原谅它们的错误。现在的虚拟世界中也是一样，受到带宽和计算能力的限制，（超）逼真的虚拟化身更容易出现延迟或显得笨重。（超）逼真虚拟化身看起来很逼真，但还不够逼真到让人反感。这种感觉的出现，是因为我们的大脑对超逼真虚拟化身的形象和行为的预期与其实际表现并不相符。如果二者不同步，我们就会有戒备并感到不适。[82] 如果人们在打游戏的时候感到不适，当然就不会打太久。因此，组织如果想让人们延长使用旗下环境的时间，就应当严肃对待这种感受。正是因为这种感受，我们目前使用卡通式虚拟化身，有的甚至没有腿，行动却很逼真。鉴于当前的硬件条件，这是最好的选择。随着设备的升级和互联网速度的提升，未来超逼真虚拟化身将会更加普及。

可以用一个矩阵来描述虚拟化身的种类及对开发时间和计算能力的影响。如图 3.1 所示，图中有两个轴，横轴刻度代表多边形数量从低到高，纵轴刻度则是从卡通式虚拟化身到超逼真虚拟化身。在不同的设计选项中，指数图形表示设计这种虚拟化身最有可能需要的计算能力和开发时间。

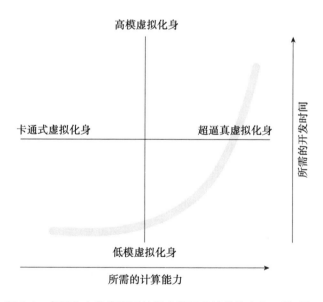

图 3.1　虚拟化身的类别及其相应所需的计算能力和开发时间

元宇宙开发者在设计时还面临一个选择，即把时间都投入构建一个独特的虚拟化身系统,还是借助《我是玩家》等即插即玩(plug-and-paly)的解决方案。一家创业公司想为元宇宙研发默认的虚拟化身系统,[83]使用这种工具,用户可以通过上传图片便捷地生成虚拟化身,或根据大量选项设计自己的虚拟化身。截至2021年底,该平台接入了1 000多个应用和游戏,用户一旦创建了自己的虚拟化身,就能够在各种各样的体验中使用这个虚拟化身,这正是元宇宙所需的互操作性。毕竟,用户们可能会在不同的环境中使用不同的虚拟化身,如果每次进入一个新的体验或新的平台都要创建一个新的虚拟化身,用户友好就无从谈起,就像是每次注册一个新网站都要申请一个新的电子邮件账号一样。

虚拟化身是你在数字世界中的身份,因此是元宇宙的关键组成部分。虚拟化身应当能够跟着你从一个平台到另一个平台。虚拟身份不仅会在元宇宙中决定你是谁,而且很有可能会决定你的感受和行为方式。身份是个奇妙的概念,很多人都对身份进行了长期深入的思考,其中也包括我。身份意味着什么?你之为你又意味着什么?你想怎样在这个(数字)世界中扮演你自己?

身份本来就是个极具吸引力的社会学和人类学研究领域,随着越来越多的人在元宇宙中创建和使用虚拟化身,身份又有了全新的意义,却还没有引起研究者的关注。虚拟化身让人们能抛开现实生活和其体验,使用数字世界中的身份。他们可能对自己的外表不满意,或者还没有接受自己的性取向。在数字世界中,他们有比物理世界更多的可能去探索自己的身份。例如,如果你在物理世界中是个女性,你可以选择一个男性的虚拟化身,或者如果你在真实世界中是个内向的人,你可以为元宇宙选择一个看起来外向的虚拟化身。研究表明,虚拟化身那些与特定行为相关的视觉特征，会使这些角色背后的个体表现出这些预期行为，即所谓的普罗透斯效应（Proteus Effect）。由此，虚拟化身的外表（皮肤颜色、身高、身体、数字服装等）会直接导致虚拟化身背后的人的行为变化。[84] 研究者尼克·叶（Nick Yee）和杰里米·贝伦森（Jeremey Bailenson）于 2007 年开展的一项研究表明，分配到更高大的虚拟化身的参与者会在虚拟环境中表现出更多信心。有趣的是，这种行为变化会一直延续到随后的真实互动中。[85] 因此，元宇宙让我们能够以前所未有的方式探索自己的身份。一个人只要选择能展示他希望拥有的角色特点的虚拟化身，就会改变自己在虚拟世界和真实世界中的行为方式。我们拥有了在相对安全的环境中探索自己身份的自由，如果能够匿名就更是如此。一开始，人们很可能会经常在不同的虚拟化身之间换来换去，看看哪个虚拟化身最契合自己的身份和个性，然后固定选择一些虚拟化身并用于不同的平台。

虚拟化身的兴起不可阻挡，进入元宇宙的人越多，有关身份的创意就越会爆炸式增长。在数字世界中展示自己是谁的时候，一切皆有可能，唯一的限制就是自己的创造力。当然，除非你完全控制自己的身份，而且只有你才能控制自己的身份时，一切才真的可能。如果想挖掘数字身份的全部潜能，自我主权就是关键所在。如第一章所述，自我主权是指用户对自己的身份、数据和数字资产拥有全部的所有权和控制权。这里就要用到区块链和 NFT。虽然《我是玩家》是个引入互操作性虚拟化身的理想平台，但虚拟化身的所有和控制还是中心化的。如果《我是玩家》被黑或因为什么原因而破产，用户就会失去自己的虚拟化身，以及与虚拟化身相关的身份。《我是玩家》的 CEO 蒂姆·特克表示，他们在 2021 年底得到的 1 300 万美元 A 轮融资会用于 NFT 穿戴设备和虚拟化身的虚拟时尚。[86] 这是个很好的开始。我相信，如果用户不仅拥有自己定制化的虚拟化身资产，也拥有它们创建的虚拟化身，而且这些虚拟化身还应当去中心化地存储并连接到 NFT，平台才会真正有价值。

当我们从由科技巨头控制的 2D 互联网中的 2D 虚拟化身，转向由个体控制的沉浸式互联网中的 3D 虚拟化身时，就会进入一个创意无限的世界。你可以成为自己想成为的任何人，当然你肯定想让自己独一无二，不愿意碰到一个跟你用着一模一样的虚拟化身的陌生人。如果你在探索一个新的环境，却不愿意花费超过 30 秒来选择自己的虚拟化身而使用默认虚拟化身的话，当我没说。不过如果你已经选择了几个用于不同情境的虚拟化身，要让你的虚拟化身真正成为你、真正独一无二的话，你肯定会这么想。几年以后，获得这种独一无二的虚拟化身可能会有几种方式。你当然可以使用《我是玩家》这样的系统精心地个性化自己的虚拟化身，不过我相信我们几年内就会看到活跃的虚拟化身市场。在这些市场中，你将能够购买现货供应的标准虚拟化身，随后再进行个性化；也能购买真正独一无二、只有一版的现成的虚拟化身；或是让艺术家根据你的要求设计一个虚拟化身。我们也将会看到活跃的二级市场，因为我们脱掉数字皮肤和数字时尚单品的速度可能像换实体衣服一样快。这就引发出其他一些有趣的问题：在出售你已经用了很多年的虚拟化身时，你的感受如何？觉得像是个新的开始，还是会陷入身份危机？对研究者来说，这些都是未来几年内值得探索的话题。

无论如何，一个虚拟化身要想真正独一无二，就要确保其他人不会盗用或冒用我们的虚拟化身。犯罪分子无疑会想这么做，特别是当你是个知名人士时就更是如此。于是，我们就要用到NFT，可能还有生物识别技术（biometrics）。连接到NFT的、可互操作的虚拟化身有个主要特征，即我们可以验证一个虚拟化身是否真的连接到它的官方所有者，而这个官方所有者的身份是经过验证的，他控制着钱包的私钥，也就控制着这个虚拟化身。否则，犯罪分子就很容易伪装成一个名人进行诈骗，类似他们现在用假的社交媒体资料进行诈骗。毕竟，如果我能创建自己的数字复本，那么所有人都能。借助深度伪装的音频，犯罪分子就能在数字世界中冒充任何人。如果没有某种形式的验证，区分真假就会无比困难，我们将在第八章中深入讨论这个话题。NFT将使平台和其他玩家/用户能够验证一个虚拟化身是不是他们自己声称的那个人，有没有连接到自我主权身份，是不是由它的所有者所控制。生物识别技术可以提供一层额外的保障，验证控制这个虚拟化身的人的密钥不是偷来的，而是真的就是那个人。其基本原理就像推特上代表已认证的蓝色标记的高级版本，只不过所有想获得认证的人都可以这么做，而不仅仅是部分人。

　　一个虚拟化身就是一个实体的数字表现形式，有利于这个实体与其他人、资产和环境的交互。一个虚拟化身要想成为你的数字表现形式，不仅要独一无二、可互操作、可验证，还应该由你控制。理想状况下，在整个元宇宙中控制虚拟化身的方式应该是相同的。毕竟，如果你从一个平台转到另一个平台，还得重新学习怎么控制你的虚拟化身，简直毫无意义。移动你的虚拟化身可以有多种方式。最常用的是用鼠标加键盘上的箭头键或a、w、s和d键。在（不远的）未来，我们将会使用更先进的方式来控制虚拟化身，即动作捕捉（mocap）。动作捕捉是使用传感器和/或相机来记录人或对象的移动，并将这些

移动转化到数字世界中。在市场上,有许多种动作捕捉系统:

·使用网络摄像头的简单、免费的面部追踪系统,如模拟注视(Animaze);

·价值数千美元的先进光学系统,可以非常精确地测量每一个动作;

·VR跑步机,用于在VR中模仿走路或跑步,《我是玩家》就使用了这种方式;

·全身触觉反馈和动作捕捉追踪套装,如特斯拉服(TeslaSuit)。

未来几年,将有可能实现使用动作捕捉来控制你在元宇宙中的虚拟化身,借助全身行为生物识别技术或面部识别技术赋予你的虚拟化身唯一的身份,并增加额外的安保层以验证虚拟化身由其合法所有者控制。此外,一旦面部表情能够高清实时地复制到虚拟化身上,虚拟世界中的用户就有可能更快速、更真实地与他人互联互通。

当然,你这个独一无二的表现形式需要穿衣打扮。就像人类一样,虚拟化身也是一丝不挂地来到这个世界。数字时尚市场才刚刚起步,未来会发展到几十亿美元规模,甚至超过实体时尚市场。创建自己的虚拟化身可能需要提前下点儿功夫,打扮自己的虚拟化身则要容易得多。借助(独特的)数字时尚和穿戴设备,你就能为自己创建一个真正独特的表现形式,数字时尚市场将会迎来爆炸式增长。

数字时尚

2021年9月13日,金·卡戴珊(Kim Kardashian)以一袭巴黎世家(Balenciaga)全黑造型出席纽约大都会艺术博物馆慈善舞会(Met Gala)。[87]她的全黑巴黎世家高定礼服和配套的全黑面罩在网上引发热议,在《堡垒之夜》社群也一样。几个《堡垒之夜》社群的推特用户觉得她的礼服和这款流行的视频游戏中的未解锁角色很像,不知道为什么她会穿得像个视频游戏中还未解锁的角色。[88]几天以后,巴黎世家宣布与《堡垒之夜》的开发者英佩游戏合作,把该时尚品牌标志性的服装和礼服带到游戏里,人们才恍然大悟。

巴黎世家的经典系列为游戏服装带来了灵感,新的巴黎世家舒适系列(Fit Set)为游戏中最受欢迎的四个角色:狗哥(Doggo)、拉米雷斯(Ramirez)、骑士(Knight)和女妖(Banshee)带来了全新的形象。与这些新服装同步,还发布了全套的限量版巴黎世家背包配饰、镐子等,使玩家能够以完全独一无二的方式表达自我。[89]玩家们可以在《堡垒之夜》的游戏商店和巴黎世家主题的"奇异年代"特色功能(Strange Times Featured Hub)中购买这些服装和穿戴设备。为了配合数字服装的发布,两家公司还通过这个"奇异年代"特色功能启动了一个社群推动的生活街拍活动。[90]活动的核心是在《堡垒之夜》中设立巴黎世家数字零售店,通过广告牌宣传虚拟社群的时尚,使玩家能够用意想不到的元素来表达自我。

两个品牌还联合推出了限量版实体服装联名款，只能在部分巴黎世家门店或巴黎世家网站上买到。这个新系列的灵感来自社群最爱的兴趣点（point of interest, POI）①零售商场零售行（Retail Row），包括帽子、T恤、帽衫等，自2021年9月20日起全球发售。英佩游戏主席亚当·苏斯曼（Adam Sussman）表示对这次合作很有信心。他说："自我表达是《堡垒之夜》如此独特的原因之一。作为我们在时尚界的第一个合作伙伴，没有比巴黎世家更好的选择了，把他们真正原创的设计和引领潮流的文化带给全世界数以百万计的玩家。"[91]他们成功了，全世界的孩子开始要钱去买巴黎世家的服装，父母对此惊讶不已。

高定礼服和时尚行业已经进入游戏产业，这才只是个开始。数字时尚的可能性就像元宇宙的潜力一样无限，将会在未来十年中成为沉浸式互联网中最大的产业之一。哪怕你在《堡垒之夜》里的虚拟化身是个长得像狗、叫作狗哥的人，或者当你必须去虚拟办公室跟你的经理开会，你的数字表现形式都不能在元宇宙里光着身子走来走去。当然我相信会有一些利基社群喜欢这么做，甚至要求这么做。就像任何新技术出现时一样，我们将看到色情产业将会像曾经拥抱家用录像系统（VHS）、数字化视频光盘（DVD）或互联网一样拥抱元宇宙。

另一个拥抱元宇宙的奢侈时尚品牌是古驰（Gucci）。同样是在2021年，古驰与《罗布乐思》合作，在《罗布乐思》平台上销售几种稀有的古驰单品。这个时尚品牌组织了为期两周的独特的虚拟花园展，只有在《罗布乐思》平台上才能欣赏。这次虚拟展览是古驰"原

---

① 坐标点标注数据，是电子地图上最常用的数据图层。——译者注。

典"的一部分，为了庆祝品牌的 100 岁生日，在意大利佛罗伦萨举办了为期两周的沉浸式多媒体体验。实体展览再现了古驰的广告形象，结合了大量音乐、艺术、旅游和流行文化等领域的创意。每个场馆都分成不同主题的展厅，再现了历史上古驰广告中的多元精彩世界。依托领先的技术、手工匠人最为精巧的作品和别具一格的内部设计，这次展览呈现了多元化、沉浸式的空间，让参观者觉得自己就置身于古驰的广告之中。

与此同时，在《罗布乐思》这个全世界十一二岁孩子最喜欢的平台上，古驰也向所有人开放了虚拟古驰花园空间。进入这个空间的人同样能够看到这 15 个古驰广告，欣赏和体验古驰创意总监亚历山德罗·米歇尔（Alessandro Michele）的愿景、审美和包容理念。在活动期间，古驰在《罗布乐思》平台上投放了限量版单品，如虚拟手包等。[92]《罗布乐思》的体验是在模拟真实体验，制造一种稀有的感觉并抬高价值，促使《罗布乐思》的用户在有限的时间内购买数字服装。这些单品有的以离谱儿的高价倒手，比如一个古驰蜜蜂酒神包（Dionysus Bag With Bee）最终以 35 万《罗布乐思》平台的罗布币成交，换算成美元是 4 115 美元，超过实体包 3 400 美元的零售价。[93]而买家得到的只是一些只能在《罗布乐思》平台上显示的像素，这不是我们花 4 115 美元买个包所希望获得的互操作性。

巴黎世家和古驰并非唯一为元宇宙开发数字时尚单品的品牌。当你阅读本书时，将会有更多时尚品牌尝试数字时尚。时尚品牌将体会到数字时尚给品牌、用户甚至环境带来的裨益。

数字时尚只需要服务器和计算机就能实现，而服务器和计算机还能使用可更新能源，相比目前依赖化石燃料的物流和血汗工厂的童工用化学处理过的布料生产服装,其污染要小得多,因此也更可持续。数字时尚非常灵活,为用户尝试新的时尚风格提供了无限可能。无穷无尽的机会将使数字时尚很快成为新时尚。时尚同样是身份的体现,于是未来几年内身份将会经历一次复兴。毕竟在物理世界中,我们也是通过穿着打扮来表达自我,虚拟世界中同样如此,只是多了数不清的机会。

在物理世界中,时尚设计师在设计服装时会受限于可用的面料和物理定律。元宇宙中则没有这些障碍。数字时尚设计师可以用能够想到的任何服装或面料,完成前所未有的独特而新颖的设计。其中一个例子是2021年多梅尼科·多尔切(Domenico Dolce)与斯特凡诺·嘉班纳(Stefano Gabbana)设计的虚拟玻璃装(Glass Suit)。这个数字时尚单品是杜嘉班纳(Dolce & Gabbana)品牌创世系列(Collezione Genesi)NFT的一部分,这个系列中共包括九件NFT。最终,这个单品以120万美元卖给了从数字对实体(D2P)的电子商务平台玻色子协议(Boson Protocol)。这笔钱不仅包括玻璃装的原始数字文件,也包括它的实体版。这件衣服是100%丝质的,上面绣着72件玻璃制品,除了施华洛世奇(Swarovski)水晶就是穆拉诺(Murano)玻璃。在拍卖中,除了玻璃装之外,杜嘉班纳还以75万美元售出一件数字黄金服,以60万美元售出一件数字白银服。[94]杜嘉班纳的这些设计当然已经很棒,但还没有完全发挥数字时尚单品的全部潜能。

如果把数字时尚向前推进一步,就有可能实现使用只存在于数字世界的材料制作时尚单品,并拓展时尚单品的功能。有个专注于设计数字时尚的公司叫作"数字制衣馆"(The Fabricant)。这个荷兰时尚公司是个只做数字时尚的品牌,只为元宇宙设计服装。这家公司利用人工智能的最新发展来制作栩栩如生的数字时尚单品，有时还用到液体金属等新型材料。数字制衣馆的内容与战略总监米凯拉·拉罗斯（Michaela Larosse）认为，数字时尚单品能够带来与实体衣物相似的情感体验。[95] 无论你在元宇宙中决定穿什么，都是在探索自己不同的身份。你在真实生活中可能只会穿款式实用的鞋子，却会在元宇宙中买双10英寸的细高跟鞋看看是什么感觉。2022年2月，数字制衣馆也发布了名为数字制衣工作室（The Fabricant Studio）的新平台，使所有人都能制作自己的时尚NFT。数字制衣工作室是一个基于区块链的平台，每个人都可以在上面制作、交易、出售和展示自己的时尚设计来赚取平台代币数字制衣币（FBRC），并以此而影响该工作室的未来决策。这个工作室建立起去中心化的时尚链，每个人都能参与并从自己的创作中获利，无论是AI织布工、网络材料设计师、数字时尚制作师，是元宇宙中的裁缝、造型师、时尚买手、多品牌零售商，还是时尚爱好者，都能在虚拟世界中和谐共存。每个人都能够定义自己的角色，发展自己的商业，并从平台去中心化的增长中获益。[96]

　　网红和时尚品牌能够提供服装和面料，用户能够使用这些服装和面料制作新的、独特的数字时尚单品，并作为NFT出售。数字制衣馆的目标是实现时尚创建的民主化，使每个接入互联网的人都能成为数字时尚设计师。再过几年，出现下一代只做数字产品的元宇宙原住民时尚巨头也不是没有可能，这些时尚巨头可能由14岁的孩子创建，他设计的时尚单品风靡一时。当然，平台也能够帮助传统的时尚品牌把自己的面料投放到平台上，与社群共同创建下一年度的风格和服装，在数字市场和实体市场销售，即物理和数字真正融合成为数字实体融合体验。

第 3 章 成为你想成为的人

随着更多的创作者进入元宇宙，我们将看到创意的爆炸式增长。加上人工智能的帮助，我们就能获得独一无二的数字时尚单品，可以根据你的心情、天气或你的身体状况而变化。当我们开始把数字艺术和时尚与物理世界的数据相融合，就真的会发现无限的机会。

一开始，数字时尚可能更像实体时尚单品。不过再过几年，我们就会看到创意的爆炸，因为传统的服饰穿在你的 3D 无聊猿身上可能并不出彩。这些全新的非人类虚拟化身，需要不同的服装、面料和风格。另外，我们也想在数字时尚中加入新的想法，例如做一件会根据本地天气变化的数字夹克，在雨天或晴天时面料会改变颜色。只要改变面料，数字时尚就能传递信息、表达情绪。一切皆有可能。说到底，数字服装不过是数字而已，通过在真实世界或数字世界中连接到它上面的传感器，就能以任何方式加以操控。

数字时尚单品不但能给你身份，还能提供各种各样的效能。品牌可以利用这一点，以新颖的方式为买家服务，如在不同的平台上额外赋予你不同的能力，如果买了阿迪达斯或耐克的鞋，你就能在平台上跑得更快，或者如果买了红牛（Red Bull）夹克，就能在特定环境里飞起来。这种额外的游戏体验会提高数字时尚单品的价值。只要能使用户参与其中并获得独特的体验，这样的效用也可以是以折扣价购买数字单品的实体版本，赋予用户社会责任感或可持续性方面的收益，参与独特品牌体验、（数字）社群事件等的 VIP 待遇。[97] 数字产品的效用越多，就越有价值。为数字时尚单品和穿戴设备增加效用的可能性不计其数，让我们拭目以待，看看未来几年这个领域将会发展到什么程度。

当然，并非所有的时尚单品都得独一无二，否则大众就无法负担。因此，我们可能会以为数字高定要比实体高定便宜，但上文已经看到并非如此。一定要找个原因的话，最可能的原因就是当前的淘金热。耐克、阿迪达斯、海恩斯莫里斯（H&M）或飒拉（Zara）等大型时尚品牌可能会同时出售实体产品和数字产品，实现增收并保持在元宇宙中的知名度。你的耐克鞋（由耐克在2021年底收购的数字运动鞋设计师品牌数字工艺品（RTFKT）①设计）或飒拉服饰可能会具有某些独一无二的特点，但却是数字量产产品，以NFT的形式在元宇宙中销售，你才能以合理的价格穿戴它们。你可能还能在二级市场将你的数字时尚单品转让给那些不想以原价购买的人，同时转让出去的还有你在不同平台使用这些单品的数字痕迹。由于NFT能够证明这些数字单品的来源，如果它们曾用于某项挑战或经历过某种独特的体验，就相当于增加了额外的效用，从而赋予它们额外的价值。

用数字制衣馆等平台开发的工具来制作数字时尚单品，只是数字时尚的第一步。如上文所述，数字时尚单品和数字穿戴设备应该是互操作的，你可以把自己价值120万美元的玻璃服或价值5美元的飒拉服装从《堡垒之夜》带到微软网格和《沙盒》，就赋予了这些单品额外的效用，让它们不再只是JPEG或GIF，而是成为真正有用的东西。如果实体时尚单品或穿戴设备只能在一个地方用，在其他地方都用不了，你购买它的可能性就微乎其微。在元宇宙中，我们当然也不能接受。不过，制作能够在不同环境中穿戴的时尚单品比在物理世界中要复杂得多。玻璃服或飒拉服饰在每个环境中看起来都会不一样，必须遵守每个平台的技术和设计要求，还得与原始设计保持一致以便不同

---

① 读音为artifact，此处为意译。——译者注。

平台的人能够识别，因此实现互操作性就会非常复杂。由于太多不同的虚拟世界还没有标准，最好的解决方案就是一个能让用户创建资产之后各个现有平台都会自动接受的工具。例如，你创建了一种数字穿戴设备或时尚单品，就能够自动地在不同的世界中无缝应用。也就是说，只要点点鼠标，就能把一条超逼真的裙子变成《罗布乐思》平台的低模裙子，在不同的平台投放这个NFT。一旦我们能够解决这个问题，把我们的数字服装和穿戴设备从一个平台带到另一个平台，这些单品能够自动根据所需的技术和设计条件进行调适，就能够显著增加这些数字单品和穿戴设备的价值，发展元宇宙经济。

沉浸商务

所有这些数字（时尚）单品的销售，开启了新的商业模式。我们从以前的直接对用户模式，进入直接对虚拟化身（D2A）模式。D2A意味着所有数字产品都从未离开虚拟世界。在特定元宇宙环境中销售具有某种效能的 NFT 的数字时尚品牌，不过是个开始。未来几年，我们会看到实体购物和数字购物的融合，从而诞生一种新的商务形式：沉浸商务（iCommerce）。

沉浸商务包括直接对虚拟化身商业模式，以及数字对实体（D2P）和实体对数字（P2D）商业模式。D2P 能够使用户先虚拟地体验产品再安排实体产品送货上门，而 P2D 则是指你买一双实体球鞋的同时，你的虚拟化身也会拥有它的数字版本。然而，沉浸商务不只是复制实体产品再卖到数字世界中，或者复制数字产品再卖到物理世界中。只知道做这些的品牌，很可能不会成功。元宇宙不是额外的营销机会，而是全新的分销渠道，有自己的规则和要求。Z 世代精通数字世界，而阿尔法世代将会精通元宇宙。他们知道怎么驾驭沉浸式互联网，欣赏沉浸式互联网的简便易用。他们玩着《罗布乐思》或《堡垒之夜》长大，想要品牌跟他们如影随形，提供天然的沉浸式体验。而油管、推特或 Meta 都做不到。品牌要想成功，就必须转变策略。沉浸商务有无数接触客户的机会，但品牌必须跳出传统思维模式，深入思考他们在元宇宙中想塑造的形象和品牌含义，才能在沉浸商务中取得成功。这是全新的赛道,我们将在第五章中深入讨论。

沉浸商务的主要特征之一,是使消费者有机会在购买之前先探索或体验一个数字或实体产品。例如,未来几年,我们将能在观看沉浸式立体电影(三维捕捉电影,可以通过 VR 眼镜或 3D 屏幕观看)、情景喜剧或打元宇宙游戏时,只要点击鼠标选择表演或游戏中的某个产品,就能送货到我们的物理地址或添加到我们的 NFT 钱包并用在其他游戏中。如林赛·麦金纳尼所述,我们将能够与朋友一起参加大型互动现场事件,每个人的虚拟化身都能得到一件个性化的数字 T 恤,同时实体版本也会送货到我们家里。[98] 再进一步,沉浸商务就是关于共享体验,我和朋友能够同时参加一个虚拟事件,在虚拟酒吧中点一杯啤酒,通过户户送(Deliveroo)或优步吃(Uber Eats),这杯啤酒会在 15 分钟之内送到我们家,这样我们虽然在地理上相距遥远,却能拥有一种共享的体验。

沉浸商务有机会改革在线购买衣物的模式,更重要的是会大幅减少退货。时尚行业有个广为人知又代价高昂的弊端,即客户会买一大堆衣服在家中试穿而导致退货率过高,也引发了环境可持续问题。这种线上购买线下退货使零售商每年损失 4 000 亿美元,其中只有不到 50% 能以原价再次销售,[99] 而许多被退货的全新衣物都只能被送到垃圾填埋场。[100] 数字市场能有助于降低退货率,改善时尚对地球环境的影响。在元宇宙中,我们能够在虚拟商店试穿新衣服,让我们的虚拟化身试穿我们感兴趣的衣服,以判断这些衣服是否适合自己。通过虚拟的镜子,我们能看到自己穿着这些新衣服的样子,甚至拍摄照片或视频分享给朋友,听听他们的意见再决定是否购买。在更远一些的未来,超逼真虚拟化身会嵌入我们身体的详细数据,确保我们订购的所有实体衣物都是量身定制并合身,进一步降低退货率。

在进入虚拟商店时,会有虚拟销售上前协助。在高端的虚拟商店中,这些销售会由真人从家中远程控制,对你的穿着给出建议并帮助你选择合适的衣服。而在廉价商店中,虚拟店员将由 AI 控制。你可以选择只给自己的虚拟化身买衣服,也可以选择把实体单品快递到自己的物理地址。因为你已经虚拟地试过这些衣物了,你知道自己穿起来是什么样子(如果你的虚拟化身是跟你一模一样的数字复本),知道这些衣服是不是适合你,退掉其中大部分衣服的可能性就比现下要低。

沉浸商务不仅包括这些完全虚拟的体验,也包括把数字单品带到物理世界。中国已经在大规模使用的魔镜(Magical Mirrors)就是个例子。这种智能穿衣镜能显示你穿着魔镜推荐给你的不同服饰的形象,只要扫一扫二维码就能购买。除了把服饰带进试衣间,魔镜也会给你推荐其他配饰。[101] 下一步就是你的虚拟化身同时得到这些产品的数字版本,以及如上文所述的其他好处。

沉浸商务对组织的好处更多。零售商不仅能够与消费者一起体验并共同创建数字产品以提高产品质量,还能使纯粹的数字品牌走进物理世界,极大地降低创立时尚品牌的门槛。例如,我们讨论过的元宇宙原住民式的数字时尚品牌如果能够在虚拟世界中大获成功,人们就会开始要求把数字单品制作成实体产品。只要第一个元宇宙原住民式的品牌开始开发实体时尚单品,就将激活整个时尚产业,这一天应该不会太远。

数字产品将为零售商和消费者开启无限的机会。零售行业将会更蓬勃,一方面(时尚)品牌确实能够赚到更多钱,另一方面消费者可以通过数字服饰和穿戴设备探索新的身份、获得更丰富的（品牌）体验。2017 年，早在加密货币潮或 NFT 潮之前，视频游戏中虚拟（时尚）单品的交易就已经是个价值 500 亿美元的产业，[102] 未来几年内还将迎来指数式的增长。如果这些虚拟单品实现互操作性又拥有效能，还能验证来源以方便在二手市场转卖，就更加势不可挡。

寒武纪式身份大爆发

元宇宙能让你脱离物理条件的限制和现实的考虑，成为你想成为的任何人。它将让个体以前所未有的方式探索自己的身份。由于（数字）技术的不断发展，我们越是深入商业元宇宙，物理和数字世界就越是融合，这个世界也就越是乐趣无穷。到时候，独一无二的利基社群就会以虚拟形式或数实融合形式联合起来（其中一些需要亲身加入，另一些只要数字身份加入）。

已经有一些利基社群的例子，让我们得以窥见未来。新空间（NeosVR）[①]的康拉德·吉尔（Konrad Gill）向我解释道，在新空间VR平台上有一些喜爱动物拟人化的虚拟社群（furry communities）会组织拥抱聚会，他们喜欢在虚拟现实中彼此拥抱。[103]还有个日本社群，组织虚拟的集体过夜聚会。他们建造了可爱的数字房屋，在虚拟世界中共同过夜的地方组织睡衣聚会，以此来抵御疫情封闭期间的寂寞。只要在虚拟世界中有共同的兴趣，就没有什么能阻挡人们走到一起。

当然，这种身份探索会遭到各种各样的群体和组织的反对，也会有一些数字社群限制外来身份的加入。每个虚拟世界或增强体验都会有自己的规则，我们将在下一章中讨论。一些社群只允许用无聊猿作

---

① 即 Neos Metaverse，其中 Neos 是 Neo Spatium（新空间）的缩写。——译者注

为虚拟化身的人加入，而用无聊猿的形象去工作或见老板可能不是个好主意。说到底，一切都取决于你与之交互的社群所设定的规则。一些公司不在乎你以什么样的虚拟化身去工作，如果所有人都以动物的形象出现，可能还有助于头脑风暴。而另一个公司则要求你用更逼真的数字复本参加专业会议。于是，只允许低模的、长得像人的虚拟化身的元宇宙空间，如《沙盒》或《罗布乐思》，以及选择更像外星人的虚拟化身或动物虚拟化身的元宇宙空间，还是会同时存在。

就我个人而言，我期待看到在即将到来的创想时代中迎来身份和创意的这种寒武纪式大爆发（Cambrian explosion）。[1] 这些拥有各自要求和特点的、独特而富有创意的社群，将会构成一个多姿多彩的世界。在元宇宙中，你能做你自己，能去任何你想去的地方。因此，虚拟世界和物理世界都将更加有趣。想象你在物理世界中与远方的朋友见面时，她以数字孪生的形象出现，穿着用液体金属做的独一无二的虚拟裙子，用你的增强现实眼镜把自己的全息影像投在你的客厅里。我相信你们会展开生动有趣的对话，让双方都很开心。

---

[1] 寒武纪生命大爆发是指 5.41 亿年前突然出现了许多新的高级动物的时代。这个时代大约持续了 2 000 万年，在进化史上不过是弹指一挥间，却诞生了许多新的生命。——原注。

第4章

去你想去的地方

虚拟世界

1970年，英国埃塞克斯大学（University of Essex）的（教授、作家和游戏研究者）罗伊·特鲁布肖（Roy Trubshaw）和理查德·巴特尔（Richard Bartle）创建了世界上第一款多用户地牢游戏（MUD）。MUD是一个多玩家的实时虚拟世界，但不是基于图形，而是基于文本的。玩家阅读虚拟房间、角色或对象的描述，输入自然语言命令来执行操作。[104]1980年，当埃塞克斯大学接入阿帕网时，这款游戏成为互联网上第一款多人在线角色扮演游戏。[105]开发MUD当然是为了娱乐和放松，不过其联合创作者理查德·巴特尔却认为，它有着更加深远的含义。他们试图"在虚拟世界中体现真实世界中（他们认为）不存在的公平"，[106]通过创建MUD为人们展示一个"可以托付并放下一切阻碍"的虚拟世界来表明政治立场；换句话说，他们创建MUD是因为"真实世界太烂了"。[107]当然，大多数科幻小说和电影也有类似的主题。例如，《头号玩家》中的虚拟世界"绿洲"同样是人们逃离反乌托邦的真实世界的去处。虚拟世界确实能够使人们短暂地逃离现实。元宇宙的一位执行制作人和思想领袖本杰明·伯特伦·戈德曼（Benjamin Bertram Goldman）认为，这些虚拟世界经过未来迭代，要么会成为全天候的避世之处，要么会供社交、娱乐或工作之用而非逃避物理现实的所在。[108]我们应该不惜一切代价避免反乌托邦的未来，如美国视频游戏设计师、企业家拉夫·科斯特（Raph

Koster）在 2017 年游戏开发者大会（Game Developers Conference）主旨发言中所述，《雪崩》并不现实，但"我们所见的未来会怪异得多，在大多数方面也没那么炫酷。另外还充满了《雪崩》从未涉及的危险和挑战。"[109]

从第一个 MUD 问世以来，虚拟世界已经发生了巨大的变化。虽然 MUD 在今天依然存在，市面上有无数款多数时候超过 100 个玩家同时在线的游戏，[110] 但是今天的虚拟世界却不再基于文本。这些虚拟世界多年来取得了长足的发展，随着英佩游戏的虚幻引擎 5 等技术的出现，我们可以期待比以往任何时候都更加逼真的虚拟世界。

首款风靡全球的虚拟世界可能是《第二人生》（Second Life）。这款游戏由林登实验室（Linden Lab）于 2003 年开发，鼎盛时期有将近 100 万普通用户，虚拟商品年度交易总量将近 10 亿美元。[111] 因为其虚拟货币林登币（Linden Dollar）可以兑换真实世界的货币，它甚至造就了世界上首个通过出售虚拟房地产获利的真实世界中的百万富翁。[112] 玩家钟安舍［Ashe Chung，真实姓名为艾琳·格拉芙（Ailin Graef）］在 2006 年就赚到了上百万美元，[113] 比虚拟房地产于 2021 年重新流行要早上许多年。今天《第二人生》也还在，林登实验室 CEO 埃贝·阿尔特伯格（Ebbe Altberg）说，尽管受到疫情的影响，《第二人生》现在依然有 90 万活跃用户。[114]

想象世界是人们短暂逃离现实的绝佳方式，自人类存在起我们就一直是这么做的。无论是父母在火堆边讲给孩子的故事，还是花几个小时感受一本书里不同的世界，逃离现实终归很诱人。在今天的技术条件下，这些虚拟世界已经变得更加逼真，并带来了前所未有的机遇。我们能够建立沉浸式的、持久性的体验，让你随时都能和朋友共同拥有美妙的经历。虽然从定义来看虚拟现实是一种独处的活动,却绝对不会是孤独的体验。

这种虚拟体验的一个例子是2020年和2021年的数字火人节。火人节是全球性的社群活动,每年都在美国内华达州的布莱克罗克沙漠(Black Rock Desert)[①]举办,用四个星期的时间建成"一个致力于社群、艺术、自我表达和自给自足的临时性大都市。"[115] 2020年,受疫情的影响,火人节像其他活动一样被取消了,而道格·雅各布森(Doug Jacobson)和阿西娜·德莫斯(Athena Demos)决定创建虚拟火人节。这个虚拟火人节选在了《替代空间》VR平台(AltspaceVR)。这个社交VR平台创立于2013年,2017年被微软收购。《替代空间》VR平台是个提供虚拟现实体验的数字活动平台,没有VR头显的人在计算机上也能用。在这个平台上,艺术家、创作者和品牌能够共同创建虚拟体验,阿西娜、道格和他们的团队成员就是这么做的。他们重新建构了著名的湖床(Playa)[②],包括其著名的布局、大篷车、帐篷、酒吧等。他们邀请所谓的点火者(Burners),即参加火人节的人,创作者们能够通过《替代空间》VR平台参观数字艺术和体验,最终收集到数百个可供用户探索的数字体验。用户生成内容(User-Generated Content)[③]一直是火人节的重中之重。在数字火人节中,参与者也同样没有失望。人们可以通过门户(portal)方便地在不同的

---

① 又译"黑石沙漠"。——译者注。

② 火人节中放置准备烧掉的艺术装置的区域叫作Playa,是一片干枯的湖床。——译者注。

③ 又译"用户原创内容"。——译者注。

数字艺术装置之间切换，坐在舒适安全的家中与其他参与者共享欢乐时光。这个开始只是为了在新冠肺炎疫情期间替代火人节实地体验的举措，现在已发展成为专门的年度数字火人节盛事。道格认为，虽然这种数字体验很棒，却表明元宇宙还未到来。图像显示效果很一般，受网络连接条件影响，不同数字体验加载的时间太长，另外参与的门槛也很高。他们花了很长时间让点火者们熟悉平台，帮助他们创建虚拟化身，学习怎么浏览数字火人节以及共享这种体验。最后的结果非常好，随着技术进步，数字火人节会越来越像真正的火人节。

与任何虚拟或增强体验一样，数字火人节的主要特点之一是同步且持久的虚拟世界，让人们能够以虚拟化身出现并互动。[116] 如上文所述，这些虚拟世界最好具备互操作性且去中心化，然而在今天还远没有成为常态或规则。如今已有几千个虚拟世界，其中既有 Meta 的《视域世界》、微软的《我的世界》，或《替代空间》VR 平台、《堡垒之夜》和《罗布乐思》这样封闭的围墙花园，也有《虚无之地》《沙盒》《加密体素》（CryptoVoxels）① 和即将出现的《幻梦空间》（Somnium Space）、《索利斯》（Solice）或《元梦空间》（Dreem）等去中心化的开放虚拟世界。有关现有虚拟和增强世界概览，请访问 XR 展台（xrshowcase.xyz）或扩展世界汇总（ExtendedCollection.com）。

创建一个虚拟世界，无论是沉浸式数字环境还是增强体验，都相当于建立一个新社会。实施什么规则，引入什么治理结构，怎样建立虚拟经济，都会决定这个虚拟世界能否成功及其对真实世界的影响。

---

① Voxel 是指 volumetric pixels，是给定三维空间体积的通用单位，又译为体素。——译者注。

从几千年前我们努力在世界各地建立真实世界的人类社会开始，建立新社会从来都是巨大的挑战。虚拟世界可以有许多发展方向。如元宇宙执行制作人和思想领袖本杰明·伯特伦·戈德曼所述，无论建立何种虚拟体验，都要考虑对真实世界的影响。[117] 从第一个基于文本的虚拟世界，到今天沉浸式的数字体验，玩家们将虚拟世界视为真实世界，用户也像对待真实世界一样对待这些虚拟世界。[118] 我们在这些虚拟世界中花费的时间越多，虚拟世界对我们的影响就越大，包括对心理健康的影响，我们将在第八章中展开论述。更重要的是，虚拟世界模仿了真实人类社会的运作（毕竟二者都由人类建设和利用），除非你对虚拟世界的行为规范、治理结构和经济都进行了长期深入的思考，否则就不应该启动一个虚拟世界。[119] 特别是随着虚拟世界与真实世界经济和社会的互动越来越多，我们更要关注这些互动产生的始料未及的后果。

尼安蒂克公司的《宝可梦 GO》就是这种后果的绝佳例证。这款游戏于 2016 年发布后大获成功，对人们的生活产生了意想不到的影响：

· 精灵站（Pokéstops）① 周边实体房地产价格上涨 [120]；

· 一些用户因抓捕精灵而分手，因为他们在前任那里寻找精灵而被现任抓了个现行；

· 犯罪分子同样关注这个游戏，他们会在热门的精灵站等玩家上钩，因此抢劫事件增加。[121]

---

① 玩家可以收集虚拟物品的物理场所（通常是公共场所）。——译者注。

然而，人们几乎不可能向游戏开发者上报这些不良行为或危险地点，于是这样的意外后果就会更加严重。[122] 近来，像《萌宠无限》等边玩边赚的游戏，即玩家打游戏就能赚到游戏代币，导致大批菲律宾人丢下工作，因为打游戏赚的钱比"真实"工作要多。这里只列举了几个游戏开发者在打造虚拟世界时可能没能预见到的后果，而类似的意外后果也将出现在明天的虚拟世界中。

虚拟世界将会充满乐趣，元宇宙也可能对社会产生积极影响，如培育社会契约精神、提供新型娱乐、提高组织数字合作效率等。然而，虚拟世界也会被破坏。无论是在虚拟世界还是真实世界中，都会有人拒绝遵守规则，行为不端，坏事做尽。人就是这样。《第二人生》发布后仅仅过了几年，数字世界中就出现了有关虚拟恋童癖的报道，有的用户使用儿童形象的虚拟化身，在虚拟儿童游乐场组织虚拟卖淫。[123] 还有大量有关虚拟性骚扰的报道，从 2006 年《第二人生》的第一位百万富翁艾琳·格拉芙被一堆会飞的粉色男性生殖器攻击[124]，到 2016 年 VR 游戏《箭筒》（QuiVr）① 中趁射杀僵尸之机猥亵女性[125]，再到 2021 年 Meta 的 VR 平台《视域世界》的一位女性验收测试（Beta 测试）员报告性骚扰，受害者都声称这些行为得到了平台上其他人的支持，使情况进一步恶化。[126] 虽然这些骚扰发生在虚拟现实中，但这些女性的感受是真实的，对她们来说绝对是噩梦般的经历。然而，这些线上骚扰行为，包括跟踪、身体胁迫和性骚扰等，却还在增加。[127] 大多数平台都把责任推给用户，而不是共同

---

① QuiVr 音同 quiver，意为箭袋、箭筒或箭囊。——译者注

努力以杜绝这类行为的发生。《箭筒》想出了金钟罩（forcefield）①的办法，即一种私有气泡（Personal Bubble），遭受骚扰的玩家发动这种技能时，附近的一个玩家会立刻消失并静音。[128] Meta 起初声称玩家不使用《视域世界》中自带的安全功能基本上是他们自己的问题，[129]后来却于 2022 年 2 月在元宇宙中引入社交距离，宣布强制隔离虚拟现实中的虚拟化身是一种默认的设置。[130] 由于能够通过代码从根本上消除猥亵行为，上述这两种应对方式证明了虚拟世界的缺陷。毕竟在虚拟世界中采取这些措施不过是多写了几行代码。另外，应该自动惩罚做出这些行为的用户，立即在一段时间内禁止他们登录平台。可以先给个警告，然后禁用一两分钟，如果该用户继续行为不端，禁用的时间也要相应增加。对于继续违反虚拟世界行为准则的用户，最终可以终身禁用。也许我们应当实现反骚扰标准的开源，使虚拟世界开发者能够便捷地实现相应的操作。如在《箭筒》游戏中遭到性骚扰的女性乔丹·贝拉米尔（Jordan Belamire）所述，她"玩多人模式时，不到三分钟就被猥亵"，而她的姐夫（或妹夫）"玩了一百次多人模式也没事，而（她的）女性声音在几分钟内就招来了下流行为，"[131] 在任何时候，我们都应该避免这样的行为在元宇宙中变得司空见惯。

当然，其他虚拟世界中也会存在同样的问题。我们从 Web 2.0 中已经看到，无论用户能够在平台上生成内容还是与他人互动，都会出现行为问题。用户生成内容（UGC）使 Web 变得强大而美妙，同时也危害了社会、伤害了大众并分化了民主。如第一章中所描述的那种持久的、互操作的自我主权身份和名誉，必定能有助于缓解这些问

---

① 科幻小说或游戏中无形的防护区，又译力场。——译者注。

题。当虚拟行动会产生真实世界后果时，人们可能更加不会表现出不端的行为举止，也不会给科技巨头让渡太多的权力。当然，还是存在防止有害内容的内容控制问题，中心化的平台没能解决这个问题，元宇宙可能也不能，我们将在第八章中讨论。

如果有了行为准则、自我主权、自动实施的法律法规以及开源的反性骚扰标准，就能确保虚拟和增强体验成为安全、无缝的用户体验，互操作性、可扩展性和真实性能保持虚拟世界的趣味和吸引力。要使大众普遍接受元宇宙，用户戴上头显或眼镜就能与之交互的无缝用户体验是成功的关键，也是游戏设计者和用户界面（UI）/用户体验（UX）设计师能够在构建沉浸式数字体验中发挥重要作用的领域。无论我们怎么看待 Meta 的《视域世界》等围墙花园，他们的用户体验都毋庸置疑。这样的虚拟世界，加上与他们的硬件（元探问，Meta Quest）的无缝集成，是 Meta 的过人之处。虽然在发布时，无论是 Meta 还是其他平台，都会限制同时进入虚拟环境的用户人数，但随着硬件和软件的发展，最终会提高这个限制的上限，使成千上万人能够同时拥有更具社交性和沉浸性的体验。

最终，虚拟和增强体验应该达到像智能手机上的应用程序一样的便捷性和交互性，才能实现大规模应用。于是，还有大量的工作要做，以确保实现无缝的、可负担的体验。大规模应用需要可负担的设备和每个人都能理解并与之交互的用户体验。由于技术的进步和规模经济的出现，进入元宇宙将会更加便捷。此外，目前只有一小群精通市场上可用的复杂工具的设计者，能创建 3D 沉浸式体验和资产。虽然甲尚科技（Reallusion）、混合开源（Blender）、一站开发（Unity）和虚幻引擎 5（Unreal Engine 5）等工具已经使创建这样的体验和资产比几年前容易得多，却还远远没有像使用博客网发布一个网站或使用海外抖音创建和分享视频片段那么容易。

说到元宇宙，我们就像处于互联网刚刚起步的年代，当时创建一个网站很难，只有少数改革者和先行者才拥有建立一个网站或在线上购物的体验。然而，我们已经看到目前元宇宙的影响有多大，将来又会对我们的游戏、运动、娱乐、教育和工作等活动产生多大的影响。那么，让我们一起深入这些领域，看看沉浸式互联网将会怎样改变我们的游戏、娱乐和学习方式。

元宇宙中的游戏

根据埃森哲（Accenture）2021 年的研究，全球游戏产业的价值达到 3 000 亿美元，包括 2 000 亿美元的直接花费和 1 000 亿美元的间接收入。[132] 可能很多人不知道，这个数字比全球影视市场还要高 20%，而影视市场包括全球票房和网飞（Netflix）、迪士尼以及亚马逊的流媒体视频。[133] 游戏产业规模巨大，而且还在快速增长。其中 2021 年总价值的一半来自软件收入，也就是大约 1 550 亿美元来自游戏，包括游戏里的其他花费。游戏是规模庞大的全球商业，在 2020 年已有 27 亿游戏玩家，[134] 占全球人口的 35%。游戏产业在未来几年可能会继续增长，元宇宙也是原因之一。需要提醒一点，游戏可能是大生意，却不是元宇宙。风投公司 Epyllion Industries 执行合伙人马修·鲍尔（Matthew Ball）曾在一篇文章中这样描述："元宇宙会设定许多类似游戏的目标，其中包括游戏，也会有游戏化，但它本身不是游戏，也不是为了实现某些特定的目标。"[135]

无论如何，游戏都是元宇宙的重要组成部分，甚至可以被视为元宇宙的开端。实现高质量游戏的所有要素，无论是 3D 计算机图形、图形处理器（GPU）、游戏手柄还是云，都能用于推动元宇宙的发展。像《堡垒之夜》《我的世界》和《罗布乐思》等游戏已经存在了 5~15 年，比元宇宙成为热门话题要早得多。过去这些年里，这些游戏聚集了大量的玩家，其原因不仅是疫情期间的封锁，更是游戏本身的黏着度。比如 2017 年发布的《堡垒之夜》，到 2020 年每个月就有 8 000 万活跃用户[136]和 3.5 亿注册账户；[137] 2009 年上线的《我的世界》，在 2021 年每个月活跃用户将近 1.41 亿；[138]发布于 2006 年的《罗布乐思》，每个月的活跃用户达到惊人的 2.02 亿，[139]其中主要是阿尔法世代（美国 16 岁以下的儿童中，超过一半都在玩《罗布乐思》[140]）。对许多人来说，特别是在脸书于 2021 年 10 月宣布更名为 Meta 之前，都没有想到这个数字会有这么大。然而对另一些人来说，打这些游戏就是日常习惯。由于疫情不允许实地组织生日聚会，很多孩子在《罗布乐思》上举行生日聚会，并要求送数字生日礼物。好在 2021 年秋季以来，元宇宙吸引到了大量的关注，使游戏成为焦点，许多人开始试着理解元宇宙怎样运转，游戏又能在其中发挥什么作用。

无论是《堡垒之夜》《罗布乐思》还是《我的世界》，都不是元宇宙，因为我们所说的元宇宙只有一个，但它们确实与元宇宙空间有某些相同之处。这些平台中各个封闭的部分都能使用一致的身份（虽然游戏之间的互操作性还没有实现）；它们提供独特的体验，其中某些体验只服务社交目的；它们建立了以创作者为中心的经济，使内容创作者从中获利，当然多数平台的资产和收益不能带出平台之外。[141]其中，《罗布乐思》虽然既不开放也没有去中心化，却与正常运转的元宇宙环境最为接近。从技术上说，《罗布乐思》并不是一款游戏，而是一个社交平台，为所有人提供能够开发游戏并进行社交、创作、游戏和互动的免费工具。这个平台上已经创建了数百万种游戏，其中有的游戏访问量达到十亿量级，[142]为其创作者带来了数百万美元的收入。[143]我们已经从购买实体游戏到用手柄玩游戏，再到付费注册从云上获取游戏，现在又到了创建自己的游戏并用它赚钱。

这些游戏的成功催生了新的游戏平台，其中包括开放的、去中心化的游戏平台，如《虚无之地》、《高地》（Upland）、《乌托邦》（Utopia）和《沙盒》等，将数字资产记录在链上以确保真实的所有权。这些区块链游戏（blockchain games）①用NFT实现了真实的数字所有权，在提供不同的游戏体验的同时，建立起新的商业模式，使玩家有机会使用加密货币来赚钱。实现这些区块链游戏之间的互操作性可能还要等几年，不过用户真正拥有自己的数字资产、社群最终真正控制环境，将是最终脱离科技巨头和中心化控制的一个飞跃。当然，不是每个人都喜欢这些新的模式，因为相比中心化平台的无缝体验而言，用户需要做的将会更多（如设置自己的加密货币钱包）。我当然希望随着时间的推移，能有更多人看到完全控制自己的数据和身份的好处，并愿意为脱离科技巨头所有和控制的无缝体验付出一些努力。

区块链游戏有以下几种不同类型：[144]

· 宠物游戏，如2017年发布的著名游戏《迷恋猫》（CryptoKitties）和后来的边玩边赚型游戏《萌宠无限》；

· 粉丝经济游戏，如美国职业篮球联赛《头号射手》（NBA Top Shot），主要是购买、出售和收集NBA官方授权的藏品；

· 沙盒类游戏，包括《虚无之地》《沙盒》和《加密体素》，每个

---

① 区块链游戏是指采用互操作性区块链技术来将游戏中的特定要素记录在区块链上，使用加密货币推动游戏生态系统的视频游戏。玩家可以用游戏中的加密货币进行交易得到自己数字资产的NFT，在游戏之外交易或转移。——原注。

人都可以用这些游戏平台创建数字体验，不过重点是占有虚拟土地。

这些游戏都会从根本上改变游戏的商业模式，从《堡垒之夜》或《我的世界》等封闭环境中的价值获取，转向开放生态系统中的价值获取（value capture）。[145] 由于区块链上记录着公开的交易细节，区块链游戏可以在原有游戏上加上第二层应用。例如，假设你最近对所有区块链游戏中的数字房地产销售或 NFT 艺术品的供应情况感兴趣，你只需要查询区块链并在自己的网站上展示这些数据，每个人都能看到并使用这些数据。由于这些数据可能是专有的，传统的游戏做不到这一点。当然，是 NFT 让真正拥有自己的数字游戏资产的好处变成可能，是 NFT 让你可以用它们赚钱，我们将在第七章讨论元宇宙经济学时再深入展开讨论。可以确定的是，游戏和游戏经济将会在未来几年中以我们暂时还无法想象的方式实现转型。

我们目前讨论的游戏都是可以用电脑、平板或智能手机访问的虚拟 2D 世界。虽然已经出现了不少虚拟现实游戏，但只有少数区块链游戏能通过虚拟现实访问。其中如《幻梦空间》（Somnium Space）和《索利斯》（Solice）等游戏才刚发布不久，未来还将涌现出更多。增强现实区块链游戏也一样，如 AR 加密货币寻宝游戏（想象去中心化的《宝可梦 GO》）等会为游戏开发者、品牌和玩家带来无限的机会。无论这些区块链游戏是 2D、3D 还是增强现实的，这些体验最终都会实现互操作性，最终建立一个充分推动价值获取、人人皆可参与其中的元宇宙。

元宇宙中的体育

游戏是一个能够创造巨大价值的全球市场，众所周知，体育产业则是另一种能够创造价值的娱乐形式。体育产业全球市场总价值已高达6.2万亿美元，如果这个产业进入商业元宇宙，观看或参加体育（活动）就有了全新的含义。体育产业早已在使用增强现实，电视上的体育赛事中，体育场边早就出现了数字化的、针对性的广告。当前，数据分析、物联网、人工智能、VR或AR等技术正在融合，将会彻底改变体育产业。

想象你最喜爱的体育俱乐部，无论是足球、网球、篮球还是橄榄球，只要是你愿意看的现场比赛就行。在元宇宙中，你可以坐在家里舒适地观看，而不会错过只有亲临现场才会获得的体验。当然什么都比不上现场体验，不过元宇宙体验也会有亲身观看比赛无法获得的独特体验。例如，你的花费很有可能会少得多，还可以通过AR全息投影从任何角度进行观看，可以是从球场旁边，也可以是盘旋在球员的头顶，从而获得有关球场动态的更多实时信息。当你最喜欢的球员进球时，你也可以紧挨着站在他们身边。

2021年初，尼克国际儿童频道（Nickelodeon）尝试了一种截然不同而又充满乐趣的方式。他们与荷兰体育数据可视化公司超越体育（Beyond Sports）合作，将美国国家橄榄球大联盟（NFL）的季后赛做成海绵宝宝式的方块形卡通特效。[146] 整个环境，包括体育馆、球员、球场等都做成了方块形,并用实时数据使方块世界中的球员的动作与真实世界中一模一样,还增加了许多有趣的元素,比如黏液大炮（Slime Canon）。这种离奇的比赛转播方式生动、有趣又独特,融合了视频游戏模拟和真实的 NFL 比赛。[147] 这次尝试代表了未来的趋势,即用户们可以用任何自己想要的方式去体验体育。[148]

用方块形数字图像转播体育比赛可能不适合所有人,超逼真沉浸式体育又好像还很遥远,不过元宇宙必将改变我们观看体育比赛的方式。有了已经使用多年的即时回放（instant replay）技术和英特尔（Intel）真实视角（True View）等新技术的发展,我们就能完全控制自己想要的观赛方式,以前所未有的超近距离观看比赛。英特尔的这个系统在场馆中安装了几十个小型智能摄像头,从每一个角度捕捉比赛,生成海量的体积数据（volumetric data）,其中包括了高度、宽度和深度等信息。[149] 这些兆字节的体积数据会转换为体积视频,使编辑能够完全控制从哪个角度、以何种深度或距离来呈现哪些内容。再往前发展,在 AI 的帮助下,观众就能拥有这样的控制权,决定怎样观看自己最喜爱的球队的比赛。从理论上讲,英特尔的这个系统将会强大到完全取代所有传统摄像头,并赋予编辑和观众前所未有的控制权。如果再加上空间音频,你就能突然站到球场上,站到球员中间,在以前所未有的方式观看比赛的同时,还能从不同的角度听到他们的对话。当然,可以用 AI 分析这些体积数据,给体育机构提供新的视角,提高他们的竞赛水平,达到电影《点球成金》（*Moneyball*）中的奥克兰运动家（Oakland Athletics）棒球队和他们的总经理比利·比恩（Billy Beane）一样的水准。

真实世界中的体育规则也适用于电子竞技（eSports）产业。电子竞技是一种通过视频游戏开展竞赛的形式,即个人或团队参加多人视频游戏,根据视频游戏类型的不同,竞赛目标是取胜或成为最后一个活下来的人。大部分这类电子竞技比赛是《第一人称》射击游戏、《大逃杀》(Battle Royale)类游戏或实时策略游戏,如《刀塔2》(Dota2)、《反恐精英》(Counterstrike)或《英雄联盟》(League of Legends)。在这个万亿美元级的产业中,有世界锦标赛、数百万游戏迷以及数百万美元的奖金。虽然这些游戏不过是2D的,但电子竞技的下一次迭代已经到来。

元宇宙将使电子竞技和体育运动这两个目前还是各自为战的生态系统,融合成为一个更大的全能宇宙(omniverse)。类似《回声竞技场》(Echo Arena)这样的游戏会在虚拟现实多人游戏中融入真实的体育活动。玩家需要在现实世界中闪避、跳跃、躲闪、精准投掷并快速反应,才能赢得比赛。这种游戏用全新的方式结合了体育活动和技术,正在变得越来越流行。[150] 如果数字世界能在2D设备上展示,或者观众能在虚拟现实中观看比赛,这种游戏就会像传统的体育赛事一样普及。仿佛一夜之间,就有可能一边参加现实世界的奥运会,一边代表国家队打魁地奇(Quidditch)①!

当然,体育产业也能够利用加密货币和NFT来吸引粉丝的参与。在2022年冬奥会期间,国际奥委会(International Olympics Committee)搭上了NFT的快车,发布了一款名为刷爆北京奥运会的区块链游戏,玩家们可以完成不同的奥运会项目,选择自己的虚拟化

---

① 《哈利·波特》系列中巫师们骑着飞天扫帚参加的球类比赛。——译者注。

身皮肤并赢取奖励。[151]

2022年的澳大利亚网球公开赛也发布了NFT，其中包括澳网公开赛历程系列（AO Decades Collection），即反映澳网公开赛历史的一套六种NFT藏品。[152]这些NFT大多不过是图像或短视频，却有一个能让拥有者获得2023年澳网公开赛的费用全包之旅。同时，澳网公开赛也发布了关联到实时比赛数据的NFT艺术品。这6 776件独特的澳网公开赛艺术球（AO Art Ball）藏品让人们有机会真正拥有澳网公开赛的一部分。组织者将这6 776个NFT一一对应到网球场地上一块19×19厘米的地块①，这400多场比赛中的决胜球只要落到其中一个地块，就会实时铸造一个独一无二的NFT，其中包含着这场比赛的元数据。与澳网公开赛历程系列不同，这些NFT同时具有一定的效用，例如限量版的穿戴设备、商品和其他未来的利益。这6 776个球由人工智能设计，确保颜色和纹理组合的独一无二。最终，澳网公开赛也在《虚无之地》上开放了一个网球体验，让粉丝们能够从世界的任何地方虚拟地探索赛事、完成挑战并与其他玩家互动。[153]澳网公开赛数字体验很好地展示了元宇宙将怎样丰富体育体验，用不了多久，你就能在其中某个虚拟世界中观赏到现场比赛，以类似尼克国际儿童频道的NFT比赛那样全新的方式体验赛事。

---

① 将网球比赛场地以X轴121个点、Y轴56个点分割产生6 776个地块。——译者注

元宇宙中的媒体和娱乐

我们对体育产业的预期当然也适用于媒体和娱乐产业。由于娱乐产业遭到疫情重创,全世界的音乐会都面临临时被取消的状况。然而,如本书引言部分所述,大型互动现场活动已经出现,在未来几年内规模将变得更大且更具互动性,并使艺术家和虚拟世界的所有者在为粉丝提供独特体验的同时赚到更多的钱。粉丝们能够以全新的方式观看和聆听自己最喜欢的艺术家的表演,由于 NFT 和加密货币会减少对中间人的依赖,艺术家能够直接销售自己的音乐。于是,他们不仅能在(现场)虚拟演唱会上同时触及数以百万计的粉丝,还能提高收入。当然,中心化平台也会从艺术家的收入中抽成,但这就相当于真实世界中需要支付体育场或演唱大厅的成本。

除了本书引言中讨论的两个虚拟活动,还出现了许多各种各样的虚拟活动。第一个虚拟演唱会是 2019 年 2 月 2 日美国电音制作人和音乐节目主持人棉花糖(Marshmello)在《堡垒之夜》中举办的。1 020 万《堡垒之夜》的粉丝参加了棉花糖的虚拟演唱会,还有数百万人在油管上观看了流媒体直播。[154]《堡垒之夜》的第二场大型演唱会是 2020 年 4 月嘻哈(hip-hop)明星特拉维斯·斯科特(Travis Scott)的"天文数字"(Astronomical)巡演,这五场 15 分钟的演唱会吸引了 2 770 万在线玩家同时参与,访问量总计为 4 580 万人次。[155] 这五场演唱会据说给他带来了 2 000 万美元的收益,几个小时的辛苦也算值得。[156]特别是对比他2019年的"天文世界"（Astroworld）巡演，当时只有大约170万美元的收益。[157]这种大型互动现场活动将继续存在，我们只需要探索这些演唱会的无限可能。

这种演唱会一开始会出现在2D虚拟世界，人们在计算机上就能参与。未来几年，我们将会看到现场的虚拟现实演唱会，把这种体验带到一个新的高度，让粉丝身临其境，在远程参与的同时共享这种体验。如果图像和空间音频效果足够好，这种演唱会看起来就和真实演唱会一模一样，视觉体验还有可能更好，更不同凡响。特别是2D或3D的虚拟活动能够根据音乐节奏呈现视觉效果，创造出新的感官体验。当然，与真实活动一样，在活动期间可以出售虚拟化身的皮肤、数字时尚或穿戴设备等形式的商品NFT，为艺术家和其他相关人员带来盈利机会。

用不了几年，我们就能用AR眼镜欣赏到自己最喜爱的艺术家在你家客厅里表演一场定制式的全息投影音乐会。再加上AI技术，你最喜爱的艺术家还能叫出你的名字，跟你来几句简单的对话，使这种体验更加个性化。未来有无限可能。

当然，从元宇宙带来的无限机会中获益的将不仅是著名歌手。无论你是个脱口秀演员，做主旨报告的著名企业家，还是发布新书的知名作家，每个人都能拥有自己的数字孪生，在元宇宙中拥有独一无二的舞台。我能想象再过五到十年，我们附近的剧场将会发放AR眼镜，由真实演员和奇妙的数字生物共同呈现独特的表演，为剧场赋予全新的含义。元宇宙将彻底改变媒体、文化和娱乐，使无数前所未有的、不可思议的体验成为可能。魔法将成为现实。

除了实现这些能够为（著名）艺术家和平台所有者带来大量收入

的虚拟体验之外，NFT 将帮助所有的艺术家拓展收入渠道。常青藤学院（Ivory Academy）的研究表明，80% 的音乐创作者年收入低于 275 美元，而最大的唱片公司每天都能赚 1 200 万美元。[158] 有了 NFT，艺术家就能直接与粉丝互动，提高音乐销售收入。

因此，音乐产业也就自然地在 2021 年搭上 NFT 的快车，许多著名艺术家成为第一批吃螃蟹的人。像格莱姆斯（Grimes）、莱昂国王（Kings of Leon）和阿姆（Eminem）等都把歌曲和专辑做成 NFT，直接从粉丝那里赚钱。阿姆的第一张 NFT 音乐合辑赚了 170 万美元，格莱姆斯也卖出了一件数字艺术 NFT。[159] 好在不只是著名歌手可以涉足 NFT，新生代歌手也可以通过 NFT 和加密货币筹集资金制作专辑，并发展自己的社群。NFT 是个绝佳的新的收入来源，能够取代大多数艺术家从流媒体平台获得的微薄收入。

音乐铸币（Royal）[①] 等音乐平台使音乐家们能够向粉丝出售一部分的版税所有权。当艺术家赚钱时，粉丝也在赚钱，这个概念称为边听边赚（Listen to Earn）。每个 NFT 不仅代表一小部分版税，歌手还可以增加额外的功能，进一步增强与粉丝的联系。NFT 让艺术家拥有控制权，能够通过创建参与式体验扩大粉丝基础。艺术家可以使用 NFT 直接向粉丝出售一种或多种资产，与粉丝建立直接的经济关系，不再需要通过某种中间人。艺术家能够看到谁拥有这些 NFT，再向他们投放另一个 NFT、数字穿戴设备或数字礼物，以回报他们长期

---

① 平台的目标是"拥有自己的音乐并与艺术家一起赚取版税（royalties）"并以此命名，用户以数字资产的形式共享版税，royalty 又译铸币税。——译者注。

的支持。回报可以是一件限量版的T恤,粉丝可以在数字世界里穿着并与艺术家在后台会面。NFT实现了对内容创作者的赋权,帮助他们减少对中间人的依赖,与粉丝建立更加紧密的联系。未来的艺术家可以通过音乐铸币等平台与第一批粉丝共享版税,再用这些资金进一步提高自己的显示度。

电影也一样,在拍摄电影之前可以发行NFT电影票,有助于电影的启动,并与NFT拥有者共享电影的成功。如果电影大获成功,这些NFT电影票就会变成像真实世界中一样的收藏品。

创业公司律动起来(GrooveUp)和音乐门户(Portal)则更进一步,使艺术家能够通过智能合约自动管理的代币或NFT来回报在线播放他们音乐的粉丝。这种边播边赚(Stream-to-Earn)的商业模式,是挑战大型唱片公司权力的又一次尝试。

虚拟演唱会和NFT都实现了粉丝直接参与,使赚钱机会可能从唱片公司转移到艺术家和虚拟平台。这种模式将赋予他们更多的控制权。元宇宙或NFT能否扭转不平等的现状,取决于唱片公司的权力。不过至少(未来的)艺术家能够有新的方式与粉丝建立联系,减少对唱片公司的依赖。

当然,任何品牌都可以与粉丝建立直接联系,希望在元宇宙中分一杯羹的公司应当思考他们想怎样发展与客户的关系。在元宇宙中,品牌应当回报消费者参与、购买、分享以及展示他们的产品和服务。虽然现在还处于起步阶段,没有经过实践的检验,不过品牌和初创公司应该开始探索,看看什么可行、什么不可行。

元宇宙中的教育

在给组织提供咨询或发表我的主旨演讲时,我总是说我们生活在一个指数时代,世界正在以前所未有的速度发生变化。我坚信这一点,然而在教育产业中却并不适用。过去 100 年间,世界也许发生了翻天覆地的变化,但我们教孩子的方式却和 100 年前一模一样;教室里有一大群孩子脸朝前坐着,听教师解释概念、布置作业或组织与学生的讨论。更糟糕的是,疫情迫使全世界的孩子们远程学习,花几个小时坐在 Zoom 或 Teams 这样的会议平台前,由父母进行在家学习(home-school)的教育。已有证据证实了职业人士的视频会议疲劳(Zoom fatigue),那么对孩子来说,由于他们的专注时间更加有限,疫情期间的线上学习对孩子、家长和教师都充满挑战。[160]

我认为教书育人是一个社会最重要的任务,毕竟孩子们才是明天的创新者。虽然有了各种各样的技术,但是我们在过去 100 年间都没有创新过教学方法,这让我很震撼。我们执着于以传统方式教授孩子们传统学科的老旧范式,而这些学科大多在未来十年都将百无一用。我们应当教会孩子的是研究和分析技巧,使他们学会形成观点、自学、适应并应对快速的变化,以及通过教他们编程、机器人和相应的道德伦理,使他们(负责任地)使用和应用技术。总而言之,我们应当拥抱从 AI 辅导到虚拟和增强体验等最新技术,帮助我们的孩子在完成学校教育时准备好进入一个完全不同的世界。

此外，有研究表明被动的教学方法在传授知识方面收效甚微。其中最没用的方法就是讲授（lecture）。在典型的讲授式课堂上，如果只是教师站在学生面前讲课，知识的长期记忆率只有约5%；围绕一个话题开展阅读，也只能将长期记忆率略微提高到10%。[161] 而参与式教学方式则能够显著改善长期记忆率，小组讨论能提高到50%，边做边学则能提高到75%。在某些实际案例中，听讲和阅读也可能有效，不过最好的还是边做边学，这就可以用到AR和VR。毕竟，熟能生巧。

想象一个历史教师使用VR手段授课，在全班用虚拟现实体验过古罗马历史之后又组织了讨论。这种方式能够使学生们进入虚拟环境，与教师和同学互动，可以暂停或回放某个场景或某个片段，每次观看或重播的时候都能发现新的东西。于是学生们能够安全可控地体验新环境，全神贯注地探索新知识。我们可以带孩子们走进微观世界，或展示气候变化对任何环境的影响，从而教授他们量子力学。这里有无限的可能，其中最有可能实现的就是生动有趣的学习环境，以及对教师和学校有史以来最高的评价。另外，只要尽可能多的孩子拥有所需硬件，明星教师就能够在沉浸式环境中同时给数百万孩子上课。也许我们应该组织一个类似"一人一电脑"（One Laptop per Child）的项目，该项目为发展中国家儿童提供价值100美元的电脑，而我们的项目可以尝试为全世界的孩子提供VR/AR头显，使他们拥有在沉浸式环境中学习的平等机会。

有了虚拟现实，让孩子们和学生们保持专心和专注就会更容易，不必担心他们会像登录Zoom、Teams或面对面讲课时那样走神。我们还需要开展更多研究，明确虚拟现实对儿童大脑的影响。元宇宙的原住民会有完全不同的"联网"(wired)方式，这不一定是件坏事。

如果虚拟和增强现实能够显著提升儿童教育质量，那么也就能够改革企业培训和技能学习（例如使用增强现实来修洗衣机）。[162] 可以使用工厂的数字孪生或数字复本，在安全环境中培训（新）员工，等他们掌握相应的技能之后再进入真实世界，使用（先进）工具工作。斯坦福大学虚拟人类互动实验室（VHIL）创始主任、VR 培训公司"努力 VR"(Strivr) 创始人杰里米·巴伦森 (Jeremy Bailenson) 将教育和培训称为"本垒打"(home run) 应用案例。他的公司与沃尔玛（Walmart）合作通过沉浸式体验来培训员工，使工作满意度提升了30%，培训内容的记忆率提高了15%。[163]

帮助全世界的工人学习新技能、学会操作复杂机器，而又无须承受被实体机器伤害或影响的风险，是个潜力无限的领域。从员工入职培训，到学习安全保障流程，再到应对罕见突发情况，组织改善客户关系的活动，虚拟现实将带来更快、更有效地学习新技能的方式。[164]

未来几年，理想情况下全世界的教育终将进入 21 世纪。通过沉浸式体验或电子竞技等边玩边学（Play-to-Learn）的新概念来培训团队技能、协同工作、手眼协同或战略决策等技能，有可能改变孩子和员工的学习方式。更进一步说，我们可以分解课程，使学生们能借助各种连接到 NFT 的、经过验证的资源创建自己的课程。积攒足够的 NFT，就能获得在区块链上验证的学位。

中小学校和高等院校必须拥抱本书中讨论的技术，为孩子们和学生们提供教育，帮助他们应对未来几年后将会变得完全不同的世界。如果不这样做，我们的孩子和整个社会都会错失良机。

赋权于创作者

无论你将身处怎样的虚拟世界，UGC 都会在元宇宙中发挥越来越重要的作用。无论是设计和开发游戏、沉浸式音乐、立体视频（volumetric media）、教育环境还是将会重塑下一代互联网的虚拟世界、虚拟艺术和虚拟化身，元宇宙都将是创作者经济，UGC 才是一切。由于创建沉浸和增强体验的技术的发展，元宇宙将把我们代入创想时代，NFT 和加密货币将使创作者能够维持（富足的）生活，如第七章所述。

在元宇宙中，用户生成内容多数可能是视觉和听觉内容，也可能会有某些触觉内容。人们将会创造叙事体验（narrative experiences），不过五到十年内还不可能做到。在移动 Web 初期，人们同样不知道应用程序经济能有多大的潜力。回头来看，最初的应用程序显得既荒谬又无用。不过这都是正常的，我们当时只是在努力探索一切的可能性以及新的生态系统的含义。沉浸式互联网也一样。未来几年，我们将更好地认识 VR 和 AR 的潜力，内容创作者们将能够从创造这些神奇体验的能力中获取最大的利益。

当然，用户需要能够找到这些沉浸和增强内容。毕竟在元宇宙中还没有谷歌帮我们定位空间体验。如果与某种门户（portal）系统共同努力，就可以在同一平台中便捷地解决这个问题。而要使数以百万计的平台相互联结，使用户可以从《沙盒》传送到《堡垒之夜》再传送到《新空间》(NeosVR)，最好还能跟朋友一起传送来传送去，就是个更大的挑战。为此，我们可能需要某种中枢模式（hub model）[①]，引导你从一个平台传送到另一个平台。我们应当采取一种开源的、去中心化的方式，避免任何中心化的实体控制谁才能从一个地方转移到另一个地方。如果一切顺利，用户体验就能够成为像我们从一个网站传送到另一个网站一样的无缝体验。

元宇宙将为艺术家和创作者带来大量的机会，同时也使品牌能够与自己的客户、粉丝和未来的客户建立充分的联系。然而，我们应该避免让元宇宙成为反乌托邦的广告世界，即像当前的 Web 一样，烦人的广告跟着你从一个虚拟世界到另一个虚拟世界（除非你想让广告跟着你并选择知情同意）。我们将在下一章讨论品牌如何进入元宇宙。

[①] 又译中心节点模式。——译者注。

第5章

为品牌带来无限创意

超越光鲜外表

技术是一种闪闪发光的诱惑。不过还是会有少数时候,公众的关注会超越光鲜的外表,就像是对产品有了感情。

——唐·德雷珀(Don Draper),电视剧《广告狂人》(Mad Men)角色

唐·德雷珀这句话可能是这部连续剧中最有名的台词,到今天也依然没错。由于有了海量数据,今天的世界能够比以往任何时候都更容易精确地瞄准你想瞄准的任何人。只要在超定向(hyper-targeted)和个性化广告上花足够的钱,你的广告就一定能吸引眼球。但吸引眼球并不等于成功。在互联网中,人们的注意力时限只有几秒,(鼠标)无限滚动的陷阱(infinite scrolling trap)导致每当屏幕上弹出新的东西,人们就会忘记刚看过的广告。大多数在线广告质量低于一般水平,于是一旦广告中的产品让你对它们有了感情,这种感情就会发挥作用,使产品脱颖而出并产生影响。[165]

在《广告狂人》的年代,即20世纪60年代,大众营销(mass marketing)才刚刚开始。在广播和电视的帮助下,一个公司的广告信息能够触及大规模的人群。这也意味着信息的质量要比较高,因为不可能针对每个目标群体调整信息内容。广告信息必须简洁明了,并能使目标受众产生共鸣。多年以来,品牌的大众营销卓有成效,因此在互联网到来的时候,品牌一开始不愿发展线上渠道。

这在今天看来不可思议，而回到互联网起步的时候，大部分品牌都没有看到建立网站的必要性。当电子商务已经普及时，品牌依然不愿开设线上商店。即便在疫情来袭时，依然有许多品牌没有切实开拓线上渠道，于是在实体店（brick-and-mortar）因全球封锁而不得不关门时遇到了问题。有的公司在疫情之前没有更新自己的供应链以适应数字时代，在调整到新常态时遭遇的困难比那些建立了数字优化供应链和电子商务渠道的公司多得多。

在社交媒体时代和移动互联网的初期也同样如此，必须说服品牌开发一个移动应用在社交媒体上进行展示，以及在推特、脸书、油管和近来的海外抖音上构建品牌社群是个不错的主意。

不过这次品牌还是不愿意拥抱新的机会。与此同时，少数接受新现实的先行者和创新者虽然在探索新机遇时犯了一些错，却在长期内取得了成功。相比之下，缺乏创新、拒绝新现实的公司纷纷倒闭。现在我们已经进入了一个连接消费者的新时代，即元宇宙时代，品牌要避免重蹈覆辙。沉浸式互联网使品牌能够有机会与消费者进行真实的、独一无二的互动，通过体验来与品牌的产品建立起情感的纽带。华纳音乐（Warner Music Group）就从自己的错误中汲取了教训。2022年初，华纳音乐宣布在《沙盒》中建立一座专门开演唱会的主题公园，早早地拥抱了这种新的范式。而在20年前，华纳则采取了完全不同的做法，执着地抵制文件分享和纳普斯特（Napster）①。 166

---

① 是一款于1999年推出的软件，使用户可以在网络中下载自己想要的MP3文件，同时使用户自己的机器也成为一台服务器，为其他用户提供下载。——译者注。

另一个从历史中汲取了教训的品牌是摩根大通（JPMorgan Chase & Co.）。2017年，摩根大通的CEO杰米·戴蒙（Jamie Dimon）还把比特币称为欺诈，[167]而到2022年，为了抓住这个他们所指的万亿美元的机会，这家公司却在《虚无之地》上开设了一个休息室，里面还有一只老虎走来走去[168]。

由于我们还处在元宇宙刚刚起步的阶段，今天那些决定要走进这个沉浸式世界的品牌，将会成为明天的先行者。这个新的虚拟和增强世界需要一种新的方式，与（未来的）消费者建立联系，这也是熟能生巧的过程。相比大批随后进入这个领域的公司，起步早的公司具有领先优势。市场规则在变，虚假的推销式营销和广告已经过时。特别是Z世代和阿尔法世代不再接受在Web中走到哪里都跟着他们的广告，通过"漂绿"（greenwashing）来假装关心环境的广告，或者觉得自己比客户更懂他们自己的超定向侵入性广告。

当我们即将告别营销时代时，出现了一种新的营销形式。消费者已经习惯了通过社交媒体、AR滤镜、视频游戏或沉浸式、互动性的实时内容进行数字化购物和社交的现实。在物理世界中，消费者们一起打线上游戏，与朋友一起探索虚拟世界，参加数字活动，访问新的虚拟位置，并与品牌互动以采购（数字）商品和服务。这种新的虚拟和增强世界，加上人类的平均注意力时限已经下降到只有8秒，[169]要求品牌重新定义与消费者互动并向他们出售产品的方式。组织必须重塑营销手段，使（未来的）客户能够拥有独特的、真实的数字体验，（与客户）共同创作甚至共同所有成为常态，而社群推动的营销是成功的关键。

随着沉浸式生态系统的发展，公司将会有新的方式建立品牌忠诚度，以出人意料、激动人心又充满乐趣的方式与（未来的）客户建立联系。未来几年，元宇宙将成为成功的品牌战略的一部分，拒绝搭上元宇宙快车的公司将被淘汰。虽然沉浸式互联网可以被看作是另一种联系客户的渠道，但绝不能因循守旧。

沉浸式社群的力量

在元宇宙中,"酷"和"不酷"的品牌将在两个方面有所区别:创意和真实。虽然一直就是如此,但由于元宇宙中一切皆有可能,这两点就将比以往更加重要。在进入元宇宙时,品牌首先采取的行动是把真实世界的产品和体验转化为虚拟世界的产品和体验,而在虚拟世界中模仿真实世界将会是大错特错。2022年初,三星(Samsung)在《虚无之地》的首个虚拟品牌商店837X开业,基本上就是其位于纽约的837实体店①的数字复本。虽然纽约的837旗舰店本身就是一种体验,但在元宇宙中复制它却没能利用沉浸式互联网进一步拓展客户体验。品牌应当聚焦于创建在真实世界中从未见过的、高度可视化、体验式、参与性的体验,要远远超过物理世界的营销预期,充分利用无限的数字资源。将商业行为转化为一种与客户产生情感联系的体验,使品牌有绝佳的机会重塑自我,创建新的叙事,直接与客户合作和互动,而不是仅仅向客户出售产品。[170] 同时还要慎重地创建和培育社群,提供个性化的娱乐和价值,激发元宇宙原住民们数字化的自我表达,正视建立真实、独特的联结的必要性。

全球性的啤酒品牌时代啤酒(Stella Artois)在疫情期间就是这么做的。当肯塔基德比(Kentucky Derby)等赛马活动像其他活动一

---

① 因地理位置在纽约华盛顿街837号而得名。——译者注。

样被取消时，虚拟赛马得到了全球性的关注。虽然虚拟赛马已经出现了一段时间，NFT 的兴起却让用户能够真正拥有和饲养自己的虚拟赛马，让它们参加虚拟的比赛，赢得真实的金钱。虚拟赛马（ZED RUN）平台组织的这种虚拟比赛，自疫情以来增长已达 1 000%。[171] 就像品牌赞助真实赛马一样，时代啤酒决定插一脚，开始赞助虚拟赛马。当时在百威英博负责这项工作的林赛·麦金纳尼说，这"反映了时代啤酒与金牌赛马赛事的伙伴关系，是一种天然的契合。"[172] 双方合作开发平台，创建了一系列独特的数字赛马，包括主题皮肤、3D 赛场等，为用户提供独特的体验，并将这个啤酒平台定位为虚拟空间的创新者和思想领袖。

元宇宙是现有世界之上的一个完全数字层。因此对品牌来说，将比社交媒体或移动互联网更具破坏性。这个虚拟或增强层为品牌带来了联系消费者的无限商机，使他们能够通过独特的体验来建立消费者的品牌忠诚度。虽然我们曾讨论过的互操作性的需要将带来更多机会，但在实现这个关键目标之前，当前的虚拟和增强世界已经使品牌能够与（潜在的）消费者进行有意义的、双向的互动。华特·迪士尼（Walt Disney）对商业元宇宙兴奋不已，他们于 2021 年 11 月为自己的"虚拟世界模拟器"申请了一项专利，使迪士尼主题公园进入了元宇宙。有了这项专利，用户"不需要佩戴增强现实观看设备，就能畅游高度沉浸式的、个性化的 3D 虚拟体验。"[173] 在数字化转型方面，迪士尼总是遥遥领先。他们在 2013 年就发布了名为"魔力腕带+"（MaricBand+）的腕上设备，[174] 可以期待米老鼠（Mickey Mouse）品牌为我们带来更多的数字魔法。

在品牌进入兔子洞之前，重要的是想清楚他们想在数字世界中成为什么。元宇宙远不仅仅是建立一个（静态）网站、应用或在社交媒体上互动，他们需要深入理解自己公司的DNA、目标群体、期望和（未来）客户将会喜欢去这个虚拟世界的哪里。如果做好了，组织将获得深刻长久的忠诚度，直接影响和贡献于品牌的名誉。而如果没做好，就可能对品牌造成致命的伤害。

在第三章中，我讨论了古驰在《罗布乐思》上建立独特互动体验的案例，使数字奢侈品卖出了比实体原型更高的价格。对古驰来说这是一次进入元宇宙的很好的探索，但却说不上完美，因为并未触及平台的核心玩家：儿童和十一二岁的少年。54%的《罗布乐思》用户不到12岁，[175]这些玩《罗布乐思》的孩子肯定也想穿虚拟古驰，可是几百甚至几千美元的数字单品使99.99%的孩子和大部分的家长望而却步，而这些孩子才是这个游戏的活跃用户。更糟的是，为了符合奢侈品制造稀缺性的概念，古驰投放在游戏中的这些单品都是限时售卖。投放时间都是《罗布乐思》孩子玩家睡觉的时间，这些主要的目标群体因此而错过了很多乐趣。于是，在成人因数字产品卖出了几千美元而兴奋的同时，古驰的未来客户，即这些玩游戏的孩子，却因被排除在外而感到沮丧。古驰的故事是成功的公关（PR），却并未与未来客户建立起坚固的联系。考虑到虚拟世界中真正的玩家将至关重要，如果你想让他们拥有积极的品牌体验，这种重要性就更加凸显。

抛开这些错误，沉浸式互联网对品牌的助益数不胜数。

数不清的新触点

元宇宙中已经出现了大量的虚拟和增强世界。未来十年，打造这种环境的技术将会更加普及，出现爆炸式的增长。于是，不像今天的 Web 2.0 只有几个大型平台，元宇宙中会有许多能够以独特方式瞄准的大型和小型社群。每一个新触点（touchpoint）①都将提供独特的品牌参与或产品植入机会，如在虚拟世界中投放最新款的汽车供用户试驾，创建我们前所未见的数字时尚，用充满乐趣的方式展示品牌的独特卖点（USP），等等。品牌将会面对很多机会，也有可能会因分散用力而增加触及客户的成本。

温蒂汉堡（Wendy's）于 2018 年开展的"《堡垒之夜》，保持新鲜"（Keeping Fortnite Fresh）品牌宣传活动就是个鲜明的例证。2018 年，《堡垒之夜》推出了食物大战（Food Fight）模式，用户可以代表自己最喜欢的数字餐厅参赛。数字餐厅杜尔汉堡（Durr Burger）的汉堡队和必萨客（Pizza Pit）的比萨队互相比赛，最后剩下的就是赢家。温蒂汉堡决定参赛，通过娱乐的方式来打广告。[176] 他们发现杜尔汉堡的汉堡是冻在冰箱里，与温蒂汉堡不使用冷冻牛肉的理念相悖。于是，温蒂汉堡看到一个宣传自己"拒绝冷冻，保持新鲜"的机会。

温蒂汉堡登录了快推平台（Twitch）②，建立了一个长得像品牌吉祥物的角色并投放到《堡垒之夜》，开始在游戏的食物大战模式中砸掉所有的冰箱。温蒂汉堡在快推上直播整个过程，邀请成千上万的玩家观看并和他们一起砸冰箱，而不是干掉其他玩家。在 9 个小时的直

---

① 指服务方与用户接触的点，也可以指所有利益相关者产生的交互。又译接触点。——译者注。

② 名字来自 Twitch Gaming，是指测试反应的快速动作游戏，如《第一人称》射击游戏。——译者注。

播过程中，快推观看时长达到 150 万分钟（几乎相当于不间断地观看了 3 年），品牌在社交媒体上提及的频次增加了 119%，每个人都知道了温蒂汉堡的独特卖点。这次独特的冰箱阻击战是一次成功的游击式营销[①]行为，甚至还获得了几个奖项，其中包括八个戛纳狮子奖（Cannes Lions），即广告界的奥斯卡（Oscar）。[177]

源源不断的实时见解

古驰、巴黎世家、杜嘉班纳等奢侈品牌的首次元宇宙营销活动，是提升品牌体验的绝佳例证。然而，数字时尚还可以用于更好地了解客户喜欢什么、不喜欢什么，然后再发布新的时尚系列产品。通过认真分析《堡垒之夜》或《罗布乐思》等游戏玩家对产品或组合的选择，奢侈品牌和非奢侈品牌都能够（通过在游戏中投放免费数字单品，看看谁会穿什么）迅速掌握哪类客户最喜欢什么，从而相应地调整自己的实体产品。

另外，沉浸式数字产品展示或产品客户化定制，能够使消费者在购买之前试穿甚至创建出一个产品，这对品牌来说无疑是数据金矿。即使消费者决定不购买这个产品，也是个与（未来）消费者互动的宝贵机会，能够获得有价值的见解，即对客户来说什么才是重要的。当然，在线产品展示或产品配置并不新鲜，已经在 Web 上存在了许多年。不过沉浸式的 3D 世界将极大地提升品牌体验并带来新的视角，

[①] 游击式营销（Guerrilla Marketing）是指以有限资源开发创意，用出奇制胜的手法对准目标出击。——译者注。

其效果会超越传统调查。

早在 2017 年，宜家（IKEA）就发布了 AR 家居（Place）应用，使用增强现实为用户提供独特的体验，同时也使宜家获得了源源不断的用户数据。这是一款充分利用苹果的 AR 套件平台（ARKit）的移动购物应用，使用户能够在数字环境中挑选家具，更好地看到新沙发或新桌子放在自己家里的样子。把这种数字化的客户交互直接应用到组织的商业智慧中，将会形成有价值的实时观点，包括谁在何时、何地、为何对什么感兴趣。

元宇宙产生的数据量将是当前 Web 的 10~100 倍。如果一个品牌拒绝进入商业元宇宙，就等于蒙上眼睛跳水。

提高可持续性

如第三章所述，有了 VR 和 AR，在线购物的决策过程就能更有趣、更吸引人，并通过降低退货率和"先试后买"（try-before-you-buy）的虚拟体验而更具有可持续性。2021 年底，增强现实公司快拍（Snap）与汤米牛仔（Tommy Jeans）合作发布了虚拟试衣间。客户可以用快拍（Snap）的 AR 眼镜试穿汤米牛仔的男女款面包服（puffer jacket），并能够便捷地更换衣服的颜色，看看自己最适合哪种风格。用户还可以在网站上点击购买他们在家里用虚拟方式试穿的衣服。[178]

当然，元宇宙带来的机遇可不只是减少单个组织的二氧化碳排放量，在旅游和其他领域也对环保有诸多贡献。我们将在下一章中讨论这些领域。

虚拟世界注意事项

虽然虚拟世界带来了无数令人大为赞叹的机会,不过重要的是决定从哪里入手。决定建设虚拟体验或增强品牌体验的过程,与在真实世界中开设品牌体验店或实体商店的过程非常相似。

当一个组织决定开设一家新的实体店时,总有一些重要的因素需要考量,包括街区的人口结构、人流量、安全性、竞争对手的位置、区域的交通条件、商业成本、规则和限制等。在某种程度上,这些也是你在选择开放虚拟品牌体验的虚拟世界时需要考虑的因素:

- 平台用户量
- 平台的知名度
- 平台用户的登录时间
- 用户使用频率
- 用户的人口结构
- 平台当前活动
- 平台诚信度
- 平台的规则和限制
- 开设虚拟商店的成本

在元宇宙初级阶段,公司应该尝试不同的平台。每个平台的运营方式都不尽相同,用户、规则和品牌的预期也都有所区别。一个品牌探索的数字世界越多,就能越快地知道元宇宙能够怎样为其所用,以及哪种数字体验对(未来的)客户最有效。

体验营销的时代

如果组织想开始元宇宙大冒险，以此来与客户建立联系，明智的做法是让已经对各种虚拟或增强现实应用有深入理解的创作者、艺术家和网络红人们参与进来。品牌应尽早让社群参与，以避免古驰那样（可能代价高昂的）的错误。也就是说，如果你是元宇宙的新人，想进入一个新的社群，哪怕你是个跨国组织，作为品牌也一定要保持低姿态。虚拟品牌集团的创始人贾斯汀·霍赫伯格（Justin Hochberg）认为，品牌们倾向于进入一个创意社群之后，就将其变成超级碗（Super Bowl）（广告大战）。如果品牌能够成为社群的一部分，而不是用广告信息来轰炸社群，可能收益更多。在元宇宙中尤其如此。

同时，由于元宇宙还在建设过程中，至少在最近几年中，即使抱着最大的善意，也还是会有一定的风险。例如，麦当劳（McDonald's）于2021年底推出一套十个NFT以纪念其烤汁猪排堡（McRib），他们很快发现铸造NFT跟做汉堡有很大区别。麦当劳认为烤汁猪排堡NFT是"粉丝最喜欢的汉堡的数字版"。[179] 不过在发布之后不久，铸造官方烤汁猪排堡NFT藏品的以太坊相关早期交易中就出现了种族诽谤。[180] 与麦当劳有关的种族诽谤永远地保存在区块链上。麦当劳声称他们对此毫不知情。不过原本有趣的品牌体验很快就变质了。因此，对自己的行为有充分的认识非常重要。在起步阶段，当然要找到已经在这个领域深耕多年的人，理解不断变化的环境的人，还有能够带领组织拥抱激动人心的机会的人。也就是说，你要让自己适应这个全新而已经存在的虚拟世界，而不是创建一个自己的生态系统，至少目前是这样。

商业元宇宙的品牌将有机会展示领导地位，打造自己的创新形象，开拓新社区和新渠道，特别是如果展示自己的真实行为并将自己的沉浸式体验与试图触及的社群密切连接时，前景更为广阔。Z世代和阿尔法世代是创作者世代。他们已经准备好参与进来，与你一起生成内容，所以你作为品牌应该提供这样的机会。有个时尚零售品牌"永远21岁"（Forever 21）就是这么做的。这个美国时尚零售商于2021年底在《罗布乐思》上建立了社群优先的独特品牌体验，使《罗布乐思》的用户可以运营自己的"永远21岁"商店。品牌通过独特的品牌体验为《罗布乐思》社群带来了价值，实现了物理空间和数字空间的真正融合，吸引了大量传统媒体的报道。为永远21岁打造元宇宙策略和体验的是虚拟品牌集团创始人贾斯汀·霍赫伯格，他认为品牌实现了与《罗布乐思》创作者、设计者和网络红人的有效合作。《罗布乐思》为品牌提供了一个展示、销售自己的设计的平台。《罗布乐思》上的永远21岁品牌商店中有个21岁合作实验室（Collab 21），其用户每个月都能在这里展示自己的品牌设计，供其他用户购买。他们还发布了一个大富翁（Tycoon）类型的游戏，使玩家能够设计和运营自己的永远21岁商店。与大多数同时也在探索这些虚拟世界的品牌不同，永远21岁计划长期留在游戏中。为了与现有的用户基础进行持续的互动，他们还开发了"永远21号"（Forever 21 Day）的新的品牌体验，在每个月的21号举办现场活动、发放限量NFT或与其他品牌和名人合作等。这次活动的主要特征之一即贾斯汀所指的

"无限营销循环"（Infinite Marketing Loop），即永远 21 岁同时在真实世界和数字世界发布新品，用户在真实世界中可以穿得跟自己的虚拟化身一模一样，融合实体品牌和数字品牌，形成了一种联系真实世界和数字世界的、持续的游戏化体验。永远 21 岁与《罗布乐思》的持续合作得到了回报，好评率高达 92%，与同期发布新品的品牌相比社会放大效应（social amplification）要高 20 倍，30 天内的媒体曝光率是该公司其他宣传手段在 90 天内效果的 2.5 倍。另外，《罗布乐思》上销量最高的永远 21 岁单品卖出了将近 100 万件，这是一件社群创作的单品，而永远 21 岁将以零研发成本生产实体商品。[181]

永远 21 岁的《罗布乐思》体验表明了元宇宙初期营销手段的变化。这种沉浸式互联网要求品牌以不同的视角触及目标群体。品牌需要重新思考怎样生成内容，人们怎样与内容交互，以及内容的效用。当我们从社交媒体营销转向元宇宙营销时，品牌正在学习动员和启发消费者新的方式。从推动艺术创意到社群构建，我们将在未来十年中看到更多的营销创新。品牌已经可以做的包括组织数字活动、发布系列 NFT、投放数字产品、创建跨平台品牌体验，或是上述几种方式的混合。

如果你作为品牌想开始做点儿什么，我建议从小规模体验开始。例如，美国快餐连锁品牌塔可贝尔（Taco Bell）在 2021 年发布了系列 NFT，获利数万美元。[182] 虽然这些收益对这样一个知名品牌来说不算什么，品牌形象塔可钟的 GIF 也没有什么实际效用，却证明快餐厅可以通过销售会动的塔可钟 NFT 来赚钱，那么其他公司也可能通过独特的 NFT 为用户提供品牌体验。

可口可乐（Coca-Cola）则走得更远。2021 年 7 月，可口可乐发布了系列 NFT，通过线上拍卖在 72 小时内赚了 57.5 万美元。该公司依靠自己的品牌效应和全球性的可口可乐爱好者社群宣传 NFT 系列，为慈善筹资。在国际友谊日（International Friendship Day），可口可乐通过开放海（OpenSea）平台拍卖了四件友谊主题的多感官 NFT。拍卖采取战利品宝箱（loot box）的形式，即流行的视频游戏中一种锁着的神秘箱子。赢家不仅会拥有这四件 NFT，还会在真实世界中收到一个实体冰箱，里面装满了可口可乐等惊喜，这很好地证明了 NFT 不只是一张数字图片，而是具有某些效用。NFT 拍卖受到加密货币社群的强烈追捧，他们将可口可乐形容为一个非常了解自己的消费者会在哪里的创新品牌。[183]

一个组织与元宇宙营销相关的体验越多，就越了解对自己和社群来说什么会奏效。还有比在元宇宙时装周期间更好的元宇宙营销体验吗？《虚无之地》于 2022 年 3 月 23 日到 27 日举行了时装周，活动包括数字走秀、购物、派对和有关虚拟世界的分组会谈等。在这五天里，有 50 多个奢侈品牌和数字品牌商业元宇宙，尝试了这种独特的体验。

英国高端百货零售连锁店塞尔福里奇（Selfridges）展示了帕科·拉巴纳（Paco Rabanne）品牌受欧普艺术（Op Art）运动先驱维克托·瓦萨雷里（Victor Vasarely）启发而发行的 12 件独特的 NFT 裙子。数字展示与伦敦塞尔福里奇商店同时进行的实体展示一模一样。奢侈品牌杜嘉班纳也推出了特地为元宇宙设计的服装，由看起来像猫的虚拟化身进行展示。许多品牌也向时装周游客出售（数字）时尚单品。像汤米·希尔费格（Tommy Hilfiger）和雨果（Hugo）等品牌与 Web 3.0 创业公司玻色子协议（Boson Protocol）合作，使用户能够在时装周期间以 NFT 的形式购买实体产品。[184] 于是，用户可以让自己的虚拟化身穿上汤米·希尔费格或雨果，同时在家里收到实体产品。这样，物理和虚拟就充分结合，成为数实融合体验。这次时装周不仅有时尚品牌参加，也有像雅诗兰黛这样的美妆品牌参加，该品牌售出了 1 万件数字穿戴设备 NFT，其知名的夜间修复精华（Night Repair Serum）使虚拟化身显得紧致白净、焕发光彩。[185]

《虚无之地》时装周是一次完全基于区块链的活动，确保了用户购买的 NFT 的互操作性。然而，参与者的评价却表明图像显示水平低于平均值，与其他数字时装周相比故障也比较多，这是由于《虚无之地》建在区块链上，3D 设计能力受到了限制。[186] 虽然有这样那样的问题，还是有 10 万多位独特的参与者参加了数字时装周，见证了大量以独一无二的方式应用元宇宙营销和 NFT 的品牌体验。如果使用得当，NFT 会成为很好的营销工具，参加元宇宙时装周的品牌学到了怎样与 Z 世代和阿尔法世代建立联系的宝贵经验。

元宇宙营销是关于提供体验，而体验应该围绕讲故事（storytelling）来展开。讲故事一直都是品牌发展以及与消费者建立联系的核心所在。在沉浸式的数字环境中，围绕数字资产的叙事与资产本身同样重要。由于数字世界中机会几乎是无限的，品牌有机会生成独特的、引人入胜的内容，为人们带去欢乐。再次引用唐·德雷珀的话，"广告只有一个卖点：幸福"。是广告让人们参与其中，希望归属于一个品牌或一个社群。广告背后的理念，决定了品牌的成功，影响了品牌的名誉和底线。

创意、社群和共同创作

虽然元宇宙是联系消费者并向他们出售产品的绝佳渠道，但元宇宙不应该成为反乌托邦的广告世界，到处都充斥着广告，一切都被商品化。品牌需要慎重思考要做什么，怎样联系消费者，同时还避免让消费者觉得毛骨悚然。对麦当劳、耐克、古驰或可口可乐等大品牌来说很容易，他们已经建立了自己的社群。而对新品牌和小品牌来说，在开始元宇宙冒险之前，要首先聚焦建立和拓展自己的社群（当然对于元宇宙原住民品牌并不适用）。总而言之，品牌要避免通过广告进入元宇宙。如果我们在元宇宙中复制 Web 2.0 的广告方式，互联网的下一次迭代就将注定成为广告噩梦。到时候可用的数据会在今天的基础上呈爆炸式增长，当你在真实世界中购物时，无论是在虚拟现实中，还是使用增强现实，更加个性化、侵入性的广告都将如影随形地跟着你，就像本书开头虚构故事中描述的那样。从只要看着它超过两三秒就会贴到你脸上的广告牌，到用 VR 看电影时不停打断体积电影（volumetric movie）的商业广告，再到做自己的事的时候不停给你推动个性化广告的 AI 人形角色，[187] 我们不想要、也不能接受这样一个使广告真正无所不用其极的元宇宙。元宇宙中当然还会有广告，但要与体验相匹配。在玩《堡垒之夜》或其他游戏时出现交互式广告牌会导致分心，还很有可能让玩家生厌。而像温蒂汉堡的"《堡垒之夜》，保持新鲜"等品牌体验或有趣的游击式营销活动则取得了巨大的成功。与今天的 Web 一样，元宇宙中也会有广告屏蔽功能，但必须采取更先进的方式，屏蔽所有赞助商的广告。最好的办法是通过独特的体验回报用户的关注，而不是把品牌广告信息甩到我们（虚拟的）脸上。

无聊猿游艇俱乐部（BAYC）和阿迪达斯的合作，是品牌传递广告信息的一个有趣的应用案例。BAYC 是一万个无聊猿 NFT 的集合，每个无聊猿都同时是游艇俱乐部的会员卡，使用户享受到仅限会员的许多好处。BAYC 一直非常成功，最贵的 8817 号无聊猿于 2021 年 10 月以 340 万美元售出。[188] 这些 JPEG 如此昂贵的原因之一就是附带的效用（其他原因还有 NFT 的创新性、所有者的知名度等）。更重要的是，与大部分 NFT 不同，他们为所有者提供版权，使他们能够货币化自己的无聊猿。如第七章所述，并没有多少 NFT 拥有版权，所有者们买到的常常就是一个代币，能够定位到 JPEG 储存的位置而已。于是，一些无聊猿的所有者已经开始货币化自己的无聊猿，比如席琳·约书亚（Celine Joshua）和吉米·麦克尼尔（Jimmy McNeils）与环球音乐集团（Universal Music Group）共同创建的无聊猿游艇俱乐部乐队。这个乐队叫作王舰（KINGSHIP），由四只无聊猿组成，他们会发布新歌、NFT 粉丝纪念品、社群产品和其他体验，促进艺术家和粉丝的互动。[189] 差不多同一时期，阿迪达斯也买了一只无聊猿，开始与 NFT 世界最知名的人开展合作。无聊猿穿着阿迪达斯的衣服，将该品牌带到了创意的最前沿。[190] 阿迪达斯把这些数字服装制成 NFT，并为所有者提供与数字单品一样的实物。另外，阿迪达斯宣布在《沙盒》成立数字总部，并与比特币基地（Coinbase）合作，可能会以 NFT 的形式出售自己的数字运动服装。[191] 他们的举措被称为"进入元宇宙"（Into the Metaverse）。通过在各个触点遍地开花，阿迪达斯吸引了大量的媒体关注，将品牌形象塑造成思想领袖和创新者。

当然，阿迪达斯并不是唯一进入元宇宙的运动品牌巨头，耐克也在全面发力。耐克首先创建了完全沉浸式的数字体验，并提供相应的实体产品。从 2021 年 2 月 4 日到 11 日，到访纽约耐克创新之家（House of Innovation）的客户能够探索虚拟的俄勒冈州史密斯罗克州立公园。这次体验使用了地理围栏（geofencing）技术，只有在耐克创新之家才能体验，但参观者可以用手机实现增强现实体验。[192] 现场活动尽可能具有互动性和趣味性以吸引客户，同时通过 AR 和扫描二维码以数字化的形式讲述和传播故事。当年年底，耐克进一步在《罗布乐思》上开设了名为耐克之地（NIKELAND）的虚拟总部。这种虚拟体验使耐克的粉丝能够在虚拟世界中建立联系，创建和分享体验并展开竞赛。受到耐克真实总部的启发，基于先前的经验，耐克创建了一个融合了物理世界和现实世界的世界。耐克鼓励用户在真实世界中跑步，将他们的身体活动转化为《罗布乐思》游戏中的独特动作。[193] 当然，用户也能为自己的《罗布乐思》虚拟化身购买耐克的数字产品，特别是在耐克 2021 年底收购了虚拟运动鞋品牌数字工艺品（RTFKT）之后。

由本章中列举的例子可见，率先拥抱元宇宙并与元宇宙社群合作的品牌得到了应有的回报，至少获得了媒体的关注。营销的未来是通过讲故事来拥抱不同的社群和虚拟世界，使他们融合为独一无二的叙事。元宇宙的核心是创意、社群和共同创作。如上文所述共同创作能使客户参与产品创造的过程，帮助品牌培育更高的忠诚度和参与度，永远 21 岁就是这么做的，数字制衣工作室则能助一臂之力。Z 世代和阿尔法世代期待品牌成为他们社群的一部分,而不是抢走社群的控制权,或是用单向的广告来轰炸社群。这种路径包含多个层次,要求组织在接触客户时转变思维方式。

在元宇宙中,所有品牌都要重新思考自己的营销方式,否则就有可能走上留声机的老路。品牌应当抓住这个机会,从花钱播放广告转为投资于与社群建立联系,去共同创作、参与和建立独一无二的、具有效用的品牌体验,将真实体验延伸到数字世界,同时将数字体验延伸到物理世界。这需要品牌和客户的协同努力,使客户参与创作过程的品牌终将胜出。[194]

第6章

企业连接的指数式增长

一个变化的世界

疫情给全世界带来了恐惧、愤怒、失望和悲伤,也彻底改变了我们的工作方式。世界任何地方一旦开始封锁,整个行业就要在一夜之间转为远程协作,在最初的冲击之后保持全球经济的运转。让许多人意外的是,这个过程并没有多么困难。

对许多人来说,在家工作成为新常态。会议和活动从物理世界转移到数字世界。突然间,雇员就必须登录 Zoom 或 Teams,投资者就必须在没有亲眼见到创始人的情况下做出决定,年度大会就必须转移到数字王国。对千禧一代和婴儿潮一代的许多人来说,这是全新的体验。而对 Z 世代和阿尔法世代来说,虚拟联系一直就没什么好奇怪的。他们多年来在数字世界中长大,在《罗布乐思》《我的世界》或《堡垒之夜》等封闭的虚拟世界中社交、互动、交易、游戏、聚会、调情、工作、体验、展示和合作。未来几年,这些世代将进入职场,特别是 Z 世代将达到工作年龄,他们期待的是一种不同的工作模式,不能接受坐在工位上朝九晚五的生活。

2021 年 5 月,正值疫情期间,安东尼·克洛茨(Anthony Klotz)发明了术语"大辞职"(The Great Resignation)。[195] 这位德州农工大学(Texas A&M University)管理学副教授基于自己的研究,注意到疫情让人们开始反思自己的生活。更多的人开始珍惜家庭时光,看到远程工作的好处,如缩短通勤时间和能够聚焦于热爱的项目等。千禧一代与 Z 世代一样需要数字驱动的工作环境，使他们能够完全控制怎样组织自己的生活。

这样的觉醒加上持续的疫情，使更多人决定追求自己的热爱。人们辞掉了现在的工作，开始寻找不受居住地的地理位置限制的新工作。这对雇员来说是件好事，世界突然就尽在掌握。不过对完全拥抱远程工作的组织来说也是一样，他们将能够从更大的全球人才库中筛选人才。雇主们能够从全球任何地方招募到更多的雇员，甚至可以根据工作的类型，用不断完善的 AI 或机器人来取代他们的工作。然而，想继续吸引人才的组织将必须改变自己的文化和工作方式。

雇员们不再受限于自己地理街区中的工作，就会拥有更多选择，前所未有地拥抱数字游民的生活方式。特别是加密货币将在未来十年成为常态，使这些数字游民无论身处世界的哪个角落，都能够实时获得以加密货币形式支付的报酬。有趣的是，一个居住在发展中国家却从美国或英国赚钱的数字游民，对这个发展中国家来说比几十个游客还要重要，这些游客只会待上几天，旅游中花的钱也有限，走的时候还会留下很多游客通常会制造的麻烦。远程工作有很多好处，很多人常常因为害怕失去朋友或家庭而不选择这种生活方式。未来十年，这一点将会改变。

当元宇宙运转起来，将会出现更发达、更直观的远程工作技术，使合作以及与家人朋友跨越数字高速进行社交比使用当前版本的 Zoom 或 Teams 要舒适得多。随着技术的进步，随处工作（work from anywhere）将取代（部分混合式的）远程工作，从已经适应这种新模式的知识工作者（knowledge worker）开始，等数字孪生或虚拟和增强现实工具发展到一定程度，能够实现从舒适的热带小岛上无缝操作一套制氢设备甚至一整座工厂时，就会涉及操作工人。当然，组织需要转变思维模式和文化，摒弃现场工作模式，我们才能舒服地躺在沙滩椅上，一边看日落一边工作。

要想保住明天的工作，所有的组织都别无选择地必须转变，连愿意固守旧范式的组织也不例外。我们正处于全球就业市场发生巨变的初期，人们获得了越来越多的权利，可以选择边玩边赚而不是工作，可以自己选择任何地点、任何时间去工作。多家企业的创办者彼得·勒韦尔斯（Pieter Levels）也是著名的数字游民，他预测到2035年，由于技术的指数式增长，包括6G技术和超音速旅行等，数字游民的数量将达到10亿。[196]虽然10亿数字游民的预测可能过高，但未来几年内数量一定会有所增长。

元宇宙一旦开始运转，数字协同工具就将使远程工作与办公室工作一样丝滑。先进的VR头显和AR眼镜会使混合式会议成为可能，用虚拟现实拨号加入的同事将以全息投影的形式出现在亲身参会的人的AR眼镜上。同时，通过第四章中介绍过的英特尔真实视角（True View）的未来版本，亲身参会的同事将会以超逼真虚拟化身的形式复制到虚拟现实，包括他们的一举一动和面部表情，于是混合式协作就与过去全员亲身参与的会议没有区别。下面欢迎来到企业元宇宙和工作的未来。

沉浸式工作的未来

从技术上说，"企业元宇宙"（enterprise metaverse）这个术语并不准确。如我们在第一章所述，只有一个元宇宙。但由于没有更好的选择，我只能用这个词来指代消费者用来寻找乐趣、游戏、购物和娱乐的元宇宙，和组织用来推动跨越时空的工作和协作的元宇宙之间的区别。

不管是好是坏，元宇宙中的所有娱乐都将比社交媒体更能够激发我们的安多芬，使我们的多巴胺飙升到爆表，而企业元宇宙则会使工作更有趣，特别是更高效。事实上，从企业的视角来看，我们已经处于元宇宙的 0.1 版，Zoom 和 Teams 已经在一定程度上融合了物理世界和数字世界，如轻松搜索（Slack）[①]和米罗（Miro）[②]等协同工具也使数字协同成为可能。同时也引发了一些新现象，如由于眼睛看屏幕

---

① Slack 是 Searchable Log of All Conversation & Knowledge 的缩写，指"所有对话和知识的可搜索日志"，将团队的交流都保存在一个地方，无论在哪里都可以立即搜索。Slack 一词有松弛、轻松的含义。——译者注。

② Miro 来自斯拉夫语的词根"mir"，意思是"和平，世界"。一方面是对公司起源的认可，另一方面象征着将世界各地的团队联系起来的能力，并表达了他们在一起有效工作时的平静心情。——译者注。

时间太长而引起的视频会议疲劳、认知过载、身体活动受限以及在实时摄像头下一直能看到自己而引起的自我评价等。[197] 然而，这不过是窥到对方世界的一瞥，而不是物理世界和数字世界的完全融合，也不能提供沉浸式的虚拟体验。虽然 Zoom 和微软都已宣称实现了沉浸式虚拟体验，但就今天可用的大部分工具来看，他们都有些"平"，即 2D 化，并不是真正的沉浸式，即 3D 化。

元宇宙上线，组织应当拥抱它，增强员工将成为常态。我们已经到了增强员工成为常态的转折点，能够从一系列技术，当然包括 VR 或 AR 等沉浸式技术，以及更重要的人工智能、机器人或数字孪生等技术中受益。增强劳动力是指人类工作者和技术无缝协作，以实现更佳产出。[198] 因此，工作的未来将更有效率也更有效果，可以用更少的雇员完成同样的工作量，疫情也加剧了这种趋势。在几乎所有的危机之后，都会出现这样的情况。一旦危机过去，商业恢复正常，经济产出一般都会反弹，但在危机中失业的人却不会再找到工作。[199] 也就是说，公司找到了其他方式来恢复生产，越来越多地依赖技术而不是人力，今天的"大辞职"也在加速这个过程。

增强劳动力是一回事，完全取代现有劳动力是另一回事。未来几年，我们将会看到在工厂、零售商店、农业，以及在旅游行业和服务行业机器人的爆炸式增长。例如，农业机械制造商约翰迪尔（John Deere）在 2022 年初宣布生产出世界上第一台可以投入大规模应用的、完全自动化的拖拉机，将实现一劳永逸（set-and-forget）式农业，改变我们种植作物的方式。[200] 多年以来，自动化和机器人已经改变了许多行业，包括制造业、加工业、能源矿山等，但这次危机将会成为更多自动化的催化剂，因为封锁迫使组织寻找不同的出路来维持生存。

第 6 章 企业连接的指数式增长

例如，疫情发生后仅仅几个月，有中国公司就已经用机器人代替雇员，想办法重新开张。[201] 机器人不会生病，可以 24 小时工作，不需要社交隔离。如果数字化转型发展到极致，我们就会看到越来越多完全自动化的工厂。这些工厂装配有完全自动化的系统，在生产制造过程中不像人类一样需要灯光照明，因此也被称为黑灯工厂（dark factory）。这些工厂的建设成本很高，不过由于没有昂贵的人工费用，一旦开始运转就能得到高额的经济回报。[202] 开设一家黑灯工厂需要先进的数字孪生，这意味着它们也是元宇宙的一部分，是元宇宙中封闭但安全的那一部分。

黑灯工厂当然是未来工作的一部分，不过元宇宙为人类（和 AI）协作提供的机会最多，包括头脑风暴、会议、设计、共同创作等，不久的将来还将包括在虚拟现实中跟没有腿的卡通虚拟化身一起开会。虽然一些公司在疫情之后已经开始了远程混合工作模式（例如三天到岗、两天居家），如果技术发展得足够强大，使超逼真混合数字体验成为现实，越来越多的知识工作者可能会对完全的随处工作更感兴趣。

澳大利亚营销公司"我们相信营销"（In Marketing We Trust）已经转向了虚拟现实。这家完全远程办公的公司的雇员分布在 14 个不同的国家。2021 年，当新冠肺炎疫情连续两年使他们不得不取消年度聚会时，他们决定给所有雇员配备 VR 头显，组织 VR 会议。该公司的创始人保罗·休伊特（Paul Hewett）解释道，他们的会议只有三个目标：建立学习型体验、给人们提供一种文化体验和娱乐，这三个目标都是为了相互了解、改进工作。他们在虚拟现实中也复制了这三个目标。为了相互学习，他们使用脸书的《视域世界》组织会议和进行展示，到娱乐室（Rec Room）①中放松，在 VR 中一起打游戏。他们在虚拟现实中共处了三天，这是一次独特的文化体验。所有雇员都有自己的虚拟化身，再加上空间音频，所有的活动就像是真实世界中自然发生的活动一样。保罗认为，这是一次深入的沉浸式、参与式体验，没有出现线上会议常见的视频会议疲劳现象。

这三天的虚拟会议给我们很多启示，其中一点是作为人，作为虚拟化身，你能真切地感受到在虚拟现实中与他人的联结。唯一不尽如人意的地方就是不能一起吃饭。他们给每个人点了晚餐和饮品，但在真实世界中共享一顿饭还是比在虚拟世界中要好，除非技术发展到一定程度，出现开头那个虚构故事中那种全息餐厅。总而言之，这次活动非常成功，他们已经在把公司的战略讨论也转移到虚拟现实中。

虽然元宇宙还在建设之中，像保罗的营销公司这样的公司已经挖掘出这些沉浸式技术对组织合作以及彼此深入联结的潜力，以突破雇员居住情况的限制。凯捷咨询公司（Capgemini）2018 年的一份报告表明，80% 正在应用 AR/VR 的公司认为使用这些技术带来的实际好处超出预期。对最先采取这些技术的公司来说，效率平均提高了 57%，安全感平均提高了 55%，生产率平均提高了 52%，而复杂性则平均下降了 47%。[203] 这还是疫情发生前几年，自 2018 年以来技术已有了大幅的提升。

例如，现在有可能用虚拟现实来改进头脑风暴。新空间

---

① 定位于类似基督教青年会（YMCA）或其他娱乐中心（recreational center）的大厅，大厅里有门通向各种游戏和用户生成内容的房间。——译者注。

（NeosVR）研发了一种虚拟现实思维导图工具，使用户能够身处自己正在创建的思维导图之中。传统的思维导图对学习和记忆的提升率已经有 15%。[204] 如果真的能带着视频、音频文件、照片、展示文件等进入思维导图之中，想想这个虚拟思维导图会有多强大。在数字的、协同的 3D 空间，这是一种全新的工作与合作方式。虽然视域工作室（Horizon Workrooms）或黏合（Glue）等协作工作平台的白板也能带来陡峭的学习曲线，但这种沉浸式工具能够实现更加智能的头脑风暴和问题解决。我们需要学习这种新技能，一旦掌握就比 2D 的米罗（Miro）板等工具更直观，当同事们异地办公时就更是如此。

沉浸式思维导图能改进头脑风暴，虚拟现实中的无限空间更是巨大的优势。随着远程工作从趋势成为常态，全世界的大型组织都在关闭或缩小在一线城市昂贵的办公室，这将对国际性大城市的中心商务区产生直接影响。VR 头显和 AR 眼镜的性能和舒适度正在迅速提高，在不久的将来，雇员就能启动虚拟工作场所，或传送到虚拟办公室。人们能实现遥远的相聚，如果想专注一段时间，可以按下按钮，启动"勿扰"（Do Not Disturb）模式，你们依然能看见彼此，同事却无法再打扰你。

在明天的虚拟办公室中，雇员们的实体办公桌上没有电脑或两块屏幕，却能在数不清的虚拟空间中工作时拥有用不完的显示器或白板。到这个十年结束之前，VR 头显将拥有更高的分辨率，更容易佩戴，让你永远也不觉得累。我们将不再需要电脑，只要启动 VR 或 AR 工作台，随处都能工作。当你看到有人盯着什么看不见的东西，疯狂地在你看不见的键盘上打字，手在空中滑来滑去地工作时，一开始肯定会觉得非常奇怪。不过我相信用不了多久，咖啡馆里的人就都会这么做，就像我们习惯了每个人都盯着智能手机，哪怕跟别人出去喝一杯时也停不下来一样。

在元宇宙中，雇员可以身处任何地方，可以以数字形象或亲身出现在同一个办公室、会议室，甚至是茶水间来听办公室八卦。工作的未来是沉浸式的，由于元宇宙的持久性，数字办公室像实体办公室一样就在那里，你可以直接走进去做你的工作。当然，随着工作类型的变化，雇用这些雇员的方式也会发生巨大的变化。

元宇宙就业市场

今天的《罗布乐思》和《我的世界》的建设者们，明天将进入大学或职场，他们的思维模式和技能将与千禧一代完全不同，后者正在经历从模拟物种到数字物种的转变。他们希望有一份可以随处可做的工作，而且由于多年来一起探索、合作和创建新的数字世界，许多人都将拥有合作意识、解决问题的能力和创意技能。他们如此幸运，技术的融合将使人类专注于自己擅长的领域，从而改变我们的工作方式：创造性地共同解决问题，而 AI 则负责无聊的重复性工作。元宇宙的原住民在虚拟世界和增强体验中长大，完全了解沉浸式互联网的潜力，他们希望得到这样的对待，拥有工作地点和工作方式的灵活性。

如果你需要雇用一个 Z 世代人才，为什么不在他们熟悉的虚拟世界中见面呢？三星和现代（Hyundai）已经在这么做了。2021 年夏，现代在聚会小镇（Gather Town）组织了一场招聘会，这是一款鸟瞰视角（top-down）视频游戏，同时也是个网络会议平台。他们还在崽崽（Zepeto）上组织了新员工入职培训，这是个用移动设备访问的虚拟世界，大约有 1.5 亿用户，主要分布在亚洲。这次旨在使新员工亲密团结的入职培训，得到了这些由于新冠肺炎疫情只能远程开始自己第一份工作的新员工的广泛好评。[205] 三星电子让求职者和人力资源（HR）经理登录聚会小镇，让他们的虚拟化身会面和交流，了解为这家公司工作会是什么样。[206]

  元宇宙中的人力资源活动不仅限于虚拟招聘会和入职培训。在平台上雇用你将来可能会招聘的雇员有很多好处。2021 年 11 月，艺术指导理查德·陈（Richard Chen）的"太空虫子"（Space Bugs）艺术项目中 3 000 个 NFT 在 6 小时内售罄，他在 Discord、Telegram 和 Clubhouse 等平台上招聘了 25 名社群经理。[207] 用虚拟平台招聘也会极大地提高包容性。毕竟在元宇宙中，有了虚拟化身，你可以成为自己想成为的任何人，招聘经理根据你的背景、宗教、种族或者你在面试时的形象，对你产生偏见或进行评判的机会也就更少。

  招聘雇员也需要培训。如第四章所述，培训是虚拟现实的顶级应用之一。无论是把新员工放在虚拟的危险或压力环境中教会他们安全标准和要求，还是解释复杂设备怎样工作，虚拟现实培训都是有效的解决方案。当然，航空公司使用飞行模拟技术已经有很多年，所以这也不是什么新鲜事。不过随着头显价格的下降，现在所有公司都能这么做。例如，快餐企业肯德基（KFC）使用虚拟现实，10 分钟就能在一间 VR 密室中教会新员工基本的炸鸡技巧，不仅把掌握这项技能的时间缩短了 50%，还为新员工带来了有趣的体验。[208] 除了这些简单的应用案例，虚拟现实培训也能用于帮助员工掌握如何操作敏感设备或进行精细操作。通过触觉反馈，可以在非常精确的 VR 或 AR 培训中加入所需的抓握和运动数据，帮助外科医生提高工作水平。[209]

短期看来，企业元宇宙为公司提供了吸引、招聘和培训雇员的新方式。长期看来，物理世界和数字世界的融合将带来许多新的工作机会。就像互联网和社交媒体带来了许多我们在互联网初期未曾预料到的新的工作机会一样，元宇宙也将制造大量的工作岗位。这里举几个例子：

· 虚拟旅游代理或数字导游，帮助你找到并探索独特的数字世界，或是你要探索的真实世界城市的数字孪生；

· 虚拟购物助理，帮助你和虚拟化身找到 2D 或 3D 虚拟世界中最适合的装扮；

· 数字客户服务代理，帮助你找到你在元宇宙中所需的一切。他们甚至还能帮助你搞到虚拟活动的门票；

· 虚拟化身时尚设计师，为你的虚拟化身设计最新的、动态的数字时尚单品；

· 元宇宙安保人员，阻止人们在元宇宙中的不良行为，我们将在第八章中展开讨论；

· 空间音频工程师，确保大型互动性现场活动能提供独一无二的声觉体验；

· 沉浸式故事讲述者和元宇宙记者，从元宇宙内部进行报道；

· 3D 虚拟娱乐工作者，就像著名的迪士尼角色一样，但仅存在于虚拟世界。

当然，这些只是我们能想到的最明显的工作，就像其他转型时期一样，还会出现许多我们根本还想不到的工作。许多工作将只存在于虚拟王国，让人们能够远程工作，戴上头显就算完成了通勤。这样虽然好处多多，也会使雇员们在组织工会等方面处于不利地位，或者被看作自由职业者而非正式员工,就像今天的优步(Uber)司机或外卖派送员一样。如果你为一个只存在于元宇宙中的跨国组织工作,而它的行政总部位于一个规则没么严格的国家,因此只有一个空壳公司的时候,就更是雪上加霜。

怎样开始

虽然完全沉浸式的无缝数字工作环境还要几年才能成为可能,但如果今天不开始探索混合工作环境的机会,长期来看就会产生不利影响。大多数大品牌都在探索元宇宙,也都在犯错,所以现在开始探索企业元宇宙能够怎样助益你的生意,应该是明智之举。

想探索元宇宙的组织应该从小规模体验开始,如虚拟招聘会,重新创建虚拟总部供人们探索,或使用《视域世界》、微软团队、《替代空间》或其他任何可用的虚拟平台在虚拟现实中组织会议或活动。这将使组织能够快速了解什么奏效,什么不奏效。元宇宙最终将需要改变文化,拥抱沉浸式技术的应用,使所有人都能根据自己的意愿随时随地工作。元宇宙带来了独特的机会,使工作更灵活、更包容,更加面向全世界所有人开放,从而使工作满意度和工作产出更高,但一切都还需要时间,以及参与其中的雇员付出巨大努力。

未来几年,数字工具将变得更加沉浸式,充分发挥下一代 VR 头显和 AR 眼镜的能力,当我们回头看今天的 2D 协作工具和虚拟世界时,会发现它们居然那么原始,就像我们今天嘲笑 20 世纪 90 年代的第一批网站和 2008 年的第一批应用程序一样。

数字孪生

当扎克伯格宣布将公司重心转向元宇宙时，元宇宙成为公众关注的焦点，也导致工业公司对谈论元宇宙变得非常谨慎，因为他们不想跟脸书扯上关系。然而，元宇宙不仅是个联结消费者或打游戏、做生意和开展合作的平台，还在数字世界中模拟物理世界，通过 VR 或 AR 能够体验数字世界，再反过来优化物理世界。事实上，数字孪生是元宇宙的基石之一，能够增强物理世界并从数字王国访问物理世界。

国际商业机器公司（IBM）将数字孪生描述为"一个对象或一个系统的虚拟表现形式，能够拓展它的生命周期，根据实时数据更新，使用模拟、机器学习和推理来辅助决策。"[210] 数字孪生让我们能够将物理世界带进数字王国，并在数字王国中分毫不差地复制物理世界。有了先进的传感器、AI 和传播技术，复制的物理世界会在数字空间中模拟实体对象，包括人、设备、对象、系统甚至地点。虚拟版本通过传感器来精确反映真实对象或系统，传感器将真实对象或系统功能和环境相关数据实时传送到数字对应物。[211] 物理对象或系统有任何改变，其数字表现形式也会发生变化，反之亦然。[212] 这些数据将催生各种新的过程和服务，如预测性维护，即使用数据来预测机器什么时候会坏，以便在坏掉之前进行维修。

如果将物理世界视为元宇宙的第 0 层，那么数字孪生就是第 1

层,也有人认为(工业)物联网才是第1层。所有在上面运行的协议是第2层。然后会有许多层面的应用程序,包括2D虚拟世界(即移动应用)、虚拟现实或使用增强现实,与这些层面的交互可以被视为第3层。这可能听起来跟直觉不一样(为什么先是数字孪生,然后才是协议和应用),但数字孪生的传感器收集的原始数据驱动应用程序,与这些应用程序进行普遍交互则需要开放标准和协议。这些(原始)数据从一个层面转移到另一个层面,通过应用程序的分析,反馈到数字孪生以得到更多的见解。经过这些过程,就为物理世界和数字世界带来了价值(图6.1)。数据让数字孪生动起来。协议越多,应用程序能够为全球经济带来的价值就越多。例如,一个城市可以通过数字孪生来构建智能城市。通过普适性标准确保能够便捷地访问这些数字孪生,任何人都能开发应用程序,为城市、行业和居民带来价值。

图6.1 元宇宙的四层结构

所有第3层的应用程序都可以视为透镜(lenses),每个透镜都能为用户提供不同的视角或现实体验:可以是娱乐透镜,为用户提供与某个物理位置相关的数字艺术;可以是一个太阳能发电厂的监测程序,使用户能够使用加密货币来交易自己的能源;可以是沟通透镜,使用户能够使用 AR 参加混合会议；可以是一架飞机喷气引擎的预测性维护透镜或给城市官员提供的用于智能城市管理的电子透镜……可以有无数应用程序、能力或透镜。有些可能人人可用，有些需要付费使用，还有些需要正确的凭据，理想状况下这些凭据都安全地存储在区块链上。

第 1 层中的数字孪生的复杂程度不同，每个数字孪生都会产生数据并形成观点。最简单的数字孪生可以是一个对象的数字表现形式、联网的穿戴设备、简单的机器人或工厂里的机器。这些产品数字孪生可以分析产品性能，或者制作数字原型，从而用于设计新产品。再往上是模拟一个过程的生产数字孪生，如制造过程，其中会包含多个产品数字孪生。性能更复杂的绩效数字孪生从包括不同对象的系统中获得数据，如一架飞机，或更先进的一整个（黑灯）工厂。[213] 下一个层次是包括不同系统的系统，如供应链中包含全球或全市的数字孪生。最复杂的是地球的数字孪生，由欧洲航天局（European Space Agency，ESA）开发，旨在构建一个地球的动态数字复本。

首先一点，也是最重要的一点，数字孪生能够通过数字世界和真实世界的同步系统对过程进行优化。第 3 层的不同应用程序可以用来监测和分析某过程或系统，通过模拟来优化其对应的物理实体，或与他人合力开发原型并建造新的实体产品。一个简单的例子是自动驾驶汽车的数字孪生。所有汽车公司都在使用模拟来优化自动驾驶汽车的开发，有的甚至在生产之前就开始模拟。这些数字汽车已经行驶了数十亿千米。他们还能使用虚拟现实远程合作以优化汽车设计，沃尔沃（Volvo）就是这么做的。

沃尔沃汽车（Volvo Cars）完全使用混合现实来设计汽车并制造

汽车原型，甚至使用混合现实来进行试驾。自 2018 年起，沃尔沃汽车一直在使用高端混合现实和芬兰先进混合现实头显制造商瓦乔（Varjo）公司开发的头显原型，在制造未来汽车之前就研究其设计。戴上这种混合现实头显，工程师就能在真实道路上驾驶的同时，将逼真的虚拟元素添加到汽车内部，从而将设计迭代的时间从几周缩短到几天。[214] 沃尔沃汽车还使用混合现实在生产未来汽车之前测试其全新设计，以取代昂贵的黏土建模。沃尔沃的视觉艺术设计（Visual Art Design）副总裁（VP）克里斯蒂安·布劳恩（Christian Braun）认为，混合现实"是创意的未来"，使汽车制造商能够迅速增加或修改设计元素，在不同的灯光条件下审视汽车的每个细节和材料，在设计过程的最早期发现可能的表面错误。[215]

特斯拉（Tesla）更进一步，为他们生产的每一辆汽车都创建了数字孪生。车里的传感器能持续地实时监测汽车的性能，这些数据传回工厂里该车的数字孪生进行数据分析，判断汽车表现是否符合预期，是否需要立即进行维护。[216]

无论数字孪生是简单还是复杂，都能为用户带来价值和利益。可能的价值与合作程度取决于数字孪生的可视化水平。可以是简单的可视化，即描述性、预测性或规范性分析，为用户提供关于数字孪生状态的信息，并有能力通过改变杠杆来调整它的表现。最简单的可视化由 2D 分析信息组成，如图表。他们能够提供数字孪生过去或未来表现的有价值的信息，除了讨论这种表现的含义并调整某些变量之外，不可能与这些图表进行更多的交互。

可视化也可以是数字对象或系统的更加高级的 2D 表现形式，如建筑师或工程师使用的欧特克计算机辅助设计软件（AutoCAD）建模。这种高级的 2D 表现形式使用户能够从不同视角审视数字孪生并进行远程合作，进一步改进或构建数字孪生或其物理对应实体。这种 2D 视觉表现形式使悉尼最高建筑——一个高 271.3 米、造价 16 亿美元的摩天大楼的工程师能够于疫情期间在餐桌上完成建设。[217]

最高级的视觉表现形式是细节化的 3D 数字复本，可以在虚拟世界中或通过增强现实来探索或交互。3D 数字表现形式使用户能够从不同的角度探索数字孪生，深入它的内部运作，从它的传感器收集的数据中获取实时信息，根据物理世界的实时变化做出调整，或与他人合作设计和创建一个未来实体对象的数字原型，如一辆汽车或远程解决一个实体问题。总之，视觉表现形式越高级，能够实现的价值就越大。荷兰设计工作室联合网络工作室（UNSTUDIO）用英佩游戏的虚幻引擎打造了韩国新的国家足球公园的虚拟模型。这个沉浸式的逼真的虚拟公园是荷兰建筑师和韩国职业足球协会（South Korean Career Football Association）的合作项目，双方虽然远隔重洋，却能通过任何设备进入建筑内部，在动工之前对公园将会是什么样有更清楚的认识。[218]

数字孪生能够用于工厂或设计，也能改善远程团队之间的合作。2022 年 3 月，国际安全联盟（International Security Alliance，ISA）组织了 ISALEX 2.0 行动。ISA 是一个由内政部（Interior Ministry）组成的国际工作组，目的在于推动国际安全问题上的合作、知识分享和伙伴关系。这次行动由迪拜世博会（Dubai World Expo）主办，是元宇宙中的首次执法行动。[219]

这次行动在 VR 中举行，目的是阻止在虚构国家不列尼亚

（Brinia）的恐怖袭击。行动中采访了一些目击证人，追踪了不列尼亚的社交媒体［社交媒体使用了去中心化的平台乳齿象（Mastodon），同时也是一款免费的开源社交媒体］。为参与行动的十个执法组织展示了数字犯罪现场和实物证据，确保数实融合体验。

这次行动取得了成功。阿联酋内政部主任哈马德·卡提尔少校（Major Hamad Khatir）认为，虚拟现实的动态性比 Zoom 要好得多。另外，在 VR 中行动扫除了一切障碍和官僚主义，因为参与者的虚拟化身都穿着标准的制服，不显示任何的官阶。这种非正式环境有助于迅速破冰，虽然有跨文化的不同品阶的团队参与，却实现了成功的合作。

未来几年，元宇宙将对执法产生显著的影响。如哈马德·卡提尔少校所述，有了体积数据就能创建数字孪生，全世界的司法调查人员将能够立即找到犯罪或事故现场。也就是说，虚拟现实使物理上分散的团队都能进入现场，而且现场在清理完毕很久之后依然能保持原样。这将显著提高执法能力，有效防范未来的（恐怖）袭击。[220]

使用虚拟、增强或结合数字孪生的混合现实有个主要优点，即显著的可持续性。如我们在 ISALEX 2.0 所见，全球的执法人员能够无缝合作。设计师和工程师不再需要穿过世界来修理机器，或合作设计一个产品的未来版本。特别是过去在设计师和工程师之间存在着语言障碍，需要有人飞过地球来解释细节，而现在只需要进入虚拟现实，虚拟地解释需要完成的工作。此外，设计师和工程师不再需要建造数不清的真实原型，而是可以虚拟地建造和分析。

在实现一座工厂的数字复本之后，下一步就是创建整个供应链的数字孪生。全球供应链是十分复杂的过程。不同的公司带着不同的目的，为实现共同的目标而共同工作，把东西从 A 点带到 B 点。供应链的运转需要合作伙伴相互信任。为此，就需要许多支票和结算，成堆的文件，还有不同的检查点，而一切都在官僚主义程序的大网中交互。如果知道把一个产品从农场送到餐盘需要多少文字工作，就会震惊于我们居然建立了全球供应链，还保持它们的持续运转。当然在疫情期间全球供应链也停止了运转。封锁打破了公司之间互动形成的复杂网络，破坏了世界供应链，结果导致运输价格爆炸式上涨，AI 芯片全球性短缺又带来了全球性灾难。数字孪生加上区块链技术，使地理上分散的各方能够同步监测、分析和优化供应链，从而建立更具弹性、更有效率的供应链。区块链能够成为供应链的黄金标准，确保一条供应链中的各相关利益者分享专有的数字孪生数据，使用智能合约来取代官僚主义的纸面流程。[221]

可以用一个简单的例子来解释。供应链中的许多过程还通过纸面来完成，就像个广为人知的笑话，如果你想送出一束花，你需要像这束花那么高的一堆纸，这大大拖慢了程序的速度。如果你想把花送到世界的另一头，买家想确保对方收到花时仍然是最优的质量，如果不是的话，买家就能享受折扣。创建一个简单的产品数字孪生就能解决这个问题，在放花的容器里安装传感器，持续监测温度和湿度，将数据保存在区块链上，确保卖家不能篡改数据。如果买家和卖家使用智能合约，就会考虑传感器的数据，如果温度和 / 或湿度超出预先约定的范围，买家将自动获得折扣。

另一个能够从技术融合中获益的关于系统的系统是城市。全世界的智慧城市都在探索怎样从元宇宙中获益，为自己的市民提供更宜人的居住体验。在首尔、新加坡和上海等城市，地方政府使用数字技术和实时数据作为智慧城市运动的一部分,努力改善自己的城市。[222]一个智慧城市通过遍及全市的传感器实现城市中不同过程的自动化和优化,使城市更加宜居。整合一座城市不同的数字孪生,公布这些数字孪生生成的实时数据,能促使市场涌现出无数的应用或透镜,为城市官员、商业和消费者提供与城市进行交互的独特方式。

如果实现了这种超逼真的、精确的以及与城市同等规模的数字孪生,用户就能以前所未有的方式探索真实世界和虚拟位置。想象你用自己的虚拟化身,舒适地坐在家中探索完美的数字版纽约、巴黎,甚至月球。更进一步,用户甚至可以在数字王国中控制一架飞在真实世界上空的无人机去探索真实世界,并用这片区域的数字孪生作为地图来导航。现在,想象在数字克隆巴黎控制着一架在真实世界巴黎上空飞来飞去的无人机。

最复杂的数字孪生是欧洲航天局正在构建的地球的数字复本。欧洲航天局计划复制整个实体地球,在数字孪生中体现所有的细节,使我们能够应用 AI 并学习、预测、优化和保护地球,深入地理解人类当前和未来行为的后果。[223]地球的数字孪生将有助于将经济、社会和工业活动及其对地球上不同生物生态系统的影响可视化,并进行监测和预测。通过目的地地球(Destination Earth)这样一个用户友好、开源、安全的云模拟和建模平台,研究者能够模拟与人类行为相关的不同系统,并制订计划实现地球的可持续未来。

无论是建设工厂级、城市级还是星球级数字孪生,都要用到英伟达(NVIDIA)的全能宇宙(Omniverse)平台。该平台使各个相关利益者能够整合工业数字孪生的实时数据推送并与之交互。这种端到端(end-to-end)的合作与模拟平台使组织能够从物理和虚拟来源获取完全保密的实时数据,以转变复杂的设计过程,并实现人类或 AI 代理之间沉浸式的实时合作。如英伟达全能宇宙平台副总裁理查德·凯利斯(Richard Kerris)所述,复杂虚拟系统能大量节省资金。"在数字城市的虚拟世界中,你能训练无数的虚拟机器人。等到知识能够迁移到运转一座真实城市的实体机器人身上时,它就将智能 1 000 倍,能够驾驭复杂的物理世界。你可以用它去培训 AI 驱动的数字人类或数字自动驾驶汽车,找到它们在城市中移动的最佳方式,持续调整虚拟世界的设置以实现优化,或在建设真实世界基础设施时增进对影响的理解,如气候变化对城市宜居性的影响等"。[224]

欧洲航天局的目标是到 2030 年发布地球系统的完整数字复本。[225]理想情况下,到那时工厂、供应链和城市等数字孪生都将整合到地球的数字复本中,创建一个更加可持续的未来。

政府的角色

政府和国际组织当然也会参与创建和管理数字孪生,不过他们在元宇宙中还有另外的角色,需要政策制定者在数字技术方面加快脚步。

世界上许多国家的政府官员都难以跟上数字王国中飞速的创新进程。他们通常缺乏对新(数字)技术的必要了解,导致法律法规要很长时间才能应用到数字空间,结果却是扼杀创新而非推动创新。当新的法律终于出台,市场已经发生了变化。在元宇宙中可能也不会有什么区别,立法者要么错误认识元宇宙的潜力,要么不知道新兴技术怎样融入互联网的下一个版本。

在元宇宙中,由于地理边界越来越无关紧要,建立并实施创建安全包容的元宇宙所需的监管措施将越来越难。这的确是个问题,元宇宙需要监管措施来防止黑暗角落里潜藏着的许多危险,我们将在第八章中讨论。

另外,政府很可能必须在一个竞争性的、快速变化的、不确定的环境中运转,而公司感兴趣的则是效率和成本削减。吸引这些公司需要不同的态度,以及深入理解如何应用数字技术提高政府对组织的吸引力。随着即将实施的15%的全球最低公司税率,应用最新科技为在全球开展业务的公司提供创新服务的政府,如爱沙尼亚的电子居住证项目,将拥有价值数十亿美元的竞争优势。如果可以在全球任何地方成立一个旨在元宇宙中运转的元宇宙原住民组织，应该在哪里注册？最有可能的是选择一个能够让你获益最多的国家，可以从税收角度，也可以从行政负担角度。我们已经看到了这样的例子。2021年，美国怀俄明州通过了一项立法使去中心化自治组织（DAO）合法化。在未来几年，我们将会看到政府提供税收福利和效率收益来吸引最优秀的公司，如果启动和管理一个元宇宙原住民组织，就能实现这个目标。

元宇宙成为现实时，还会发生其他事。我们介入元宇宙越多，真正沉浸式的虚拟世界就越会成为常态，也越会对政府和民族国家（nation-states）的概念构成威胁。[226] 如果随处工作成为主流，人们能够在自己选择的任何居住地赚取加密货币维持生计，那么他们对一个国家的忠诚度可能就会降低。从长期来看，这将改变我们定义自己的身份的方式。在未来某个时候，我们更可能会用某个虚拟世界来定义自己，而不是一个实体的民族国家。数字政府已经出现，如阿斯伽迪亚（Asgardia），尽管没有一个国家承认它们。它们为什么要这么做？可以将它们看成是线上（利基）社群，这样的"政府"在元宇宙中还会继续出现。

如果人们可以住在任何地方，在持续流动的同时赚取加密货币维持生计，居民身份更多地与虚拟世界而非实体国家相关，那对税收将产生怎样的影响，对真实世界的GDP和元宇宙的GDP又将产生怎样的影响？不仅如此，如果人们流动到世界上生活成本较低的地区，如发展中国家，就会造成世界财富的再分配。假设到2035年，元宇宙中真的如我们所愿拥有10亿数字游民，那将彻底改变我们人类和社会的组织方式，从而直接影响民族国家和政府的角色。

在那之前，也就是说起码还有15~20年，我们需要回答几个问题：政府的角色应该是什么？政府应该怎样管理元宇宙和出生在元宇宙中的虚拟世界？例如，如果元宇宙的建设是基于真实世界的数字复本，全世界的政府是否应当承担起责任，在数字王国中建造人人可用的、包容性的公共广场和公园，并禁止其中出现招徕消费者的商业行为？如果元宇宙中所有的虚拟世界都由商业实体或去中心化的（利基）社群控制，将会对我们的社会产生怎样的影响？会不会导致一些人被排斥？中心化的实体可以轻易地决定言论自由的尺度，而去中心化的实体则会面临禁止发布某些内容的挑战，如误导性的信息等。这将对我们拥有和控制个人数据的权利、组织数字游行抗议虚拟世界的领导人，产生怎样的影响？政府将怎样保护这种权利？还有许多问题需要回答，科学研究可以为寻找这些答案做出贡献。

政府是否也要保障元宇宙中的人权，还是仅限于真实世界的人权？政府应该怎么做？对许多人来说，虚拟现实也是现实，如哲学家大卫·查尔莫斯（David Chalmers）在新书《现实+》(Reality+）中所述：[227] 虚拟化身应该拥有像人一样的基本权利吗？政府应该如何保护这种权利，还是这样的权利也仅限于真实世界？很明显，元宇宙不仅是互联网的下一次迭代，而且将重塑我们的全球社会以及从民族国家转向游民式国家的数字生活方式，改变社会的传统观念。最终将引出这个问题：作为在元宇宙中生活的真实人类意味着什么？

第7章

创作者经济

充满活力的元宇宙经济

去中心化将在元宇宙中发挥特殊的关键作用：与不可更改的来源共同证明所有权。由于有了NFT，我们有史以来第一次能够证明一个人拥有某种数字资产以及这个资产的历史。NFT为富足的世界带来了可验证的数字产权，这个富足的世界中将会出现充满活力的元宇宙经济。

与真实世界一样，产权对经济发展很重要。如果你能证明自己拥有某个东西，就能够货币化这个东西。所有权的数字证明能够保护拥有者的权利，通过智能合约确保一个协议中所有条款都能自动履行，实现资产的即时正确转移。由于交易记录可验证、不可更改、可追踪，还能够阻止欺诈。秘鲁经济学家赫南多·德·索托（Hernando de Soto）因研究非正式经济和创建自由与民主学会（Institute for Liberty and Democracy）而久负盛名，他认为"有了权益、股份和产权法，人们看待资产的方式就会立即从是什么转变为能做什么，以前看到的是用于遮蔽的房屋，现在看到的则是启动或扩大生意所需的信用抵押。"[228] 数字资产登记也一样。数字艺术品、数字房屋或者一首歌，都能成为改善你经济状况的一种保障。

在一个数字世界中，人类配置数字资产，为自己和社会创造价值的机会是无限的，个人如此，组织亦然。想象一下虚拟的迪士尼乐园和实体的迪士尼乐园。在实体乐园中，只有那么多人能到乐园游玩，也就是说任何一天通过出售门票、商品、食品和饮料能赚到的钱是有限的，而且疫情封锁期间还得关闭。虚拟的迪士尼乐园则一周 7 天，每天 24 小时开放，因此比实体乐园能接待更多的人，通过数字和实体商品或门票赚到更多的钱。对迪士尼来说，元宇宙将是梦想成真，我们可以相信他们真的会把魔法带到沉浸式互联网。

如果说品牌有大把机会联结消费者并为他们提供（社交）体验，那么内容创作者将会迎来最为显著的改变。数字创作者经济是个大约 140 亿美元的市场，拥有 5 000 多万个创作者，[229] 当中大约 4 650 万人认为自己只不过是兼职创作。[230] 虽然有 200 万职业创作者的收入高达六位数，但其余大部分人无法以此为生，其中部分原因是中心化的平台拿走了大头。即使是《罗布乐思》，一个封闭的前元宇宙（pre-metaverse）平台，也只分给创作者创作收益的 25%。[231]

在开放的元宇宙中，这一切将会有所不同，内容创作者将不再被平台任意"宰割"。UGC 将定义元宇宙，内容将由创作者所有和控制，他们能通过新的方式获得收入。由于整个元宇宙的运转和变化都取决于个体和组织的投入，UGC 将使元宇宙活起来。我们将会看到各种形式的 UGC，包括独特的虚拟世界、沉浸式的数字音乐会和丰富物理世界的增强体验。新的工具能够将任何人变成建筑师或艺术家，使创造者能够在数字世界和物理世界中创作出独特的多维体验。最重要的是正在实现向去中心化平台的转变，这些平台只收取内容创作者最低标准的费用。例如，2022年初，Web 3.0公司鬼魅（Aave）①发布了透镜协议（Lens Protocol），地球道（Earth DAO）发布了自己的社交网络（Social.network）。232 二者都旨在赋权于内容创作者，打破Web 2.0高额的费用标准，使数字资产和NFT能够货币化。

开放元宇宙赋予内容创作者的权利越多，能被共同创作和体验的价值就会越多。就连《堡垒之夜》也明白这一点，即便他们选择成为一个封闭平台。如果《堡垒之夜》的创造力能够在任何方面代表我们对一个开放的、互操作的元宇宙的期待，我们就应该加入这次激情之旅！

随着更多的创作者加入元宇宙，创建3D内容的工具也日益完善，我们将会看到创造力和独特社群的爆炸式增长。无论是开放的中心化社群还是完全去中心化的社群，用户都能在其中合作创建独特的内容并为之庆贺。特别是在去中心化自治组织（DAO）中，通过智能合约能够实现民主治理机制，最终实现公平、包容的（微）社交经济。

在这些社群中，或者在更广泛的开放元宇宙中，无论规模大小，加密货币都是经济活动和社会价值的推动力。虽然监管机构和立法者会有所顾虑，认为加密货币的高流动性和不稳定性［包括支持稳定

---

① 以芬兰语中"ghost"一词命名。——译者注。

币①泰达（Tether）的问题］可能会破坏经济体系，这些都是新的系统想在现有世界中求得一席之地必然会有的波折。虽然监管措施必将会帮助加密货币在社会中找到正确的位置，却不应阻止加密货币的独特特征（如可编程性和可追溯性）发挥效应并对社会产生积极影响。这些监管措施的出台，也有部分原因是担心监管机构无法控制非法交易。犯罪分子可能会在财政体系之外跨越国境进行交易，但交易加密货币绝不是匿名的。事实上，由于可以追踪来源，加密货币洗钱行为会越来越难。全球加密货币社群中非法交易的比例已经从 2020 年的 0.62% 降到了 2021 年的 0.15%。[233] 2021 年的交易总量是 15.8 万亿美元，也就是说其中有 2 370 亿用于非法用途，这跟总价值高达 2 万亿美元的非法行为相比，根本算不了什么。[234] 另外，2022 年初，偷盗价值 25 亿美元的加密货币并试图洗钱的伊利亚·利希滕斯坦（Ilya Lichtenstein）和希瑟·摩根（Heather Morgan）夫妇被捕，说明犯罪分子躲藏和掩盖踪迹已经非常困难。这对夫妇 2016 年从加密货币交易平台比特交易所偷了 12 万个比特币。他们用了很多手段，也以瞒天过海和乔装打扮著称，虽然也设法取出了一些钱，但最终美国司法部和美国国税局刑事调查部还是设法找到了他们的踪迹。[235]

监管机构对加密货币心存顾虑的另一个原因是过度的能源消耗。现有的比特币区块链或以太坊等区块链的能源消耗显然不可持续，气

---

① 稳定币的诞生是由于数字货币资产相对于法币价格波动过大，为了降低数字货币波动过大带来的巨大风险，诞生了这种相对于法币价格具有低波动性的数字货币。——译者注。

候变化又使情况雪上加霜。即使能使用可更新能源挖矿，由于计算本身除了验证交易不能贡献任何价值，这依然是一种浪费。2022年，比特币区块链将会消耗大约200亿千瓦时的能源，相当于泰国当年的能源用量。[236] 而根据经济学家亚历克斯·德弗里斯（Alex de Vries）的预测，用于挖矿的硬件的计算能力每1.5年就要翻一番，淘汰旧机器会产生大量的电子垃圾，垃圾总量超过了许多中等规模国家。[237, 238] 工作证明（proof of work）区块链的能源消耗的确是个问题，而权益证明（proof of stake）区块链则不需要解决复杂问题，消耗的能源要少得多，将会在未来几年成为常态。①

  加密货币能够使任何规模的数字社群共同使用通用货币进行无缝的价值交易。每个（利基）社群都能创建自己的加密货币，打造一个独立于传统金融制度之外的、低于法币高额交易费用（信用卡交易费一般是3%左右，贝宝（PayPal）支付体系费用大约是6%，如果考虑汇率的话，费用就会更高）的经济体系。另外，法币不允许交易额

---

① 工作证明是指参与其中的矿工（又称为节点或验证者）解决复杂数学问题以验证区块链中的交易块。第一个宣布解题答案的人会"胜出"并得到奖励。你的计算能力越强，第一个宣布解题答案的机会就越大。数学问题就像填字游戏，很难解，但一旦解出来，你立刻就会知道对不对。

权益证明则采取不同的方式，随机选择验证者。要成为一个验证者，需要赌上大量代币，如果验证者验证了恶意块，就会输掉这些代币。由于不需要解难题，这种共识机制要可持续得多。——原注。

低于一美分的微型交易，用加密货币则没有这个问题。当然，加密货币也面临交易成本高等一些挑战，特别是以太坊，不过新的区块链的交易费用将会显著降低，甚至没有交易费用。

2022年初，已经有超过1.7万种加密货币。[239]未来几年元宇宙将会出现数百万个社群，这个数字还将继续爆炸式增长。这些加密货币大多仅存在于非常小的社群，对真实经济的影响有限。你也能够交易这些加密货币，不过大多数人的交易量都很低，他们只能生活在元宇宙的角落里。如果一个社群建立起完美的社交经济，就能实现增长并逐渐兼并其他社群。如果这个社群发展到足够壮大，其加密货币的流通性就更高，交易就更便利，反过来又进一步促进社群的增长，最终对真实经济的影响也将日益显著。换句话说，加密货币是创新的催化剂，我们有数不清的机会去打造比现在更好的新事物，推动人类社会缓慢地向前发展。

代币为什么重要

代币是创建一个全球化的、无缝的、互操作的（数字）元宇宙经济的关键工具，能够实现交易的即时结算。虽然代币已经存在了数千年，但数字代币最近才刚刚兴起。数字代币是区块链上的价值（如资产）的数字表现形式，加密代币使我们有机会重新设计价值流（value stream）和经济体系。设计精良的代币应当目标明确，而代币设计的黄金法则是专注于解决一个简单的游戏，实现一个特定的结果。你想让代币实现的功能越多，系统就会变得越复杂，最终十有八九会失败。

代币分为四种，即货币代币（currency token）、效用代币（utility token）、安全代币（security token）和非同质化代币（nonfungible token）。

货币代币是最广为人知的代币，第一种加密代币比特币就是一种货币代币。这种代币的价值由供需结构决定。与黄金支持的法币不同，货币代币只有市场需求和信任背书。

效用代币由某种形式的数字资产支持，已有应用案例，却没有发展成为一种投资。因此，效用代币未来能够获得一个产品或一项服务，可以比喻成一张礼品卡或积分卡。效用代币的一个例子是以太币（ETH），使用以太坊区块链并能够运行智能合约与交易。效用代币让你真的能做些什么。

安全代币使代币的所有者拥有一个公司或其他资产的（未来的）一部分权益，这些资产可以是一幅画、一辆车、一个建筑，权益可以是红利、分红或升值等形式。安全代币是传统股票的数字形式，代表一种投资合约，因此引起了美国证监会（Security and Exchange Commission，SEC）的关注。

非同质化代币能够代表区块链上的一个资产。与效用代币或货币代币不同的是，每个NFT都是独一无二的，不能用于交易另一个NFT，二者的价值有着差异。

货币代币、效用代币和安全代币是Web 3.0的重要组成部分，而在元宇宙中，NFT将是最有用的代币。NFT随着《迷恋猫》（CryptoKitties）热潮于2017年首次进入市场，到2021年才真正开始兴起。同质性是指可以互换，也就是说可以用一个资产交换另一个同类资产。金钱就具有同质性，一张一美元纸币永远能够换到另一张一美元纸币，无论走到世界哪个地方，你拥有的价值都还是一样多。它们可以相互交换。而非同质化是指两个资产不同，他们的价值不同，因此不能相互交易。棒球收藏卡就是非同质化的，虽然它们都是同一种东西，即同一个类型的收藏品，但它们的价值不同，一张可能比另一张贵得多。数字房地产也是非同质化的。在同一个虚拟世界中的两块地可能面积相等，但由于X和Y坐标不同，它们的价值不同，就像是曼哈顿一平方公里土地比俄亥俄州一平方公里土地要贵得多一样。

代币使我们有机会重新设计现有的生态系统和新的生态系统，对建设一个开放包容的元宇宙至关重要。与传统证券相比，代币有一些独特的功能。同质化代币能够互换，能够被切分成更小的代币单位，因此能够支持几美分甚至更小额的微型支付。数字代币与传统金融工具相比，主要优点是可编程化。也就是说你在代币中嵌入某种规则，就能自动应用。这些规则可以是关于红利（持有代币的时间越长，获得的红利就越多）、投票权（持有代币的时间越长，总量越多，拥有的投票权就越大）或其他特权。因此，这些规则能够有效激励所有权并保持价格稳定。[240]

代币也将实现分式产权①（fractional ownership），从而深刻影响世界经济的流动性。分式产权是指一个数字或实物资产能够被分成更小的部分，并分别出售。于是，世界任何地方的小投资者都能投资于任何东西，投资额可以是几美分起。任何地方的任何人都能成为代币化的任何事物的股东，因此代币将实现金融民主。分式产权将放开全世界的非流动资产，并使房地产、艺术或豪华汽车等成为（高度）流动的资产。例如，如果一个房地产投资者要卖掉一栋建筑，一般需要几个月，还得有大量的纸面工作和昂贵的律师费用。如果这栋建筑代币化，这个投资者就能在二级市场上出售他的代币，如果有足够的市场需求，在几天之内就能卖空。这将对世界经济产生深远的影响，也再次说明监管部门应该拥抱代币。[241]

NFT 本身不是流动资产。首先，我们需要适当的基础设施，因为即使 NFT 不能流动，你也不能随手出售。一个 NFT 只有能在开放海（OpenSea）、拉瑞宝（Rarible）和铸币宝（Mintable）等二级市

---

① 从技术上已经能够实现，但如果在今天没有加密代币的情况下这么做，就会是个缓慢的过程，还需要支付高额的律师费用。——原注。

场上便捷交易时，才能成为流动资产，而前提是市场上 NFT 的需求很充足。毕竟，一个没人想要的 NFT 依然不是流动的。简而言之，NFT 要成为流动资产，就需要基础设施和市场需求。鉴于基础设施将会迅速改善，而需求却依然相对较低，大部分交易都是由一小群人进行的。[242]

假设你想货币化自己的 NFT，分割之后再分别在二级市场上出售，就得考虑你的 NFT 是否能够成为一种金融证券。我们才刚刚开始探索 NFT 的可能，当前 JPG 卖出几百万美元的狂热必定不是最终结果。例如，铸造的 NFT 在二级市场上每卖出一次，这样的转卖可能会持续很多年，其创建者就能获得一定比例的收益。这种转卖条款（sell-on clause）在传统世界里非常常见，在元宇宙中这么做也合情合理。创建者还能把这些 NFT 和其他 NFT 以不同形式打包出售，或将它们作为其他资产的抵押。[243] 这样艺术创作就更加有利可图，成为元宇宙中一种重要的商业模式，但也可能会吸引美国证监会（SEC）的注意。

最后，加密代币记录在区块链上，因此完全可追踪。我们将能够长期追踪一个代币多年来的去向，看看谁曾拥有它，拥有的时间有多长。这种来源证明在追踪犯罪分子时很有用，毕竟加密货币绝不是匿名的，但也会导致曾用于元宇宙中某个特殊事件的数字穿戴设备价值上涨。例如，如果爱莉安娜·格兰德（Ariana Grande）在《堡垒之夜》巡演时穿着的裙子被做成了一模一样的数字裙子，铸造的 NFT 就会价值飙升，而原因仅仅是她的虚拟化身在演唱会期间穿了这条裙子。

NFT 不一定要有效用。毕普尔（Beeple）的《每一天：最初的

5 000 天》(*Everydays—The First 5 000 Days*)只是一张没有任何效用的 JPEG 图片，却售出了 6 900 万美元的天价。如果 NFT 有效用，就会更有用，从而变得更有价值。这种效用基本上是与资产相关的额外好处，如可以参加某些活动或社群；百威啤酒的百威元宇宙罐装啤酒（Budverse Cans）和前面讨论过的无聊猿，或是参加某个游戏、提升在这个游戏中的能级；前文所述获得能飞或走得飞快的能力，或是所得收入在所有者和租赁者之间分配，或是你能想到的任何赋予 NFT 所有者的附加价值。进入市场的 NFT 越多，它们应该有的效用就越多，因为它们要想证明自己的价值，就得与其他竞品有所区别。

2021 年 NFT 热的成因，是让人们能够拥有稀缺独有的数字艺术品并在自己的圈子里炫耀。2022 年初推特也开始跟风，使用户能够连接到自己的加密钱包，使用自己的 NFT 作为推特头像。然而从长期来看，我并不认为这种稀缺性、排他性和炫耀是 NFT 的主要驱动力。在元宇宙中独有的物品当然很好，也将成为元宇宙经济的重要方面，但排他的 NFT 不是我们的未来。毕竟只有一小部分人能负担 4 000 美元的数字古驰包，而这个数字包不过是《罗布乐思》世界中的几个像素而已。大多数人都不能、也不会这么做。NFT 是你购买或获得一件数字物品的所有权证明，而不是排他性的证明。要使元宇宙成为富裕而有活力的经济，我们需要的是元宇宙中的宜家，即一个地方出售 100 万件相同的物品，如一双好看的运动鞋或你虚拟家中的一张床，都拥有序列号代表可证明的所有权。因此，你知道自己拥有 1 000 个里的 1 个或 10 000 个里的 1 个，你能够交易它、出售它、出租它、展示它、抵押它，也就是货币化它。于是，NFT 就变得有用且有效用，成为元宇宙引擎的润滑剂。

第 7 章 创作者经济

对每天都会打视频游戏、读书、听音乐的数百万人来说,购买数字物品已经成为多年来的日常。不过购买《堡垒之夜》的皮肤并不等于真正拥有它。如果你愿意打一个视频游戏很多年,在它上面花几百美元,投入几千小时,总有一些时候你会觉得厌烦,觉得投入的所有时间和金钱都毫无意义,这就是严重的贬值。许多购买其他数字物品的人也一样,甚至全都一样。例如,你的 Spotify 音乐并不真的是你的,你花几小时制作播放列表,但只要你不再花钱就将一无所有。你的亚马逊电子阅读器 Kindle 上的图书也并不真的是你的,亚马逊可以不经你允许就把它们从你的设备上删除,你也不能在二级市场上出售它们。现在有了 NFT,人们就能首次真正拥有数字资产并将其货币化,从而对我们的全球社会产生积极影响。

NFT 的挑战

人们一开始会被 NFT 藏品、艺术、音乐、地产或时尚所吸引，因为他们会用到这些。这比比特币起步时要好得多。然而，数十亿美元的交易大部分都掌握在一小部分人手中，NFT 交易还远未成为主流。有关价值数百万美元的 NFT 的新闻是主流，但真正的交易却还不是。截至目前，有三类人在购买 NFT：

·投机者，所谓的聪明人或内部人士，他们赚走了所有的钱，如第二章所述；

·炫耀者，那些想要炫耀自己有钱、能买得起无聊猿的人；

·起步晚却努力说服你买他们的 NFT 的人，因为他们不想亏钱。

随着元宇宙的到来，NFT 将拥有实际效用，这样的格局就会改变。

2021 年的 NFT 热是传统的淘金热，却与 2017 年的 ICO 热有所不同，那次 ICO 热中充满了欺诈。而 NFT 具有真实效用，由于 NFT 将实现普及，大多数 NFT 都不会出现投机和极端价格。金伯利·帕克（Kimberly Parker）和一位匿名数据科学家于 2021 年 3 月的研究表明，在开放海平台出售的 NFT 有将近 65% 成交价为 300 美元以下，只有 19% 卖出了 700 美元以上的价格。[244] 这与总价值 1.7 万亿美元的艺术世界相似，[245] 即大部分艺术作品价格不高，只有少数高端画作非常昂贵。

第 7 章 创作者经济

NFT 狂热带来了一个好处，即数字艺术家第一次能够从自己的作品中赚钱，并为社会做出贡献。然而，这并不意味着 NFT 就没有挑战。事实上 NFT 面临许多挑战，如果你有兴趣从事 NFT 挖矿或交易，了解这些挑战就十分重要。

目前，NFT 貌似解决了数字所有权，但大多数 NFT 并没有考虑版权、实际法律所有权、盗版、偷窃或其他人为问题，而在这样的初级阶段欺诈也无处不在。让我们来讨论一下这些问题。

首先，NFT 证明你拥有存储在某处的某个东西，但并不意味着底层资产就真的是你的。NFT 只能证明你进行了一笔某个特定数字资产的交易，所以是一种可验证的收据，表明你购买了一个资产，如一件数字艺术作品。这些资产在理想情况下存储在去中心化的文件分享系统，如星际文件系统（IPFS）、文件币（FileCoin）或存储台（Storj）等，但由于去中心化存储 JPG、GIF、视频或 MP3 等大文件常常非常昂贵，因此也会存储在亚马逊云（AWS）等中央服务器上。于是，只有这件艺术作品的网站地址存储在区块链上。如果这个艺术作品本身存储在某个中心化的位置，即使你花了几百万美元，运行服务器的实体也能删除它。如果这种情况真的发生，你手里就只有一个毫无价值的 NFT。

代币基本上就是一种智能合约，指向区块链上的网页地址（指向存储你的资产的服务器），这个网址存储在一个数字钱包里。由于这个网址在区块链上，不能更改，但有人能把底层资产从服务器上移除，让你不可更改的、昂贵的网址返回一个"404 not found"（没有找到对应的网页信息）。除非你昂贵的艺术作品真的存储在一个去中心化的存储系统中，否则你可能拥有某个资产的收据，却并不真的拥

199

有它。它所存储的服务器的所有者才真正能控制它，如果愿意的话还能删除它。[246] 因此，在开放海等知名市场平台交易是明智之举，不过即使这样也不能保证万无一失。

开放海用的是星际文件系统（IPFS），由于它是一种中心化的交易市场，就像其他任何中心化加密货币交易一样，它控制着密钥。如果开放海因侵权或其他原因决定移除或冻结数字资产，你的 NFT 就变得一文不值，这样的事已经发生过不止一次。[247] 例如，2021 年底开放海介入，阻止出售从知名艺术画廊老板、收藏家托德·克莱默（Todd Kramer）那里偷来的昂贵的 NFT，据称价值 220 万美元。小偷通过网络钓鱼攻击，从他的热钱包（热钱包是指连接到互联网的钱包）中偷走了这些 NFT。对托德来说这个结果也许还不错，小偷不能转手这些 NFT。不过这次事件提出了去中心化这些 NFT 的重要问题。[248] 另外，如果小偷能够转手这些偷来的 NFT，一个无辜的不知情买家可能就会买下昂贵却实际一文不值的 NFT。

如果采取去中心化存储，只有持有这些 NFT 的用户才能接触和控制去中心化仓库里的数字资产。更糟的是，这些中心化的市场将 NFT 的私有密钥存储在中心化的仓库里，就像你把加密货币存储在中心化的交易市场一样。也就是说，如果这些交易市场遭到黑客攻击，你就会失去珍贵的 NFT。如果你去中心化钱包里的 NFT 连接到互联网的热钱包里，你就得负责它的安全。就像托德·克莱默一样，如果你因为钓鱼诈骗而被黑，还是会失去自己的 NFT。

还有一点，区块链技术也还有一些需要解决的不足。NFT 存储的区块链可以是以太坊、索拉纳（Solana）、商用操作系统（EOS）[①]或能够实现NFT的几十种区块链中的任意一种。去中心化的矿工、权益、管理者负责保证这些区块链的安全，管理者越多，发动所谓的51%攻击就越难，区块链就越安全。这种攻击是指一群矿工持有一个网络中的哈希率超过50%时，就等于控制了绝对多数，只要他们保持这种控制，就能够撤销已完成的交易。也就是说，他们可以把代币花两次，而这正是区块链应当阻止的。遭到51%攻击的区块链不会存活太久，如果你的NFT存储在这样的区块链上，你的NFT就可能变得一文不值。当然，大多数NFT存储在以太坊中，以太坊应用更广，也由于自己的历史实现了完全的去中心化。然而一切都有代价，以太坊为了存储交易而需要支付的燃油费[②]（gas fee）已经爆表，导致以太坊网络容易出现不平等。当然还有一些用于NFT的区块链更便宜一些，但可能更中心化，因此安全性也就更差。这些事实表明，如果要实现NFT的广泛应用，就得降低交易成本，理想情况下要降到或接近于零成本。另一方面则要提高去中心化程度，以保证NFT的安全。[249]

如果你买了昂贵的NFT，然后钱包不幸被黑，存储NFT的区块链安全性遭到破坏，或者存储你的艺术作品的中心化数据库被黑，犯罪分子能够删除这个实际资产，给你留下一个指向网页地址的NFT，这个网页地址指向一台服务器，但是服务器上什么都没有，于是你手里什么也没有。

---

① Enterprise Operation System，即为商用分布式应用设计的一款区块链操作系统。——译者注。

② 用户在以太坊网络上交易时需要支付的手续费。——译者注。

如果没有遇到这种情况，你还是要负责确保出售自己的无聊猿时别卖出错误的价格，就像NFT所有者马克斯（Max）不小心把自己的无聊猿卖了0.75以太币（当时价格约为3 000美元）而不是75以太币（大约30万美元）。他还没来得及纠正自己的错误，一个自动程序（bot）就支付了8以太币（购买时大约相当于3.4万美元）的燃油费以确保交易即时处理，抢走了这件独特的藏品。[250] 以前也出现过这种所谓的胖手指错误（fat-finger error）。这种现象不但给原始所有者带来了烦恼，更凸显了过去这些年间引发全世界多次讨论的一个更大的问题：网络中立（net neutrality）。网络中立的一贯目标是让每个人都能平等地接入互联网，互联网服务提供者（internet service provider，ISP）必须平等对待所有的互联网通信。显然，有了燃油费，区块链世界并不适用这一原则，从而对未来造成了威胁，进一步加剧了数字分化和不平等。

这还不是问题的全部，还有大量的诈骗和对无聊猿游艇俱乐部等著名的、昂贵的NFT藏品的侵权。例如，有聊猿游艇俱乐部（Phunky Ape Yacht Club，PAYC）只是把无聊猿朝右的形象改成朝左之后重新出售，就赚了大约180万美元。PAYC因此而被开放海、拉瑞宝（Rarible）和铸币宝（Mintable）等中心化市场禁入，也再次表明这些中心化的市场拥有为大众提供无缝交易体验的权力。[251] 另一个例子是元铂金（MetaBirkins），即模仿法国皮制品巨头爱马仕（Hermès）的NFT手袋系列。其创始人梅森·罗斯柴尔德（Mason Rothschild）于2021年12月将这些数字资产以4.2万美元的价格售出，随后很快被爱马仕起诉商标侵权和对其铂金包（Birkins）品牌的减益使用（dilutive use）。开放海很快禁止了元铂金的在线交易，但其NFT在其他交易中依然可以见到。252

不幸的是，与2017年的ICO潮类似，也有许多人将技术错误地用于犯罪活动。在NFT生态系统中，已有多起有关诈骗、仿冒和"刷单"（用户多次向自己出售NFT，假装存在市场需求）等报道。事实上，有太多人在铸造内容NFT，包括不属于他们的歌曲或艺术作品，因此曾成功将杰克·多尔西（Jack Dorsey）的第一条推文卖出290万美元的NFT市场平台美分①（Cent），于2022年2月冻结了所有交易。美分的联合创始人、CEO卡梅隆·赫贾齐（Cameron Hejazi）将之称为NFT的"根本问题"（fundamental problem）。253

假设你很走运，一切都没出差错。即便这样，你也还没完全脱离困境。你购买的NFT很可能只包括艺术作品的表现形式，却并没有实际的知识产权或版权，可能导致你不能将它货币化，只能作为一张漂亮的图像放在钱包里或虚拟的家里进行欣赏，可是其他任何人也都能这么做。这种错误的成本非常高昂。例如，一群加密货币的狂热爱好者组织起一个名为"香料道"（Spice DAO）②的DAO以购买一本稀有版本的《沙丘》（Dune），他们的本意是让这本书变成公版书，好制作系列动画和衍生品。他们为此支付了304万美元，但显然只买到了这本书的一个实体副本，绝对没有拥有能让他们得偿所愿的版权和知识产权（IP）。254 事实上，在2021年售出的NFT大多都没有任何版权或知识产权，也就是说不能用这些NFT赚钱，而赚钱应该是一

---

① 是唯一可以轻松订阅艺术家和创作者并免费收集其NFT的平台，无须支付加密货币。平台标识为美分符号 ¢。——译者注

② 香料是《沙丘》中最重要的资源。——译者注

个充满活力的经济的重要组成部分。上文已经提到，无聊猿游艇俱乐部系列拥有所有的知识产权和版权，因此能够维持活跃的社群和高昂的价格，但大多数收藏品都没有，你手里拿到的只是一件物品储存在哪里的指路牌而已。如果NFT想实现广泛应用，这显然不是可持续的解决方案。

如果你买了件东西，肯定想知道自己是不是独享对其底层文件的使用权和使用方式。这就像真实世界一样，如果我买了个古驰包，我能肯定它就是我的，我能使用它。我可以把它给别人，收费出借给别人，用它来交换其他东西，或者出售它，但我能确定没人能直接拿走它或破坏它，否则就是一种犯罪行为。在虚拟世界中，我们需要的也是这样。

如果这一节能够给你什么启示，那就是像参与加密货币交易一样，在一头扎进去之前要先自己做好研究。

当然，这看起来可能令人非常沮丧。的确如此，但这并非最终的结果。毕竟它还处于初创时期。等法律系统跟上来，就能打击抄袭，同时随着区块链生态系统日益发展与完善，你的数字资产能够真正实现去中心化的存储，交易费用就有可能降到最低甚至降为零（一些区块链已经这样做了），就能解决曾经出现的所有问题。

虽然有这样那样的挑战，NFT本质上依然比当前中心化的系统要好得多。在中心化的系统中，你永远不会真正拥有自己的数字资产。一个公司可以按下按钮就轻而易举地删除你多年的辛苦和所有的资产。如果我们能够克服上述挑战，NFT就将定义元宇宙经济。

数字房地产

除了数字艺术之外，NFT的另一个广为人知的应用是数字房地产。2021年，在《虚无之地》《萌宠无限》或《沙盒》等平台上出现了几笔百万美元级的数字房地产交易，而这仅仅是开始。由于各个虚拟世界中有无限的数字土地供应，你可能会以为数字房地产价格会比较低，然而事实并非如此。价格一直居高不下，元宇宙在新闻里出现得越多，这种势头就越有可能会继续。另外，数字房地产中介也抓住了这次机会，因为许多人都不知道怎么购买数字房地产，却担心自己没赶上这趟快车。这究竟是不是件好事，还需要拭目以待。还可能出现一些诈骗现象，有人伪装成中介，随后带着钱消失得无影无踪。

在购买虚拟房地产时，你购买的其实是非同质化代币。元宇宙集团（the Metaverse Group）在《虚无之地》上花费61.8万马纳币（MANA）（购买时大约价值320万美元）买了一块地。其创始人杰森·卡西迪（Jason Cassidy）认为，现在购买数字房地产，就像在20世纪的头一个十年购买曼哈顿的房地产。然而，数字房地产的价格不需要等120年才能迎来爆炸式上升，其仅仅需要5~10年。许多人都非常看好数字房地产及其重要性。虽然有人认为数字房地产与真实世界一样，重要的就是位置、位置、还是位置，你肯定希望住在一个人流量大、有名人做邻居、口碑好的区域，这些因素都会使你的虚拟房地产增值，而我却有不同的观点。

从目前的趋势来看，数字房地产大亨和品牌都在各个虚拟世界中花费数百万美元来占地，之后要么出租给他人，要么在上面举行商业活动，要么建造虚拟商店或总部办公室来联结（未来的）消费者。这当然是个好主意，不过我坚持自己在第五章中的观点，品牌应该在不同的虚拟世界中购买小面积的地块，通过这样的学习过程逐渐熟悉元宇宙，因为元宇宙同样充满了挑战。如《第二人生》的创始人菲利普·罗斯戴尔（Philip Rosedale）2021年的一条推文所说，"如果能够完全拥有虚拟土地（在区块链上），充满恶意的所有者就会通过在热门空间的小面积高价地块上投放冒犯性内容来互相敲诈。"[255] 他见证过20年前《第二人生》就曾经发生这样的情况，如果当时会发生，那么现在也就会重演。于是，你可能刚花了两三百万美元在《虚无之地》或《沙盒》上买了一块地，在你不知情的情况下，有人可以买下邻近的一小块地，竖起大型广告牌展示某些冒犯性内容。由于去中心化，你什么也做不了。

还有，我也不理解数字房地产中人为制造的稀缺性这个概念还有什么意义。为什么你必须应付邻居？虚拟世界中的土地当然能用来阻止垃圾内容或低质量内容，[256] 不过完全可以用质押（staking）（你的加密货币将一段特定的时期锁在一个去中心化的钱包里，只有到了时间才能解锁）来实现这个目标，而不需要购买网格化铺开的世界中人为制造的稀缺土地。数字房地产是制造出来的概念，它本身没有任何问题。我们的社会中有各种制造出来的概念，都运转得很好。可是在元宇宙中，你并不受物理的限制。在这个无限的数字空间，想去哪里只需要传送过去就行。① 为什么你想在无限空间中占有一块有限的土地？这些虚拟世界中的网格布局和稀缺性都是人为制造出来的。我可以理解它能成为一种筹资活动，但找不到任何理由你为什么想把自己局限在一个数字宇宙中，你明明可以从一个体验传送到另一个。完全不需要对付任何讨厌的邻居。

通过出售数字房地产赚钱的另一个问题是，玩家常常会厌倦了一个游戏，转而来到崭新闪亮的虚拟世界。一度生机勃勃的虚拟世界就会变得荒芜，没有了虚拟房地产，也就没有了所有的乐趣。《第二人生》就曾经是这样，购买了虚拟土地的早期用户离开了，没人维护他们的数字地产（就像维护真实地产或网站一样，需要保持它的活力和更新），新的用户只能在外围买地，远离一切开始的地方。早期AR/VR 先驱和创业家罗伯特·赖斯（Robert Rice）曾告诉我，更好的选择应该是出租这些虚拟土地，要求感兴趣的人质押他们的加密货币，如果对方决定不再续租，就会在租期结束时自动收到这些加密货币。这样所有者能赚回自己投入的钱，新用户也能买到土地并在上面开始建设，维持繁荣的虚拟经济。

无限空间（Spatial.io）平台采取了完全不同的方式。创作者们不买地，而是购买艺术家设计的预置好的虚拟环境，或是创建自己的虚拟环境。这些空间大多带有某种效用，一旦拥有，就能任意使用，创建各种空间。例如，你可以购买一个数字画廊展示自己的NFT，然

---

① 幻梦空间平台试图同时从稀缺土地和传送中得利，允许用户购买幻梦土地，也收取使用传送点（teleportation hub）的费用。——原注。

后想创建几个不同的画廊就创建几个。[257]这种方式更加关注回报创作者而非数字房地产大亨或平台，我认为这是一种更加可持续的方式。

此外，今天的平台也不会是明天的平台。下一个版本无疑已经在构建之中，将会更先进、拥有更强大的功能和能力。除非这些出售数字房地产的平台能够不断地重塑自我，否则百万美元的投资就将迅速失去价值。这不仅是个技术挑战，对去中心化的平台来说也是个社群挑战，需要确保获得多数人的支持。

经济机制

就像在元宇宙中占据了一席之地的房地产一样，真实世界中所有现有的商业模式都将会被复制到元宇宙中。其中包括两种最突出的商业模式：广告驱动模式，即你就是产品；以及免费增值订阅模式。虽然订阅模式中客户不拥有任何数字资产而会导致很多问题，免费增值订阅模式却能在元宇宙中行得通。另一方面，广告驱动模式则会问题百出。这种模式导致平台会尽可能地让你停留在平台上，只要你在线，就能收集更多数据，他们就能提供更多广告、赚更多钱。结果是不断优化的推荐引擎让你一直看、一直读或一直滚动鼠标，显然为我们的社会带来了破坏性的结果。优化元宇宙以适应这种广告驱动模式的想法烂透了。

幸运的是，在元宇宙中我们将会看到由创作者经济所推动的许多新的商业模式，以取代广告驱动模式。无论是 DAO 还是中心化的公司，一个自我优化以适应这种创作者经济的组织，将使用加密货币的新经济机制来保障价值的即时无缝交换，而不是依赖广告。由于组织只收取最低比例的费用，即 5% 或 10% 而非 30%（苹果）、45%（谷歌）甚至 75%（《罗布乐思》），创作者的收入将会增加。在发布 Meta 的时候，扎克伯格宣布他们到 2023 年之前不会收取创作者在平台上的任何费用，不过一旦创作者绑定到他们的平台，谁知道会怎样。

使用新的加密货币经济机制相当复杂，需要充分理解怎样使用代币来激励玩家，特别是DAO。

DAO就像合作社，而合作社已经存在了许多年。事实上，荷兰最大的银行荷兰农业合作银行（Rabobank）就是一个有将近200万成员的合作社。[258] 在真实世界中，成立一家合作社需要很长时间，还需要聘请公证人员和律师，因此需要很高成本。有了智能合约的帮助，成立一个DAO则要快得多。将会出现作为服务的DAO（DAOs-as-a-service），即一种去中心化的服务，使你能立即运作DAO、汇集资金，做任何想做的事（大部分都是合法的，不过当然有些会是非法的）。

有了DAO，你就有了特别合作社，可以聚集自己的东西，或汇集资本共同去购买、交易或建造这些东西。宪法道（Constitution DAO）就是个例子，这是个成立于2021年11月的特别DAO，用于购买《美国宪法》（United States Constitution）的原件。他们在几周内就在以太（Ether）上从社群筹集了4 700万美元参加苏富比（Sotheby）拍卖，却输给了亿万富翁肯·格里芬（Ken Griffin）。这个DAO没能完成自己的目标，并将资金原路退还。然而不幸的是，由于以太坊网络高额的燃油费，有的人所有的投入都用于燃油费，退款的时候他们什么也没有拿到。虽然宪法道没能实现自己的目标，却是17 000人能够聚集起来形成一个互联网合作体并在短时间内筹到数百万美元的绝佳例证。有趣的是，为这个DAO捐款的人中有1/3是首次购买加密货币，再次充分表明这种新型活动组织形式的力量。[259]

如果企业想把不同的数字孪生聚集起来，像第二章中能源公司共享风力发电机数据一样，通过数据金库（data vault）共享专有数据以提高可用数据的经济价值，就能用到DAO。在这种情况下，DAO的成员将会是各种数字孪生，不需要任何人类的参与。此外，你还可以使用迷你 DAO，即只在特定虚拟空间存在的 DAO，不能跨虚拟世界存在。无论将会存在哪种类型的 DAO，重要的是认识到 DAO 依然处于实验阶段，在广泛应用之前还需要一段时间。有些可能会成功，但大部分还需要时间。

由于 DAO 能够回报自己的社群成员，去中心化和中心化平台以及品牌都能通过回报产品或服务的消费者来增加额外价值。如果用独一无二的特权来回报用户的关注，我们就能摆脱不能拥有数字资产的订阅式社会，真正拥有我们购买的（数字）资产。有了 NFT，我们将会看到大量的新经济机制，能够为用户和平台带来巨大的价值，包括边读边赚（read to earn）、边播边赚、边穿边赚（wear to earn）、边参加边赚（attend to earn）、边玩边赚，以及干什么都在赚（whatever to earn）。回报用户的关注和购买能够培育忠诚度，建立紧密的社群，为所有利益相关者带来巨大的价值。通过游戏化机制，具有效用的 NFT 和各种回报系统，这些经济机制能够成为元宇宙中的标准模式。

其中最有趣的经济机制是边玩边赚。2021 年，这种模式随着爆款游戏《萌宠无限》而变得广为人知。这种模式相对直截了当：它回报玩游戏的用户的方式是一个用户投入的时间和精力越多，用户本人和生态系统中的其他玩家获得的回报就越高。[260] 在《萌宠无限》中，当宠物（Axie critter）彼此开战时，玩家将获得一种名为小爱药水（Small Love Potion，SLP）的代币。赢得的战斗越多，宠物的价值就越高，带来的 SLP 代币也就越多。这些 SLP 代币可以用于繁衍新的宠物，玩家也可以通过去中心化的交易平台统一交换（Uniswap）交换宠物获得以太币。虽然代币的机制可能很复杂，使用代币的行为是设计价值流和终极经济系统的基础，[261] 但结果很直接：玩得多，就赚得多。这与游戏的一贯做法背道而驰。传统上，如果玩家在游戏上花更多时间、更多钱，制作游戏的公司将会拿走他创造的价值。边玩边赚打破了这种格局，使价值重新分配到参与者。当然也不可能全是好处，就连《萌宠无限》的联合创始人杰夫·齐林（Jeff Zirlin）也承认，开始玩游戏可能会很复杂。[262] 开始玩游戏还有一个问题：玩家需要购买三只宠物，售价在 2022 年初大约是 100 美元，在 2021 年 8 月甚至涨到 350 美元左右。[263] 由于大多数想玩这款游戏的穷人都负担不起这么高的前期投入，就诞生了萌宠奖学金计划（Axie Scholarship Program），使用户能够把自己的数字宠物出租给新玩家，以继续从游戏中获益。这种做法也许值得关注，新玩家只能保留借来的宠物所赚利益的 70%，由于他们从未真正拥有它们，也就永远无法从游戏的真正卖点中获益，即出售数字宠物。[264]

这种商业模式依赖新玩家的流入，他们会用游戏中的货币从老玩家那里购买宠物，而《萌宠无限》则从每笔交易中收取交易费用。老玩家要想攫取产生的价值的大头，同样需要新玩家的持续流入。[265] 当宠物需求下降的那一刻，边玩边赚机制就会停止运转。

虽然面临种种挑战，边玩边赚模式的确将玩家当作最重要的相关利益者给予回报。因此，如第二章所述，为游戏的所有相关利益者带来了巨大的社会和经济价值。于是，我们能够看到更多游戏拥抱边玩边赚机制，其中之一就是法国游戏公司育碧游戏（Unisoft），他们宣布正在开发一款边玩边赚的区块链游戏。[266] 微软在 2022 年初花费 687 亿美元收购了游戏工作室动视暴雪，如果他们是真的想拥抱元宇宙，通过拥抱共享和回报的经济模式，而不是固守传统的价值攫取的经济模式，就能使这笔收购大大增值。

第 7 章 创作者经济

价值创造而非价值攫取是一种积极的经济模式，使游戏开发者、发布者和玩家都能从非凡体验中获益，表明了元宇宙未来可能的方向。不幸的是，就像任何打破旧世界的变化一样，掌权者（政府）已经在试图利用甚至阻止这种经济模式。菲律宾正在尝试对玩家和发布者征税，[267] 2021 年底韩国迫使苹果和谷歌彻底禁用了边玩边赚游戏。在韩国，这些游戏所得等同于奖金，法律上限只有 8.5 美元。[268] 这个例子表明一个短视的政府会忽视游戏为整个经济带来的好处，倾向于禁止创新而非修改规则。

边玩边赚经济模式虽然还未得到验证，却已然前景光明。当然也会有挑战，但随着更多的品牌和创业公司拥抱新的经济机制，这些挑战终将会被克服。尽管如此，一边做自己喜欢的事一边赚钱十分重要，是经济学的一次突破。既然你通常会擅长于做自己喜欢的事，就将为全球经济带来巨大的价值。

边玩边赚表明，NFT 的长期价值不在于数字资产的稀缺性，而在于能够真正拥有一个数字资产、证明产权，可以在元宇宙中去到哪里都能带着它。虽然在当前的平台中，用户的数据被攫取、被剥削，他们投入的时间和精力都化为乌有，只是为股东创造了价值，但由 NFT 驱动的开放元宇宙将使人们因投入时间为社会创造更大价值而得到回报。

从去中心化金融到元金融

创作者能够显著地从开放的、去中心化的元宇宙中获益,但前提是改变传统的金融体系。现有的支付体系过于昂贵又过于低速,无法实现开放元宇宙那样的经济活动实时流动。因此,使用加密货币就是元宇宙的关键,使用户能够通过拥抱去中心化金融(decentralized finance,DeFi)① 轻松地货币化他们的资产。

去中心化金融是指实现今天所有金融服务的全球化、去中心化,包括保险、储蓄、贷款等;以及通过区块链技术实现点对点(peer-to-peer),所以不需要任何现有的金融制度。去中心化金融的目标是让所有人通过智能手机和互联网连接就能使用金融工具,为17亿没有银行账户的人提供金融服务,[269] 将他们带入全球经济系统。[270] 加密货币将会降低做生意的成本,代币化(tokenization)将为全球所有人带来新的投资机会。另外,将会赋权个体和组织,减少他们对"大到不能倒"(too big to fail)② 的金融制度的依赖,正是这样的金融制度在大衰退(Great Recession)期间导致了混乱。[271]

虽然去中心化金融能够重新定义全球金融系统,但在2022年初,只有约430万用户使用去中心化金融应用程序。[272] 这个数字很小,

---

① 又译"开放式金融"。——译者注。
② 又译"大而不倒"。——译者注。

可能是由于操作现有去中心化金融应用程序所需的技术能力，以及不能免遭欺诈或错误等相关风险。

如果开放元宇宙拥抱这些机制，货币化NFT和底层（数字）资产就更容易，最终为大众带来无缝的体验，为社会解锁巨大的价值。Outlier Ventures发明了元金融（MetaFi）或元宇宙金融（Metaverse Finance）这个术语，其中包括所有的协议、平台和产品，使非同质化代币和同质化代币（加密货币）之间能进行金融活动以惠及消费者。[273] 虽然去中心化金融目前只能使用少数几种同质化代币，但是未来几年就将能够使用NFT，使消费者能够更便捷地货币化自己的NFT。

通过分式产权（将非同质化代币分成许多同质化代币）或在开放市场上交易、出借或抵押，能够实现NFT的货币化。一般实现了这种真正的经济互操作性，元宇宙就能使许多人实现增收。一开始可能只有一些精通技术的人会这么做，但我们应当努力实现元金融像用信用卡一样的无缝体验，使所有人的数字资产发挥作用。

想象一下，几年以后当一个创作者，无论是歌手、3D艺术家、作家还是玩家，都能创作出独特的内容并上传到任何可用的去中心化平台。创作者决定向消费这些内容的人收取小额费用，以加密货币的形式支付。无论何时，只要用户接触到这些内容，就会支付小额费用给发布这些内容的平台。可以允许用户试用这些内容，如果他们选择关闭或在特定时间内离开这个体验，就能即时拿到退款。基于自己的历史收入，这些收入在区块链上都是透明的，创作者可以决定让自己的内容发挥作用，用于抵押贷款以开始下一个作品。任何利息都是基于历史收入和名誉。假设他没有按时偿还贷款，作品就将自动转移到提供贷款的用户、社群或组织手中，如果事先有约定，知识产权和版权也会同时转移出去。如果他按时还款，就能用下一个作品再重复整个过程，提高自己作为创作者的曝光率和知名度，继续为社会创造（经济）价值。当然，互操作的元宇宙会使玩家能够把赚来或买来的资产从平台转移出去，基于相同的元金融协议，在其他平台上使用，在开放市场上出售、出租或抵押。

此外，NFT还连接到真实世界的资产，如你的房屋。NFT提供的是合约的所有权，而合约表明你拥有这座房屋。你可以把这个NFT投放到某种去中心化金融协议中，用它来再次融资以偿还房屋债务，在几个小时内甚至几分钟内就能得到额外的资金。虽然这些机制在物理世界中已经存在，不过通常会花很长时间，还需要昂贵的公证员和律师费用。由于去中心化世界中没有支票和结算来保护我们，用去中心化金融再次融资以偿还房屋债务当然会存在风险，匆忙或不理智的决定以及诈骗都会导致失去原有的资产。

元宇宙能够成为全世界数以百万计的创造者、艺术家、玩家实现价值创造的归宿，使每个人都成为微型企业家，创建、赚取和货币化自己的内容，构建社群，为元宇宙和社会贡献价值。

如果我们建成了正确的元宇宙，人类就有机会基于对如何创建一个富裕、公平、有趣的社会的最现代的认识来创建新世界。NFT市场2020年的价值大约是2.32亿美元，到2021年已经爆炸式增长到220亿美元。[274]如果开放元宇宙成为现实，经济互操作性和数字资产货币化成为常态，我们将在这个十年结束之前看到一个万亿美元的市场，使创作者和他们的粉丝能够成立社交社群、创建独一无二的体验，并为创作者经济做出贡献。

第8章

元宇宙中的数字主义

技术是中立的

技术是中立的。技术能够为人类带来繁荣，也能为社会带来痛苦和破坏。元宇宙也是一样。真实社会中的所有犯罪行为同样会在元宇宙中出现，甚至还会爆炸式增长。毕竟，只要有钱赚，犯罪分子就会行动起来，而元宇宙是个为消费者、创作者和组织带来无限赚钱机会的蓝海。线上安全保障充满了挑战。许多组织并没有正确地保护自己（客户）的数据，导致客户因网络黑客攻击而破产。同时，还有人因为线上骚扰或网络霸凌而自杀。数字犯罪活动正在引发世界性问题，随着社会进入多维数字体验，到 2025 年网络犯罪金额将上升到 10.5 万亿美元。[275] 要注意单位是万亿而不是亿，这个数字已经超过了德国、法国和英国的 GDP 总和，[276] 也超过了全球电子商务或商业房地产的体量。[277]

另外，大数据分析和人工智能等新兴技术，加上物联网和社交媒体实现了即时数据采集，形成了由私人公司或国家管理的监控社会。如果再加上 AR 和 VR 头显带来的极端数据收集，我们很快就会生活在反乌托邦的未来。无论是好是坏，数据将定义我们的自由。元宇宙会导致无限的数据、身份捕捉和控制，一切都为了追求股东价值。对犯罪分子来说，元宇宙是一个不断增长的赚钱天地。

当扎克伯格于 2021 年 10 月启动 Meta 时，他也宣布隐私和安全应该从一开始就嵌入元宇宙中。这种说法 100% 正确，隐私、安全和道德应该是元宇宙的中心，但是 Meta 定义元宇宙道德的方式听起来像是披着羊皮的狼，特别是弗朗西斯·豪根（Frances Haugen）在美国国会（US Congress）做证时说，社交网络会加剧两极分化，伤害儿童并削弱民主。[278]

一个永不停歇运转的沉浸式互联网可以是福，也可以是祸。不幸的是，要限制元宇宙中的危险因素，需要建设元宇宙的监管机构，需要立法者和公司做出大量辛苦工作。我们不能随心所欲，指望它自己解决这些问题。如果等到元宇宙完全运转起来再开始建设安全措施，就将为时已晚。因此，我们首先看看可能会犯哪些与元宇宙相关的错误，再去讨论防止出现某些危险的解决方案。保障元宇宙的安全和包容绝不是不可能实现的任务，不过需要解决突出的技术问题、施行严格的规定以及确保"教育从娃娃抓起"。

元宇宙的危险

元宇宙中将会有很多危险，包括毫无限制的数据采集影响了我们的隐私，持续的滥用和骚扰，假冒虚拟化身试图窃取敏感信息，广泛传播的安全漏洞，有偏见的 AI，猖獗的自动程序（bots）和喷子（trolls），愈加分化的社会，加剧的不平等，以及身体和精神健康问题等。如果我们从这个角度去看元宇宙，就会更加谨慎地选择继续推进的方式。不幸的是，创业公司、组织、个体和犯罪分子你争我抢，都想占有更大的蛋糕，因此绝不会这么谨慎地思考。人类这个物种非常善于快速行动和打破东西，却不擅长缓慢移动和先思后行，也不擅长修复自己打破的东西。元宇宙是否和当前的互联网一样存在诸多问题，还是能解决其中某些问题？用户是否会在多巴胺的刺激下对沉浸式世界上瘾，更喜欢沉浸式世界而不是现实？沉浸式互联网是像鸦片，还是像适量摄入的脂肪或糖？我们是否需要严格的规定和教育才能应对元宇宙相关的风险？下面我们来看看。

一切都在数据化

数据化是指将模拟的过程和客户触点转变为数字的过程和数字的客户触点。[279] 在元宇宙中，数据化将达到新的高度。今天的头显大多能够追踪你的手和你所处的环境，如果再加上几个传感器，也能够追踪你的动作。这些数据点对于将你的动作从物理世界复制到数字世界十分有用。不过同时也会收集关于你和你周围的海量数据,包括你的手长得什么样,你家里有什么东西,你家里有谁,还有你发抖是不是因为患有某种疾病。这些数据点已经非常私人化,却远不及你的眼睛收集到的数据那么私密。

今天的头显大多也有眼球和面部追踪功能,这些功能很有用,使你的虚拟化身在模仿你的面部表情时表现得更逼真。由于我们的沟通大多都是非语言沟通,这些功能也将使元宇宙中的沟通更自然、更有趣。这些非语言的微动作能够以独特的方式反映你是谁、你在想什么、你的情绪、你喜欢什么不喜欢什么,等等。[280] XR 安全倡议(XR Safety Initiative)认为,能够收集的数据包括你眨眼的频率和时长、眼球运动、眼球状态(水润、干涩还是发红)、瞳孔特性、虹膜特点和面部特征。这些极其私人的信息能反映你的个性特征、心理健康、技能水平、困倦程度、认知过程、药物使用、年龄、文化背景、身体健康、地理祖籍、性别以及你现在的精神负担。[281] 只要眨一次眼,就能收集这么多数据。通过分析你的眼睛,就能反映这么多信息。于是,这些数据同样也可以连接到你浏览互联网的全部历史,你在虚拟或增强现实中都看了什么、看了多久,从而判断你的情绪,知道什么会让你兴奋或害怕,你的性取向等,甚至是你自己都不知道的东西。这些数据都是敏感的私人信息,需要拥有这些数据的个体的知情同意才能获取,但问题是,什么程度的同意才算是知情同意。

滥用、骚扰和非法内容

如第四章所述，几乎从虚拟世界诞生以来，性骚扰在虚拟世界中就一直存在。总有人心理扭曲。沉浸式环境会放大当前 Web 中的所有问题，包括骚扰、虐待和网络霸凌。如果用户能够保持匿名又不会产生什么后果的话，这些行为就会更甚。非营利组织反数字仇恨中心（Center for Countering Digital Hate）认为，VR 游戏的 VR 聊天室（VRChat）中，每 7 分钟就会发生一起骚扰、攻击或虐待等违规行为。[284] 这还只是一个游戏，还只是元宇宙的初期。想想五年以后元宇宙成为常态时，又将会怎样。

更糟糕的是，有了虚拟现实，就能有效地进行追踪和呈现，使大脑以为这是一种真实的体验。对遭受虚拟性虐待的受害者来说，射击游戏中的性袭击的感受会非常真实，使受害者的心理受到创伤。[285] 然而因为这类事件通常不会被记录，追踪行凶者、证明袭击行为很难。如果涉及儿童时就更是难上加难，施暴者可以通过游戏中的聊天室向未成年人展示非常露骨的内容，或通过头显直接与未成年人交流，不会受到任何监管或监控。犯罪分子或恐怖分子可以利用这些游戏中的聊天功能相互交流或招揽同道中人，几乎不可能追踪或禁止这种行为。显然，所有这些行为都违反了游戏及头显制造者的条款和要求，但还是有人这么做，因为被抓的概率几乎是零。即使你真的被举报、被禁止，换一个账号也就是几分钟的事。

最后，虽然许多公司花了大量的金钱，开发了高端的 AI，雇用了大批的内容审核人员，Web 2.0 依然没能解决内容审核的挑战。如果中心化的平台不能解决这个问题，去中心化的平台使持久性内容能够上传到虚拟现实或增强现实，对这个问题只会更加无能为力。回到前文所述恐怖分子的招募海报和麦当劳永远留在以太坊中的种族诽谤事件，如果恐怖分子或犯罪分子在去中心化平台上发布诽谤、冒犯或非法内容，就不可能被移除。我们从中心化的平台已经看到，人工智能并非解决这些问题的万能灵药，还有巨大的挑战在等着我们。

假冒虚拟化身

如果眼见不再为实，我们还能相信自己身处其中的世界吗？过去几年中，许多媒体报道了深度伪造（deepfake）。我们已经看到非常逼真的深度伪造的奥巴马和伊丽莎白女王，哪怕我们的动机是好的，深度伪造也有可能对真实生活造成影响。有人用深度伪造进行线上羞辱，一些海外抖音明星出现在了未经他们许可的深度伪造色情视频中。[286] 深度伪造的技术正在快速提高，听起来像是本人原声的深度伪造音频已用在安东尼·波登（Anthony Bourdain）的纪录片里。

这些深度伪造视频已经能够制作超逼真的数字视频，实现实时的超逼真深度伪造。如上文所述，华纳兄弟（Warner Bros）使用虚幻引擎5制作了一款视频游戏来宣传新电影《黑客帝国：觉醒》（*Matrix Awakens*），其中包括用虚幻引擎的元人类创作工具制作的超逼真基努·里维斯（Keanu Reeves）。

当然，如果华纳兄弟能够制作出基努·里维斯的数字形象，任何能够使用并精通元人类创作工具的人都能够随心所欲地重建任何人。未来几年我们可能会看到未经明星、政治家或商业领袖许可的视频，他们的数字形象说着或做着他们并没有说过或做过的事。不止如此，一旦元宇宙成为现实，这些假冒的虚拟化身就能在元宇宙中开展业务，直接损害他们假冒的这个人或公司的利益，以及他们与之交互的个体的利益。人们总是会上当受骗，如果一个虚拟化身看起来和听起来都像你知道或以为知道的某个人，你就会轻易上当。

我们已经看到 AI 生成的声音骗过了商业领袖，转账给虚假的供应商，还有人因为"埃隆·马斯克"正在推特上发钱，就出售比特币到一个虚假的地址。想象你在参加一个混合式战略会议，CEO 以虚拟化身出现，实际上却是一个听起来和看起来都像 CEO 的犯罪分子，或者像本书开头那个虚构故事一样，一个假冒的政治世家成员试图偷取敏感信息。后果简直不堪设想。不幸的是，这样的情况迟早会发生。

数据安全

由此引发出数据安全问题。每个能够被攻击的公司都将被黑客攻击，如果你还没有被攻击，只能说明你不重要。[287] 公司不可能赢过黑客，因为攻击是黑客的核心任务，但却是组织的副业而已。在元宇宙中，黑客可能会使用（匿名）人工代理，以不可思议的速度和灵活性对组织发起攻击，试图盗取消费者和组织的数据。你当然可以用 AI 安保人员去对付 AI 黑客，你也应该这么做，不过问题是安全始终是关于防范和必要的应对，是关于不断提高安保措施，而人类永远都会犯 AI 安保不会犯的错误。

不仅如此，我们还会面临很多新的黑客攻击手段，他们破坏和毁掉虚拟现实和增强现实。这些攻击包括人身操控攻击（Human

Joystick Attack，在用户不知情或不同意的情况下控制他的虚拟化身的行动，引导/欺骗用户进入一个不交赎金就无法离开的虚拟房间）、房间窥探攻击（Man in the Room Attack，在用户不知情的情况下窥探其私密房间）、陪伴监护攻击（Chaperone Attack，修改虚拟现实房间的边界，使用户可能撞墙或摔倒）、覆盖攻击（Overlay Attack，在VR中显示不受欢迎的图像或视频，而且这些内容还无法删除）或迷失攻击（Disorientation Attack，制造困惑感或不停开灯关灯，引发用户癫痫抽搐）。[288] 很明显，在元宇宙中，就算你能制定规则，规则也不能保护一切。

另外还有NFT黑客行为，犯罪分子不需要问你就能在你的钱包里投放免费NFT，然后说服你去出售它。一旦你点击弹窗，就等于授权黑客进入你的钱包，你所有的NFT都会在你眼前消失。[289]

不平等加剧

在疫情期间，最有钱的十个人的财产翻了一番，而99%的人收入都在下降。在疫情开始的前两年间，这十个亿万富翁的财富每秒增加15 000美元。[290] 如果元宇宙使数据收集、滥用和货币化的规模增加100倍，很快我们就将迎来史上第一个万亿富翁。

可是同时还有29亿人从未接触过互联网，如果世界上其他人都开始进入元宇宙，他们想追上来就更难，这将会进一步加剧今天已经存在的数字分化。

元宇宙不仅会导致经济不平等，还会加剧身体不平等，将许多身体有残疾的人排斥在外。如果你看不见，就很难去探索虚拟世界或增强体验。如果你听不见，发出自己的声音也将充满挑战。此外，没有几个虚拟世界适合残障人士将自己的身份带进元宇宙。元宇宙不是个适合坐轮椅的虚拟化身的地方。

恶意自动程序控制 Web

恶意自动程序（bad bots）已经控制了 20% 的互联网流量，而且还在不断发展和扩张。[291] 雇用一堆自动程序去攻击你的商业竞品、政治对手或互联网上的任意玩家，都越来越容易，也越来越便宜。另外，自动程序和"网络喷子"用错误信息主导着线上（政治）讨论。在全球或地方层面，任何大型事件背后都有成群结队的自动程序和"网络喷子"在散布错误信息。

当然，到元宇宙也不会有所区别。2022 年 2 月，开放海有一次短暂的中断，导致用户在自己的元面具（MetaMask）钱包中看不到自己的 NFT。当用户在推特上连接元面具时，自动程序就会跳出来，试图将用户重新定向到一个虚假网站以盗取他们的 NFT。[292] 而且，自动程序还试图抢购尽可能多的 NFT 风投以出售获益，使诚实的用户两手空空。

加剧两极分化

除了自动程序，网络喷子也是互联网的常态。喷子唯一的目标就是在互联网上制造分歧，他们在线上社群发布煽动性或偏离主题的信息来引发争论或惹人生气。社交媒体上的喷子是指故意说一些有争议的话来激发某些情绪或想法,引发愤怒和沮丧从而影响政治或商业议题的人(或事物)。[293] 其中常常包含错误信息。疫情期间,互联网上充斥着大量的错误信息,像病毒一样广泛传播,世界卫生组织称之为"信疫"(infodemic)。①[294] 2020 年的美国总统选举和 2016 年的英国脱欧(Brexit)公投等已经不言自明。错误信息对互联网是个威胁,对我们的社会也一样。2019 年,48 个国家发生了有意的错误信息事件。[295] 就连商业活动也会雇用虚拟网红,试图改变(未来)客户的行为。[296] 在互联网上,虚假比诚实和真实影响更大,公民们越来越不知道在网上还能信任谁。

雪上加霜的是,过滤气泡和有害推荐引擎进一步加剧了两极分化。推荐算法已经统治了世界,虽然许多人不这么认为,但推荐算法正在迅速限制个体的自由。[297] 有了不加限制的数据采集,AI 比你自己更清楚你想要什么,不断强化现有的观点和认识,逐渐将互联网用户推向极端。我们针对"是否存在自由意志"已经辩论了很多年,不过随着这种不加限制的、日益完善的推荐引擎入侵我们的意识,自由意志终将消失,取而代之的将是一种幻觉,这样的讨论也将永远终结。

这些算法做出推荐的基础是收集的数据,通常只推荐符合用户形象的结果,最终形成反馈的闭环,限制自由和偶然性。他们并不服务个体,而是服务创建算法的公司,目的是提高销量或让用户停留更长时间以卖出更多广告。推荐引擎是有害的,却又无处不在。然而,就

---

① 英语单词 information(信息)和 pandemic(疫情)的组合。——译者注。

连政府也越来越多地依赖这种算法来做出决策。[298]

如果沉浸式互联网中都是人造虚拟化身在分享错误信息、用煽动性评论来干扰讨论，还有生活在自己的过滤气泡中的利基社群，就会形成一个相当反乌托邦的元宇宙。这样的互联网比网飞电影《智能陷阱》(*The Social Dilemma*)以及《雪崩》和《头号玩家》等描述的还要糟糕。

有偏见的 AI

人工智能对于元宇宙的运转和开放至关重要，然而算法就是黑盒。我们常常不知道为什么一个算法会做出特定的决定。算法可能会在一系列广泛议题中做出准确的预测，但如果我们不知道背后的推理过程，这些预测又有多大价值呢？[299] 由于网络的中立性，理解做出特定决定的原因就更难。我们运作社会的方式将会越来越难以捉摸，只有拥有数据和 AI 的精英才知道个中缘由。

此外，有偏见的 AI 将会比预期更为普遍。AI 常常是由有偏见的开发者创建、用有偏见的数据训练出来的，这进一步固化了现有的有害的刻板印象，使妇女、少数民族和其他边缘社会群体处于不利地位。在面向公众的聊天机器人（chatbot）中，有害的性别刻板印象十分猖獗。[300] 有偏见的 AI 会在许多方面造成不利影响，包括健康、教育和招聘程序等。亚马逊发现一种旨在招募人才的机器学习算法明显对女性应聘者存在偏见之后，就放弃了它。[301] 这种算法根据历史数据来推荐候选人，而过去招的人大多都是男性，这就导致了招聘男性应聘者的倾向。

AI将会主导一切，于是有偏见的AI就必然会损害许多人的利益，加剧元宇宙中的群体不平等。如果不能就AI驱动的决策提出申诉，AI就将为所欲为。

健康问题

视频游戏能够成为很好的娱乐和教育工具，同时也能引发许多生理和心理健康问题。视频游戏过量会导致与药物上瘾相似的症状，[302] 造成严重的大脑或健康问题，甚至死亡。此外，每天花几个小时在社交媒体上炫耀自己"完美"生活的人，许多都会焦虑、紧张或抑郁。

如果目前的游戏和社交媒体设计正在破坏我们的心理健康，那么在更容易上瘾的沉浸式环境中玩更高级的游戏和社交媒体，将对这些身体和心理健康问题产生显著影响。如果人们在虚拟现实中花的时间超过物理现实，结局就将是毁灭性的。

元宇宙这些真实的危险和道德挑战，使其看起来不像是前景光明的样子。然而，元宇宙毕竟还未到来。我们还有时间在情况恶化之前去纠正这些问题，不过要怎样保证元宇宙不会成为糟糕的Web 2.0呢？我们怎样构建一个包容的元宇宙，使用户完全控制自己的数据、隐私和身份，感到受保护和受欢迎呢？

验证、教育和监管

虽然我们不能完全阻止上面讨论过的所有危险和道德困境，但仍应当尽可能地通过一切努力加以防范，避免《头号玩家》或《雪崩》中反乌托邦成真。我们在某种程度上是被动接受了 Web 2.0 和社交媒体，而元宇宙还在设计阶段。

我们还有机会有意识地将元宇宙引导到正确的方向，避免反乌托邦的未来。这意味着我们要立即行动、保持警惕，意味着我们要建立标准来推动建设包容的、互操作的元宇宙，意味着我们要解决线上身份和名誉问题，意味着我们要教育孩子和家长在元宇宙中应有怎样的行为举止，也意味着我们现在就需要进行监管，等到亡羊补牢就为时已晚。于是，开发者、教育者和监管者都要承担相应的工作。当然，我们不能把自己的责任转嫁给他人。作为公民，也作为消费者，我们有义务去做正确的事，去阅读条款和条件，限制在元宇宙中的时间，开展自我教育，三思而后行，以及基于我们的数据和钱包去投票。

元宇宙中的危险和道德挑战太多，我并没有解决所有这些问题的答案。然而，从我自己的研究出发，我相信元宇宙的安全需要三大支柱：验证、教育和监管。

验证

信任会带来极大的好处，它通常是无形的，却对元宇宙中几乎全部有意义的互动都至关重要。我们在涉及生意、银行和财务时会想到信任，这些领域中信任的必要性显而易见、毋庸置疑。没有信任，就没有交易。如果没有信任，我们就连最简单的谈判也不能相信。没有信任，法律就会成为霸权。[303]

第一个支柱是验证一个用户的确是人类，提供必要的信任保证，即这个用户是他自己声称的那个人，并确保负面行为将有一定的后果。

区块链技术不仅能够改变数字化交易中的信任，也能改变元宇宙日常生活中的信任。然而，信任也会伤害到隐私。要彼此信任，就需要让渡一部分隐私出来，尽管时间可能并不长。过去十年，我花了很长时间思考这个问题。最有希望的解决方式是实现匿名问责，多亏区块链和零知识证明（zero knowledge proof，ZKP），我们已经能够实现匿名问责。零知识证明是指采用加密手段，在不披露知识内容的前提下，证明特定知识的所有权。这种方法无须分享个人信息就能共享数据。一方可以在无须披露信息的前提下证明某个特定的事实，从而为交易的进行提供所需的信任。

匿名问责能够用于阻止恶意自动程序、喷子和恶意行动者继续在元宇宙中为所欲为。这种技术使人们在想保持匿名的时候能够保持匿名，保障基本人权，同时也使伤害他人的行为像在真实世界中一样得到惩处。这就需要元宇宙引入开放标准和自我主权身份，使用户能够匿名地构建起自己的名誉。通过银行或政府机构等可信任的来源验证身份，使用零知识证明获取自我主权身份，使平台能够在不需要知道一个用户的账户背后到底是谁的情况下，验证这个用户是不是真人。如果一个平台匿名用户的名誉能够通过加密手段与他们的自我主权身份相关联，我们就能够开始构建自我主权名誉。

无论何时，只要一个用户想开设新账户，平台就能看到这个用户积累了多少名誉和平台用户平均的名誉值，而无须披露这个用户的任何基本信息、兴趣和背景等。于是，将由平台来决定是否允许一个用户访问，以及如果允许这个用户访问时给他的访问权限和机会。例如，一个用户可能从十个账户得到了非常高的名誉分，表明这个用户非常可信，或者从250个账户得到了很低的名誉分，说明这个用户背后可能是个自动程序。当然，一个用户可以随时更换新的自我主权身份从头再来，但新用户不会有很多历史数据，平台可以限制这种新用户的访问权限，直到他们能够证明自己的可信度。有趣的是，我们在真实世界中就是这么做的。如果你作为成员或雇员加入一个新的组织，你首先要证明自己可信，才能获得更多的待遇、权限或责任。任何平台都不能随时获得任何个人身份数据，但负面行为需要承担相应的后果，如果我们想创建安全的元宇宙，这一点就至关重要。

当然，如果我们还想更进一步，在一个用户的自我主权身份被泄露时，就需要用到加密的、安全的生物识别数据，来作为人类证明（proof of human）[1]。在超逼真虚拟化身加入混合会议这种特殊的情况下，这种技术就非常有用，因为我们不但要证明这个虚拟化身必须是她声称自己就是的那个人，还得证明必须正在由那个人控制。如上文

---

[1] 又译"非机器人证明"。——译者注

所述，与一个人身份相关的眼球追踪和表情捕捉数据是独一无二的，如果收集到的数据与文件中的哈希数据（hashed data）不匹配，就可能发生了身份泄露。

验证是我们必须跨越的技术和文化挑战。建立匿名问责的开放标准将会充满挑战，而确保所有网站、社交网络和元宇宙平台都实施这样的开放标准则又是一回事，需要他们改变自己的过程和平台，我们不想让10亿人因为没有银行账户、政府认可的身份或因缺少能证明自己身份的可信来源进行验证，而被排除在外。[304]

教育

第二大支柱是教会今天和未来的元宇宙原住民和元宇宙文盲怎样应对沉浸式互联网的危险和道德挑战。我们需要教孩子各种编程语言，确保这些将会界定他们未来的语言成为他们的母语。毕竟，如果你知道了背后的原理，就能更好地驾驭（数字）世界，就像第二或第三语言在旅游时带来的好处一样。了解控制社会的技术是怎样构建的，能够帮助孩子们减少技术依赖，而不只是简单地接受现状。如果我们尽早开始这样的教育，他们就能够独立构建新的想法，并受用终生。这将有助于他们理解技术的天然风险。

除了编程技术，还要教会孩子和家长元宇宙中的行为规范。可惜不是所有的家长都会教孩子这些，有些家长本身就不知道或不理解这些平台及其参与规则。我相信许多家长一点儿都不了解《罗布乐思》《我的世界》或《堡垒之夜》是怎么回事，在这些平台上会发生些什么。因此，学校就有责任教孩子们在元宇宙中能做什么、不能做什么。理想情况下，不能简单地告诉他们做什么、不做什么，而是利用元宇宙本身作为教学工具。如第四章所述，边做边学会将长期记忆率提高到75%，所以使用虚拟和增强现实工具来呈现和讨论元宇宙中的危险，能够提高这一代人应对这些技术的能力。

最后，我们的中小学校和高等院校要进一步关注隐私、安全和道德。我对大学时的伦理道德课只有模糊的记忆，原因是这些课一点儿也不吸引人，没有提供任何能让我有共鸣的案例。我们应当确保我们的孩子深刻理解元宇宙的道德规范，使之成为他们的行为模式，越早越好。

监管

安全、包容的元宇宙的第三个支柱是监管。在今天的互联网中，政策制定者对最新技术知之甚少，监管措施的出台、接受和实施通常需要很长时间，结果大部分监管措施生效时就已经过时。如果我们想为元宇宙建立监管措施，就必须从现在开始行动，必须全球一起行动。在元宇宙中边界没什么用，我们要避免犯罪分子躲在一个缺乏监管的国家的某个实体背后。

我们应该尽早实施许多措施。

首先，应当要求组织建立可视化的、简单易懂的条款和条件以及隐私声明，拥有数百万用户的大型技术公司应该带头。脸书用户的条款和政策比美国宪法还要长，印刷精美的法律文件更难读也更难懂。我们不能接受这样的现状，监管部门应当要求公司确保每个人都能阅读和理解他们的条款和条件，如通过信息图文清晰地解释数据的使用和用户授予平台的权利。理想情况下，每个公司都应该这么做。如果这样的要求太高，至少上市公司和用户超过100万的公司应该这么做。

此外，合乎情理和道德地使用信息的责任，不应该通过确保个体知晓组织的欺骗勾当而成为个体的负担，而应该是由这些组织确保在设计环境时体现这些标准。用户和组织之间权力和信息太不对等，不能相信公司的条款和条件以及隐私政策。在这些方面，由于许多平台的数据收集和数据使用方式都很相似，组织应当通过确保实施行业标准来简化这个过程。标准化能够使用户不需要不停地确认自己的数据是否被使（滥）用。标准组织或监管机构都可以推动这个过程。

其次，我认为重点应该是围绕AI以及怎样避免有偏见的AI、黑盒以及不道德的研究。我们应当要求上市公司的算法经过AI审计师的审核，要求他们为AI完成预期工作，不要为连组织本身都不能理解的黑盒去负起责任。这些AI审计师应该为自己的审计负责，就像会计师为自己的财务审计负责一样。还有，上市公司应该成立独立的AI伦理监管董事会，要求组织只能开展通过伦理委员会审查的AI（研究）项目，就像大学研究者必须通过独立的伦理委员会审查才能得到研究项目一样。当然，这些AI伦理董事会要有中止任何研究或项目的权力，所有结果都要体现在年报中，向社会提供透明度保证。

其他有关治理的建议包括鼓励公司雇用首席信任和安全官，负责推动用户安全。如元宇宙标准组织"绿洲联盟"（Oasis Consortium）主席、联合创始人王星宇（音译）所述，"用户安全是建立包容性社群和可持续数字化增长的基础"。[305] 其他监管建议还包括要求游戏采取措施来限制儿童在元宇宙中的游戏时长，如要求平台在元宇宙中游戏时间过长时（时长由健康科学家决定）主动提醒家长和儿童。

最后，可以要求平台采取安全措施，应对线上的虐待、霸凌或性骚扰。

我承认这些监管措施看起来有些极端，许多人会认为这些责任应该交给市场。然而 Web 2.0 已经表明，市场并没有承担起保障线上环境安全的责任，也许是时候把它交给监管部门了。人民当政（PeopleReign）的 CEO 丹·图尔钦（Dan Turchin）在我的一期播客中说"数据权是新的公民权"，如果我们保护个体公民的基本宪法权利，也许同样应当保护个体公民的数据权。[306]

再过 10~15 年，我们就将实现互联网的下一次迭代。这种沉浸式互联网将从根本上改变我们的生活、工作和游戏方式，将改变我们对人类的看法，因此我们需要一个安全、包容的元宇宙，需要在元宇宙和现实之间达成健康的平衡。验证、教育和监管能够实现这样的目标，但我们必须马上行动。

监控还是赋权

企业和政府能够在很大程度上左右元宇宙将会建成什么样。好的政府和可持续的企业有办法确保人们的安全,使他们在数字世界和真实世界都不会受到伤害,有诚实的方法可以谋生,从而贡献于一个更加平等、更加富足的社会。另一方面,威权政权和持续强调股东模式,则会使元宇宙的大部分价值掌握在少数精英手中。

由于互联网的指数式增长和数据采集的爆炸式增长,逐渐出现了一个新的主题。这个主题我称之为数字主义(Digitalism)。数字主义是指组织和政府试图采集尽可能多的数据,实现对数据的夺取和控制,而公民则努力保护自己的数据和隐私。[307] 只要有数据,就有人采集和利用数据。在元宇宙中,数据将达到雷字节(BrontoByte)。数字主义设想的世界中,数据将会是最重要的社会资源。

由于数据需求不断增加,如果政府无法控制企业,企业就会持续地、有意地侵犯消费者的权利、信任、隐私和自由。AI 越来越智能,加上 AR 和 VR 技术实现了持续的数据收集,我们可能正在不知不觉地走进一个监控社会。

数字主义要求人类适应机器在社会中发挥越来越重要的作用。从人机合作和增强劳动力开始,很快就会看到社会各个层面以及元宇宙都由机器与机器的合作为主导,极大地减少了工作岗位的数量。

除非我们能够建立一个开放的元宇宙,否则以数字主义为基础组织起来的社会将导致一小撮精英控制数字工具，大多数人只能臣服于他们。虽然许多公民也将享受到这些数字工具带来的好处，但如果数字主义不加以规范和管理，这些公民的生活、工作和未来就会变得不确定，他们也会越发觉得自己无足轻重。

各国政府都开始认识到数字化的力量。在不同的国家中，数字化要么削减了权利、安全和数字自由，要么实现了公民赋权和公民自由。几十年后，当元宇宙上线时，由于政府和组织处理数据和公民应对方式的不同，我们将会看到世界范围内出现三种形式的数字主义。

国家数字主义（State Digitalism）：国家监控达到史无前例的水平。一个按照国家监控组织起来的社会将全部权责赋予国家，剥夺公民的隐私，限制或屏蔽互联网。国家知道公民的一切。在元宇宙中，监控系统能够捕捉到所有失误、错误或不忠诚，并立即采取行动。

新数字主义（Neo Digitalism）：导致极端的公司监控，远超过今天我们所见的程度。其特征是封闭的元宇宙，极端自由的市场，不加限制的数据采集，以及快速扩张的资本主义。在新数字社会中，线上问责极其有限，我们看到美国正在缓慢地显示出新数字社会的某些特征。国家没有多少话语权，也没有多少控制权，人们的数字生活和这些权力都掌握在科技巨头手中。公民的隐私权取决于一个公司有多大兴趣出售他们的数据来获利。由自由论者推动的新数字主义将使公司不受监管地进行极端的数据采集。最终，一小撮精英从中赚取的财富将达到史无前例的程度，导致极端的不平等。

现代数字主义（Modern Digitalism）：公民的最佳选项。其综合了数字工具的优点、严格的隐私、安全监管和开放元宇宙。公民赋权将使公民更多地控制自己的数据。因此，我们的目标应该是自我主权身份和开放的、互操作的元宇宙。公民将能够决定让谁、在什么条件下看到自己的数据,从而实现对自己数据的追踪和控制。线上匿名问责将成为常态,保障公民的隐私,在线上领域推行真实世界的道德观念。现代数字主义最有可能在欧洲取得成功。欧盟的《通用数据保护条例》(*General Data Protection Regulation*, GDPR),即其 AI 指南,以及即将出台的《数字市场法案》(*Digital Markets Act*, DMA)和《数字服务法案》(*Digital Services Act*, DSA),将为其公民至少提供一定程度的保护。

数字主义将成为元宇宙的主题。区块链能够使公民拥有自己的数据,通过自我主权身份在任何时候都保持对数据的控制。我们能够赋权于公民,使他们能够控制推荐引擎,使用户不至于每次打开油管都被拽进兔子洞。如果能够约束数字主义,就能限制甚至逆转其负面影响。监管、对抗并打破今天的垄断,防止他们成为新世界的独裁者,将会至关重要。

数字主义的崛起不可阻挡,但我们作为公民还是有机会为自己建设一个元宇宙,为了公民,也为了创作者和创造者,而不是为了企业或国家。我们不能自欺欺人,实现这个目标还需要艰苦努力和奉献精神,以及所有相关利益者的参与。不过一切都值得。

第9章

元宇宙的未来

脑机接口：沉浸式体验的未来

元宇宙的未来可能会没有计算机和头显。埃隆·马斯克公司的神经链（Neuralink）证明了一只叫帕格（Pager）的猴子能用自己的大脑控制游戏之后，脑机接口（Brain-Computer Interface）就开始受到关注。通过脑机接口技术，人们不需要动用一块肌肉就能完成想做的事。在元宇宙中，脑机接口大有可为。[308]

脑机接口是指大脑和计算机的接口，也称为大脑和机器接口（brain-machine interface）、思想和机器接口（mind-machine interface）或神经和控制接口（neural-control interface），这种技术已经存在了一段时间。脑机接口的研究起步于20世纪70年代的加利福尼亚大学，最初聚焦于恢复受损的视力、听力和行动能力。有了AI和机器学习，研究者已经非常长于此道。脑机接口能够发现你思考时大脑能量的微小变化，从而识别大脑中的模式。[309]核磁共振使我们能够精确地发现想到某件事时大脑中哪个部位会活跃，于是科学家就能读取我们的梦境和我们的想法，知道我们的感受。[310]然而，核磁共振机器非常不便移动又价格昂贵，入门级机器的起步价也要25万美元，还需要研究者或医生才能操作。因此，人们就在竞相开发低价、微型、人人都能操作的脑机接口。这类脑机接口分为两种：像神经链这样的微型生物控制植入体，即嵌入式脑机接口，以及NextMind或OpenMind开发的穿戴式脑机接口设备。

第 9 章 元宇宙的未来

神经链的愿景是开发超高带宽的脑机接口以连接人类和计算机，应对即将到来的 AI 挑战，用新颖的方式探索元宇宙。埃隆·马斯克相信，我们只有与 AI 融合才有可能战胜未来的超智能 AI，因此将神经链的使命描述为"打不过，就加入。"[311]

他们的进展惊人。2020 年夏天，他们展示了三只植入了神经链的猪，记录它们每天进行嗅闻或运动等动作时的大脑活动。仅仅过了一年，他们就展示了猴子帕格用自己的大脑玩游戏。让一只猴子只根据自己的想法来玩游戏，并用这样的方式控制猴子，是一项了不起的机械工程成就。[312]

用手术机器人在帕格的大脑中植入了一块硬币大小的链接磁盘，芯片中有几千条很小的线连接到特定的神经元，以记录大脑的模式。经过大量的训练，帕格可以思考自己的行动，学会了打乒乓球。如果一只猴子有了嵌入式脑机接口就能做到这些，想想如果我们的大脑连接到计算机或 VR 头显，人类又将能做什么。

在大脑中植入一个微型计算机恐怕不是很多人理想的连接计算机的方式，当然这个世界的赛博格（Cyborg）和超人类主义者（Transhumanists）可能不会这么想。好在市场上还有穿戴式脑机接口，不需要机器人在我们最珍贵的器官上动手术。

这种脑机接口使用外部设备来记录你的脑电波，侵入性低得多。这种技术已经以脑电图（EEG）帽的形式存在了很长时间。脑电图可能是除核磁共振之外最有名的记录神经活动的技术。[313]将电极片贴在头皮上，就能记录脑电波。电极片很便宜，阿里巴巴上才卖 20 美元，但戴起来既不舒服也不时尚。另外，这种技术要想发挥作用，还需要大量的软件开发。

新型可穿戴脑机接口也在开发之中，旨在使每个人都能将自己的大脑接入元宇宙。例如，法国公司 NextMind 已经生产出可移动、易上手、即插即用的设备，能够使用 EEG 传感器来监测大脑活动，比较舒服和轻便。用大脑控制一台计算机或将大脑当鼠标一样用，突然间就已成为可能。NextMind 的创始人、神经科学家希德·库德（Sid Kouider）认为，这才仅仅是开始。再过几十年，穿戴式脑机接口就能使我们在元宇宙中彼此传送想法。314 现在已经可以用大脑控制汽车，脑机接口甚至首次让一个瘫痪的人能够再次进行沟通。内森·科普兰（Nathan Copeland）的脊柱在车祸中受损，自胸以下全部瘫痪。大脑之门联盟（BrainGate Consortium）在他的大脑中植入了一个传感器，使长期以来完全不能动的内森可以以每分钟 90 个字的速度书写，这速度可比你的老式诺基亚手机快得多。315 再过几年，还将出现更多的应用案例。316

如上文所述，数字孪生将会是元宇宙的一个重要特征。2022 年，神经孪生（Neurotwin）公司想打造一个人类大脑的数字孪生。如果成真，我们就能连接到脑机接口，直接把元宇宙推送到我们的大脑中。317 2022 年，AR 公司快拍（Snap）收购了 NextMind，使这个愿景离现实又近了一步。你只需要动动脑，就能跟朋友在虚拟世界中交流。下一次体验爱莉安娜·格兰德的元宇宙演唱会时，你不用说话就能直接把想法传递给朋友。他们能够看到你所看到的，听到你所听到的。娱乐阀（Valve）①的创始人加布·纽维尔（Gabe Newell）认为，

---

① 字面意思是阀门，是指通过控制来决定何时增加或减少娱乐体验，从而来控制娱乐体验的流量。——译者注

脑机接口是游戏的未来。[318]娱乐阀与穿戴式脑机接口开发企业开放脑机接口（OpenBCI）合作开发开源软件，帮助游戏开发者更好地了解他们在玩家的大脑中究竟激发了怎样的反应。OpenBCI 推出了名为加利亚（Galea）的头显，专门用于与娱乐阀的 VR 耳机娱乐阀指数（Valve Index）协同配合。[319]

纽维尔认为："如果你是 2022 年的一个软件开发者，而你的测试实验室里还没有这些设备，那你就在犯一个愚蠢的错误。"[320]在（不久的）未来，不仅游戏开发者会使用脑机接口来精确调试自己的游戏，玩家们也将以全新的方式体验游戏。娱乐阀的实验心理学家迈克·安宾德（Mike Ambinder）说，娱乐阀的目标是打破使用 17 个按钮的游戏标准，实现更自然的游戏体验。[321]纽维尔批评了我们的天然视力，设想未来脑机接口将直接把影像投射到我们的大脑中。[322]这种更直接的方式将使游戏更自然，使平淡寡味的体验变得超乎想象的丰富。

脑机接口使我们能够以全新的方式与计算机和机器进行交互，最终也将实现以全新的方式与彼此进行交互。然而，这种新的沟通方式也会引发新的隐私问题。毕竟我们的想法是我们最后的私密领地，而脑机接口可能会改变这样的现状。

我们在生活中使用的脑机接口越多，这种技术就越会改变我们与计算机的联系。过去几十年，我们已经实现了从打字到语音输入，很快计算机就能够识别我们的思维。就像亚历克萨（Alexa）、西瑞（Siri）和艾柯（Echo）改变了我们和计算机及品牌的关系（他们决定什么才是适合你的，而不是由你自己选择）一样，如果通过脑机接口使元宇宙实现心灵传输（telepathy），一切就都有可能成真。

如果能把自己的想法传送到世界的另一头，那么我们还需要实体计算机、智能手机，甚至虚拟现实头显吗？如果每个人都能在未来的社交媒体中"喊出"自己的想法而不用写推文，社交媒体将会有怎样的变化？我们怎样才能屏蔽某些信息进入我们的大脑，怎样才能阻止某些信息不小心传给我们的老板？

探索这种新技术带来的第一批机会当然会很炫酷，不过谈到它将怎样改变我们与计算机或其他机器的关系，还有许多未知数。需要开展大量的研究，才能找到使用侵入式还是非侵入式脑机接口的最佳方式。脑机接口对元宇宙的影响巨大，将使沉浸式体验超出我们以往全部的想象。

艺术、创意和创造的复兴

在脑机接口彻底颠覆我们所以为的现实之前，首先应当确保元宇宙的未来是我们想身处其中的未来。蒂姆·伯纳斯 - 李在 2016 年的去中心化 Web 峰会（Decentralized Web Summit）上说：[323] "网页设计的初衷是去中心化的，每个人都有自己的域名和网页服务器，但事与愿违。" Web 成为公司和平台的赚钱机器，充斥着数据滥用和骚扰。事实上，皮尤研究中心（Pew Research Center）2021 年的一项调查发现，4%~10% 的美国人曾经经历过线上骚扰。[324] 这个数字令人震惊，联想到上一章中讨论过的，说明当前的互联网设计必定存在问题。

当进入互联网的下一次迭代时，我们有机会从头再来。这是一个我们可以做得更好的新开始。要构建一个将信任、安全和隐私嵌入设计和代码中的元宇宙，我们要塑造它，决定它将成为什么样子。无论是构建一个与今天的 Web 类似的元宇宙，还是一个不同的、更开放的、包容的 Web，选择权都掌握在我们手中。在我们一头扎进这个沉浸式世界之前，需要确保这些关键要素不再成为 Web 2.0 的后见之明，而是成为元宇宙的事实标准。监管部门和立法者需要加强和改进工作方式，标准化组织需要发布开放元宇宙所需的标准。

如果一切顺利，元宇宙将成为一个平行的数字宇宙，放大我们用技术构建的一切喜爱的事物。为此，需要今天的思想家、专家和创作者共同努力，透彻地讨论我们希望建设和生活于其中的元宇宙是什么样,我们怎样才能建成它。否则,我们就会在不知不觉中走入一个由那些扎克伯格所控制的封闭的元宇宙。

或者就像阿姆的名言:"就像你只能试一次,只有一次机会。瞬间抓住你想要的一切。你会抓住这次机会,还是让它溜走?"[325]

我们还处于新时代的初期,我们有一次机会,能够试一次,让互联网变得更好,从过去的错误中汲取教训,建设一个我们梦想的数实融合的现实。我们会抓住这次机会,建成一个开放的、互操作的元宇宙,还是让这次机会溜走,最终迎来反乌托邦的噩梦?

我当然希望我们能够通力合作,建设一个永远能够与之交互的数字宇宙,提供独特的体验帮我们探索自我,让我们成为自己想成为的人,在任何想要的时间去任何想去的地方,同时还拥有对自己的身份、数据和资产的完全控制权。

在未来,不会有一个决定性时刻让我们宣布"元宇宙已经到来!"但我们会逐步走进这个沉浸式互联网,拥抱让我们惊奇、惊艳和享受娱乐的数字体验。到 2030 年时,元宇宙将会是什么样,我们无法预测。元宇宙由独一无二的个体和创作者所创建,开放的、互操作的元宇宙就更是如此,到时可能连扎克伯格的愿景都会显得落伍。

在我们开始建设元宇宙时,不可能交给千禧一代或 X 世代来设计和创建。建设元宇宙将由 Z 世代和阿尔法世代主导,他们才是元宇宙的原住民,生长在一个越来越数字化的世界。如著有《银河系漫游指南》(*The Hitchhiker's Guide to the Galaxy*)的知名作家道格拉斯 · 亚当斯(Douglas Adams)在《困惑的三文鱼》(*The Salmon of Doubt*)中所述:[326]

· 你出生时已经存在的科技都平常而普通,是世界运转秩序的天然组成部分；

·在你 15~35 岁诞生的科技是令人兴奋的革命性产物，说不定你以后能以此为业；

·在你 35 岁以后诞生的科技都是违反自然秩序的。①

想想十年后，当玩着未来的尖端技术长大，在孩童时期曾经探索过元宇宙的"早期遗迹"的一代设计者和开发者，开始采用这样的尖端技术时，又会是怎样。

我们将看到今天无法想象的真正有创意、沉浸式的体验。[327] 我们会看到身份和创意的寒武纪式大爆发，每个人都能拥有多个身份、以不同的虚拟化身示人，其中既有标准的数字人类，也有不存在于这个世界的独特创造。我们将在超逼真的幻想世界里参加 XR 会议，使用 VR 边做边学，体验真实世界之上的无数层增强现实并出于娱乐或商业目的展开探索。其中一些层次人人可及，另一些需要用加密货币支付才行，还有一些则需要正确的资格验证才能进入。

AR 将成为人们生活中一个比 VR 更重要的部分，我们将能够以独特的视角看待现实，无论是好是坏。元宇宙将实现人类的游戏化，我们应该小心不要陷入《黑镜》(*Black Mirror*) 那样的剧情。还有，我们不应该忘记怎样在真实的物理世界中生活，而不是全天候地在线，有时候要远离数字干扰，与亲朋好友共度一段时光。

随着技术的进步，在实现将元宇宙直接投射到我们的大脑中之前，我们会把低模世界抛在身后，与独特的高保真、高模虚拟世界和

---

① 引自湖南文艺出版社 2019 年出版的《困惑的三文鱼》，译者姚向辉。——译者注。

增强体验交互。创建更加沉浸式的世界会更容易，在一个回报创意与创新、人们能够无缝地货币化自己成果的世界中，最激动人心的事也能发生。随着新兴技术进一步融合，全球将迎来艺术、创意和创新的复兴，随之而来的重大突破将推动人类的进步，并定义创想时代。

  我们才刚刚开始理解元宇宙是什么。元宇宙的未来将是个人的，有无限的选择和创意。人类将与技术深度融合，从脑机接口植入传感器，将使我们拥有新的感官，从而体验到人类发展的新阶段。在元宇宙中，我们可以不受限制地想去哪里就去哪里。有了个性化的AI直接与我们的大脑交流，主动的空间Web可能会成为现实。计算机与人类的差异将变得模糊，真实和数字生活终将无缝融合。欢迎来到元宇宙的狂野之旅！

结　语

虽然元宇宙已经掀起了一些热潮，却依然处于初级阶段。至少还得几年时间，我们才能看到一个真正互操作的、开放的元宇宙，也就是说，我们依然能够决定想怎样构建互联网的下一次迭代。如果可以的话，希望阅读这本书能使读者更加明确我们应当慎重把握这样的机会。建设元宇宙的这十年，能够成为人类的重要历史时刻。为了反映这样的重要性，也为了帮助正在创建元宇宙不同部分的人，我想以元宇宙的十大标准或十大原则来结束本书。这些原则基于我从将近250个元宇宙相关利益者那里获得的访谈和贡献，也参考了火人节的十大原则，希望能有助于创建一个能够服务全人类而非少数精英的元宇宙。[328]

开放：开放元宇宙使每个人都能通过创建或分享独特的体验而从元宇宙中获益，能够便捷地在不同世界之间切换，能够把你的数据、身份和穿戴设备从一个平台转到另一个平台。

包容：任何人都应该能够参与元宇宙，构建能够反映自己真实世界身份的身份。在元宇宙中，一切都有可能，没有人应该因为真实外表或数字形象而遭到排斥。

私有：生活是你的，隐私也是你的。在元宇宙中，所有人、所有事物都应该拥有对自己数据的全部监管权。无论是个体、组织，还是数字孪生，数据都属于最初的创建者，没有明确许可，任何人都不允许采集、分析或滥用。

透明：不再有法律细则，但每个人都应该能理解任何平台、虚拟世界或增强体验中简单易读的参与规则。

公平：不再有平台所有者收取的高额费用，而是多劳多得、少劳少得。不再有价值攫取，而是价值创造。于是创造最多价值的人应该得到最多的回报，理想情况下会通过加密货币获得回报。

安全保障：安全保障应该是元宇宙 DNA 的一部分，嵌入在代码中，从设计上提供安全保障。数据应当是安全加密的，特别是涉及敏感的生物识别技术时。

安全：元宇宙应该是个安全的环境，没有人应该害怕被骚扰、被霸凌或被侮辱。平台应该提供安全措施，并启动默认保护程序。罪犯不应该逍遥法外。

知情同意：与物理世界一样，知情同意应该成为常态。平台应该阻止任何人不经许可就联系其他人，知情同意应该嵌入代码。

创意：元宇宙繁荣的基础是创意和创作者，艺术家只要不伤害他人，就应该能够以自己想要的任何方式表达自我。由于数字王国不适用物理定律，应该奖励跳出常规的思维模式。

社群中心：元宇宙就是社交，沉浸式互联网要共同体验才能发挥到极致。从微型的利基社群到全球性社群的探索、游戏和协同工作，元宇宙的建设应该围绕创意协作。

理想情况下，每个想为元宇宙做些什么的人，都应该检视自己的平台、虚拟世界或增强体验在多大程度上符合这些原则。如果我们能够创建一个人人所有的元宇宙，那么人人都将从中获益，人类也会繁荣兴旺。

致　谢

写作一本关于元宇宙的书是一段奇妙的旅程。如果没有那么多人帮助我、分享他们的见解、给我他们的反馈，我不可能做得到。说到底，在开始写作时我可能有很多想法，却绝对没有所有的答案。大约有250位参与创建元宇宙的人贡献了他们的观点和见解，所以本书真的是共同努力的成果，我希望这本书能帮助人们建立一个开放的元宇宙。

首先我要感谢我的伴侣路易丝（Louise）允许我"消失"了三个月，否则我不可能在这么短的时间里写完这本书。还要感谢我的编辑克里斯·尼尔森（Chris Nelson）和出版人吉姆·米内特尔（Jim Minatel）、皮特·高根（Pete Gaughan）以及梅丽莎·伯洛克（Melissa Burlock），感谢他们这段时间的支持以及在本书写作过程中非常有价值的反馈。我还要感谢杰米·伯克为我作推荐序。

接下来，我要感谢所有被我采访过的人，他们在审阅本书手稿时提出了非常有价值的意见建议。要感谢的人以字母表排序如下：Alec Lazarescu、Avinash Kaushik、Benjamin Bertram Goldman、Christiaan Eisberg、Daniel Sisson、George Visniuc、John Gaeta、Justin Hochberg、Kevin O'Donovan、Lindsey McInerney、Michaela Larosse、Neil Trevett、Paul Hamilton、Rabindra Ratan、Raghu Bala、Robert Long 和 TiffanyXingyu Wang。

还要感谢凯瑟琳·冯·里吉门纳姆（Cathalijn van Rijmenam）、彼得·博斯（Pieter Bos）、萨姆·约翰斯顿（Sam Johnston）和凯瑟琳·布鲁斯（Kathryn Bruce）对本书友好的评价。

感谢在我那么多次成功的采访中分享了自己真知灼见的人。要感谢的人以字母表排序如下：Adil Bougamza、Adonis Zachariades、Alex Lee、Anna Gandrabura、Antony Tran、Athena Demos、Avonne Darren、Bayan Towfiq、Belal Miah、Blake Lezenski、Cai Felip、Celeste Lear、Charles Markette、Chavy Goh、Christian Ulstrup、Clement Oh、David Francis、Delz Erinle、Doug Jacobson、Douglas Park、Edmund Lu、Edwin Mata、Eric Korn、Eve Logunova-Parker、Evelyn Mora、Evo Heyning、Ezra Dey、Francesca Tabor、Gabriel Rene、Georgina Wellman、Hannah Glass、Imran Sheikh、Jamie Burke、Jason Cassidy、Jay Es、Jerry Heinz、Jimi Daodu、Jimmy Chan、Joey Dunne、Jon Radoff、Julian Voll、Justin Lacche、Kavya Pearlman、Konrad Gill、Lily Li、Lisa Kolb、Lukę Gniwecki、Matias Calzada、Matthew Brewbaker、Matthew Scott Jones、Max Koenig、Michael Patrick Potts、Mila Bessmann、Nathan Grotticelli、Nathan Nasseri、Neil Haran、Paul Hewett、Ralph Kalsi、Ray Lu、Richard Kerris、Robert Long、Robert Rice、Ryan Gill、Ryan Kieffer、Sandra Escobedo、Shauna Lee Lang、Shidan Gouran、Sidsel Rytter Loschenkohl、Slavica Bogdanov、Stuart Hall、Tamer Garip、Tamer Garip、Timmu Tõke、Vijay Dhanasekaran、Vincent Hunt 和 Xavier Egan。

接下来要感谢所有在我组织的线上调查中分享观点的人。虽然我真的想分别向你们每个人表示感谢，但在这么短的时间内不可能完成。因此，我首先非常感谢完成很长调查的那些人。根据每个人在领英网站上的信息，要感谢的人以字母表排序如下：Abiodun Victoria、Akhil Gupta、Alan Rodriguez、Alexey Shmatok、Amit Kolambikar、Amy Peck、An Coppens、Andreas Fauler、Andrii Gorbenko、Andy Wood、Anshuman Tripathi、Arian Koster、Ashraf AL-Tayeb、Astir Mayers、Axel Schumacher、Ben Maloney、Bryan Bu、Cameron Stubbs、Charles L. Perkins、Charles V.、Cliff Baldridge、Darren Teh、Dave Sampson、Denis Santelli、Dima Lylyk、Dima Schott、Dixon 188 A cknowledgmentsMelitt James、Dominique Wu、Dr Jane Thomason、Dr. Rich Melheim、Dustin Wish、Dwayne Mithoe、Eugenio Galioto、Fatemeh Monfared、Fernando Carrión、Florian Couret、Francisco Asensi Viana、Franjo Maretic、Gabriele Cavargna Bontosi、Gianluca Rosania、Guy Purdy、Hank Kalinowski、Henry Chan、Horacio Torrendell、Ilana Milkes、Janine Yorio、Jarno Eerola、Jehan-Michel Bernard、Jehan-Michel Bernard、Jesus G. Bonilla、Joe Swaty、Jonathan Wade、Juliane Demuth、Justin Cheu、Karen Jouve、Kelly Martin、Kenneth Mayfield、Kerry F. Smith、Kevin Russell、Kishore Dharmarajan、Kristina Podnar、Lee Yee、Lily Snyder、Lisa Laxton、Luca Lisci、Mao Lin Liao、Marcus Arnet、Marina Bottinelli、Mark Dando、Martin Petkov、Marty M. Weiss、Massimo Buonomo、Mattia Crespi、May Mahboob、Mees Rutten、Michael D Polak、Michael Luby、Michael Weymans、Murugan Velsamy、Nathanael Girard、Nelson Inno、Nick Dehadray、Nick Merritt、Nicolas Waern、Pascal Niggli、Paula Marie Kilgarriff、Peter Trapasso、Philip Mostert、

Pushpak Kypuram、Raj A. Kapoor、Ralph Benko、Rob Chong、Rod Vowell、Ron van Rijswijk、Ruslan Mogilevets、Sam Johnston、Sanjay Ojha、Sean Low、Sekayi Mutambirwa、Shravan Rajpurohit、Shrawan Banerjee、Simon Graff、Stefan Hackländer、Stefano Sandri、Stephanie Bretonniere、Sven Van de Perre、Tamsin O'Hanlon、Therkel Sand Therkelsen、Thijs Pepping、Tim Wild、Tom Sargent、Tomasz Figarskit、Tristan Schroeder、Valentin Valle、Vincent Tessier、Wan Wei、Wendy Diamond、William Burns III、Wladimir Baranoff-Rossine、Xyras To、Yurii Filipchuk 和 Zeynep Balkan。

最后也同样重要的是，我想感谢元宇宙的所有创作者和创造者。你们拥有为人类创造一种独特体验的能力，我向你们的工作表示感谢！

参考文献

1. Mike Proulx and Jessica Liu, "The Metaverse Won't Fix Facebook," October 25, 2021, www.forrester.com/blogs/the-metaverse-wont-fix-facebook.
2. Dr Mark van Rijmenam, LinkedIn poll, www.linkedin.com/posts/markvanrijmenam_book-metaverse-trust-activity-6869742614535557121-N7oX, December 2021.
3. Lil Nas X's Roblox concert was attended 33 million times, by Jacob Kastrenakes, The Verge, www.theverge.com/2020/11/16/21570454/lil-nas-x-roblox-concert-33-million-views, November 16, 2020, visited January 27, 2022.
4. Merch sales from Lil Nas X Roblox gig near 'eight figures,' by Stuart Dredge, Musically, https://musically.com/2021/07/06/merch-sales-from-lil-nas-x-roblox-gig-near-eight-figures, July 6, 2021, visited January 27, 2022.
5. "Metaverse Festival" website, https://themetaversefestival.io.
6. Decentraland announces the Metaverse Festival, by Kristin Houser, Freethink, www.freethink.com/culture/metaverse-festival, October 20, 2021, visited January 27, 2022.
7. The first Metaverse Festival in Decentraland!, Besancia, NonFungible, https://nonfungible.com/blog/first-metaverse-festival-decentraland, October 25, 2021, visited January 27, 2022.
8. "A Magazine Is an iPad That Does Not Work," UserexperiencesWorks, YouTube, Oct. 25, 2011, accessed November 10, 2021, www.youtube.com/watch?v=aXV-yaFmQNk.
9. Ernest Cline, Ready Player One (Crown Publishing Group, 2011).
10. Keynote Address: Tim Berners-Lee, Re-decentralizing the web, some strategic questions, https://archive.org/details/DWebSummit2016_Keynote_Tim_Berners_Lee, 08-06-2016, accessed November 10, 2021.
11. Cybercrime To Cost The World $10.5 Trillion Annually By 2025, by Steve Morgan, Cybercrime Magazine, https://cybersecurityventures.com/cybercrime-damage-costs-10-trillion-by-2025, November 13, 2020, visited January 24, 2022.
12. As discussed by Matthew Ball in the 'Building the Open Metaverse' Podcast, Episode 1, https://open.spotify.com/episode/5Vo1a5EPxDWI5quQOSf9wy.

13. "The First Mainframes," Computer History Museum, www.computerhistory.org/revolution/mainframe-computers/7/166, visited November 14, 2021.
14. Shen, PC., Su, C., Lin, Y., et al., Ultralow contact resistance between semimetal and monolayer semiconductors, Nature 593, 211–217 (2021), https://doi.org/10.1038/s41586-021-03472-9.
15. www.nano.gov/nanotech-101/what/nano-size, National Nanotechnology Initiative, visited November 14, 2021.
16. Ada Lovelace, "Notes" to a "Sketch of the Analytical engine Invented by Charles Babbage," by L.F. Menabrea, in Scientific Memoirs (London, 1843), vol. 3.
17. "BASIC," Wikipedia, last modified on February 6, 2022, https://en.wikipedia.org/wiki/BASIC.
18. Cerf, V. G. & Leiner, B. M. (1997), Brief history of the internet, internet Society.
19. The New Yorker cartoon by Peter Steiner, 1993.
20. The Biggest companies in the world, Visual Capitalist, Jenna Ross, www.visualcapitalist.com/the-biggest-companies-in-the-world-in-2021, visited November 14, 2021.
21. Bailenson, J. (2018), Protecting nonverbal data tracked in virtual reality, JAMA pediatrics, 172(10), 905–906.
22. Zuckerberg's Meta Endgame Is Monetizing All Human Behavior, The Verge, Janus Rose, www.vice.com/en/article/88g9vv/zuckerbergs-meta-endgame-is-monetizing-all-human-behavior, visited December 13, 2021.
23. Zuckerberg and team consider shutting down Facebook and Instagram in Europe if Meta can not process Europeans' data on US servers, by Michiel Willem, City A.M., www.cityam.com/mark-zuckerberg-and-team-consider-shutting-down-facebook-and-instagram-in-europe-if-meta-can-not-process-europeans-data-on-us-servers, February 6, 2022, visited February 7, 2022.
24. Maddison Connaughton, "Her Instagram Handle Was 'Metaverse.' Last Month, It Vanished." www.nytimes.com/2021/12/13/technology/instagram-handle-metaverse.html By Maddison Connaughton, The New York Times, December 13, 2021, visited December 17, 2021.
25. Nakamoto, S. (2008), Bitcoin: A peer-to-peer electronic cash system, Decentralized Business Review, 21260.
26. Harari, Y. N. (2016), Homo Deus: A Brief History of Tomorrow, Random House.
27. Morton Heilig, "The cinema of the Future," Espacios 23–24, (1955).
28. Morton Heilig, (1962), US Patent #3,050,870.

29. Bailenson, J. (2018), experience on demand: What virtual reality is, how it works, and what it can do, WW Norton & company.

30. Kuo:Apple plans to replace the iPhone with AR in 10years, 9To5Mac, JoséAdorno, https://9to5mac.com/2021/11/25/kuo-apple-plans-to-replace-the-iphone-with-ar-in-10-years, November 25, 2021, visited December 13, 2021.

31. Why is Occlusion in Augmented Reality So Hard?,by Neil Mathew, Hackernoon, https://hackernoon.com/why-is-occlusion-in-augmented-reality-so-hard-7bc8041607f9, January 28, 2018, visited February 7, 2022.

32. Snap Inc. Introduces the Next Generation of Spectacles, Investor Relations Snap, May 20, 2021, https://investor.snap.com/news/news-details/2021/Snap-Inc.-Introduces-the-Next-Generation-of-Spectacles/default.aspx, visited December 14, 2021.

33. Kura AR Gallium, by Kura AR, CES Innovation Awards 2022, www.ces.tech/Innovation-Awards/Honorees/2022/Honorees/K/Kura-AR-Gallium.aspx.

34. LinkedIn post ARun Prasath, LinkedIn, www.linkedin.com/posts/arunxr_augmentedreality-ar-tourismmarketing-activity-6893046514395029506-l73s, February 2, 2022.

35. Lik-Hang Lee, Tristan Braud, Pengyuan Zhou, Lin Wang, Dianlei Xu, Zijun Lin, Abhishek Kumar, carlos Bermejo, Pan Hui, (2021), "All one needs to know about metaverse: A complete survey on technological singularity, virtual ecosystem, and research agenda."arXivpreprint, https://arxiv.org/abs/2110.05352.

35a. Clarke, Arthur C. (1968-01-19), "Clarke's Third Law on UFO's". Science. 159 (3812): 255. doi:10.1126/science.159.3812.255-b. ISSN 0036-8075.

36. The Age of Imagination, by Charlie Magee, Second International Symposium: National Security & National Competitiveness:Open Source Solutions Proceedings,1993 Volume I, https://web.archive.org/web/20110727132753/http://www.oss.net/dynamaster/file_archive/040320/4a32a59dcdc168eced6517b5e6041cda/OSS1993-01-21.pdf.

37. internet Statistics 2021: Facts You Need-to-Know, by Artem Minaev, https://firstsiteguide.com/internet-stats, November 30, 2021,visited December 19, 2021.

38. Announcement Satya Nadella about the Enterprise Metaverse, November 2, 2021, www.linkedin.com/feed/update/urn:li:activity:6861388591730372608.

39. Interview with Bayan Towfiq, CEO of Subspace, December 16, 2021.

40. Madden NFL 22 & Nike NRc App Super Bowl challenge! EARN AARON DONALD!, EA, https://answers.ea.com/t5/Madden-NFL-Ultimate-Team/Madden-

NFL-22-amp-Nike-NRC-App-Super-Bowl-Challenge-EARN- AARON/m-p/11266356, February 7, 2022, visited February 8, 2022.

41. De 'verbeterde mens' is onder ons, by Lex Rietman, FD, December 17, 2021, https://fd.nl/samenleving/1422461/de-verbeterde-mens-is-onder-ons, visited December 23, 2021.

42. Mark van Rijmenam, & Philippa Ryan, (2018), Blockchain: Transforming Your Business and Our World, Routledge.

43. The Elephant in the Metaverse, Shannon Low, October 3, 2021, https://shannonlow.substack.com/p/the-elephant-in-the-metaverse.

44. Interview with Neil Trevett, elected President of The Khronos Group, December 16, 2022.

45. Morini, M., From 'Blockchain Hype' to a Real Business case for Financial Markets. Available at SSRN 2760184, 2016.

46. Luu, L., et al., Making smart contracts smarter, 2016, Cryptology ePrint Archive, Report 2016/633, 201 6, http://eprint/.iacr.org/2016/633.

47. Pascuale Forte, Diego Romano, and Giovanni Schmid, "Beyond Bitcoin-Part I: A critical look at blockchain-based systems," IACR Cryptol. ePrint Arch, 2015 Melanie Swan, Blockchain: Blueprint for a new economy, 2015: O'Reilly Media, Inc.

48. Mark van Rijmenam and Philippa Ryan, (2018), Blockchain: Transforming Your Business and Our World, Routledge.

49. Andreessen Horowitz, "How to Win the Future: An Agenda for the Third Generation of the Internet," October 2021, https://a16z.com/wp-content/uploads/2021/10/How-to-Win-the-Future-1.pdf.

50. The Metaverse: What It Is, Where to Find It, and Who Will Build It, Matthew Ball, January 13, 2020, www.matthewball.vc/all/themetaverse, visited December 23, 2021.

51. The Spatial Web: How Web 3.0 Will Connect Humans, Machines, and AI to Transform the World, by Gabriel René and Dan Mapes, 2019, Self-published: Gabriel Rene (27 August 2019).

52. "The Metaverse Takes Shape as Several Themes Converge," by Pedro Palandrani, Global X, www.globalxetfs.com/content/files/The-Metaverse-Takes-Shape-as-Several-Themes-Converge.pdf.

53. Mark van Rijmenam & Philippa Ryan, (2018), Blockchain: Transforming Your Business and Our World, Routledge.

54. The 5P's of a Self-Sovereign Identity, by Dr Mark van Rijmenam, TheDigitalSpeaker.com, www.thedigitalspeaker.com/5ps-self-sovereign-identity, September 25, 2018.
55. 9 Megatrends Shaping the Metaverse, by Jon Radoff, https://medium.com/building-the-metaverse/9-megatrends-shaping-the-metaverse-93b91c159375, May 20, 2021, visited December 24, 2021.
56. "Seeing is believing," PwC, www.pwc.com/gx/en/industries/technology/publications/economic-impact-of-vr-ar.html, November 19, 2019.
57. The Metaverse explained Part 3: economics, Gene Munster & Pat Bocchicchio, https://loupfunds.com/the-metaverse-explained-part-3-economics/, December 21, 2018, visited December 24, 2021.
58. David Grider & Matt Maximo, "The Metaverse, Web 3.0 Virtual cloud economies," Grayscale Research, https://grayscale.com/wp-content/uploads/2021/11/Grayscale_Metaverse_Report_Nov2021.pdf, November 2021.
59. Mark Zuckerberg's metaverse could fracture the world as we know it — letting people 'reality block' things they disagree with and making polarization even worse, by Katie Canales, Business Insider, www.businessinsider.com.au/facebook-meta-metaverse-splinter-reality-more-2021-11, November 11, 2021, visited February 10, 2022.
60. Interview with Jamie Burke, Founder and CEO Outlier Ventures, November 16, 2021.
61. Jamie Burke, The Open Metaverse OS, Outlier Ventures, https://outlierventures.io/wp-content/uploads/2021/02/OV-Metaverse-OS-V5.pdf.
62. Why Axie Infinity Is at the Forefront Towards a Sustainable P2e economy, by Jungruethai Songthammakul, Alpha Finance, https://blog.alphafinance.io/why-axie-infinity-is-at-the-forefront-towards-a-sustainable-p2e-economy, December 20, 2021, visited December 24, 2021.
63. Axie Infinity facing taxes in the Philippines, Market Business News, by Edward Bishop, https://marketbusinessnews.com/axie-infinity-facing-taxes-in-the-philippines/280528, November 4, 2021, visited January 18, 2022.
64. Axie Infinity Raising $150M at $3B Valuation: Report, by James Rubin, CoinDesk, www.coindesk.com/business/2021/10/04/axie-infinity-to-raise-150m-series-b-at-3b-valuation-report, October 5, 2021, visited January18, 2022.
65. CoinMarketcap web site https://coinmarketcap.com, January 18, 2022.
66. Earnings for Axie Infinity players drop below Philippines minimum wage, by

Lachlan Keller, Forkast, https://forkast.news/headlines/earnings-axie-infinity-below-minimum-wage, November 16, 2021, visited February 12, 2022.

67. Mansoor Iqbal, "Fortnite Usage and Revenue Statistics (2022)," Business of Apps, January 11, 2022, www.businessofapps.com/data/fortnite-statistics.
68. Soulbound, by Vitalik Buterin, https://vitalik.ca/general/2022/01/26/soulbound.html, January 26, 2022, visited February 13, 2022.
69. Interview with Lindsey McInerney, November 29, 2021.
70. Jamie Burke, The Open Metaverse OS, Outlier Ventures, https://outlierventures.io/wp-content/uploads/2021/02/OV-Metaverse-OS-V5.pdf.
71. "Hashrate Distribution," Blockchain.com, https://blockchain.info/ pools, as reported on January 18, 2022.
72. Bitcoin: Who owns it, who mines it, who's breaking the law, by Betsy Vereckey, MIT Management Sloan School, https://mitsloan.mit.edu/ideas-made-to-matter/bitcoin-who-owns-it-who-mines- it-whos-breaking-law, October 14, 2021, January 18, 2022.
73. Report Preview: The 2021 NFT Market explained [UPDATED 1/13/22], Chainanlysis, https://blog.chainalysis.com/reports/nft-market-report-preview-2021, December 6, 2021, visited January 18, 2022.
74. @ryancrucible, Twitter, May10, 2021 https://twitter.com/RyanCrucible/status/1391851471243726851.
75. Interview with Neil Trevett, The Khronos Group, December 16, 2021.
76. Kellie Patrick, "A Brief History of Avatars," The Philadelphia Inquirer (March 18, 2007): www.inquirer.com/philly/entertainment/20070318_A_Brief_History_of_Avatars.html.
77. What are some different types of gender identity?, by Veronica Zambon, Medical News Today, www.medicalnewstoday.com/articles/types-of-gender-identity, November 5, 2020, visited January 15, 2022.
78. "About NFT Profile Pictures on Twitter," Twitter, https://help.twitter.com/en/using-twitter/twitter-blue-fragments-folder/nft.
79. Interview with Timmu Tõke, CEO and co-founder of Wolf3D, November 19, 2021.
80. VRchat, "Avatar Performance Stats and Rank Blocking," https://medium.com/vrchat/avatar-performance-stats-and-rank-blocking-1ae0feddc775, June 12, 2019, Visited December 29, 2021.
81. CA18, "The Matrix Awakens: you have to try this crazy Unreal Engine 5 demo!" California 18, https://california18.com/the-matrix-awakens-you-have-to-try-this-

crazy-unreal-engine-5-demo/2021062021, December 10, 2021, visited December 29, 2021.

82. Why "Uncanny Valley" Human Look-Alikes Put Us on Edge, by Jeremy Hsu, Scientific American, www.scientificamerican.com/article/why-uncanny-valley-human-look-alikes-put-us-on-edge, April 3, 2012, visited January 2, 2022.

83. Ready Player Me, a metaverse avatar platform, raises $13M in funding, by Rachel Kaser, VentureBeat, https://venturebeat.com/2021/12/28/ready-player-me-a-metaverse-avatar-platform-raises-13m-in- funding, December 28, 2021, visited December 29, 2021.

84. Rabindra Ratan, David Beyea, Benjamin J. Li, & Luis Graciano Velazquez,(2020). Avatar characteristics induce users' behavioral conformity with small-to- medium effect sizes: A meta-analysis of the proteus effect. Media Psychology, 23(5), 651–675.

85. Nick Yee & Jeremy Bailenson, (2007). The proteus effect: The effect of transformed self-representation on behavior. Human communication Research, 33(3), 271–290. doi:10.1111/hcre.2007.33.issue-3.

    Rabindra Ratan, David Beyea, Benjamin J. Li, & Luis GracianoVelazquez (2020). Avatar characteristics induce users' behavioral conformity with small-to- medium effect sizes: A meta-analysis of the proteus effect. Media Psychology, 23(5), 651–675.

86. Ready Player Me, a metaverse avatar platform, raises $13M in funding, by Rachel Kaser, VentureBeat, https://venturebeat.com/2021/12/28/ready-player-me-a-metaverse-avatar-platform-raises-13m-in- funding, December 28, 2021, visited, January 3, 2022.

87. Kim Kardashian's Met Gala Look Rewrote the Red Carpet's Rules, by Janelle Okwodu, Vogue, www.vogue.com/article/kim-kardashian-balenciaga-met-gala-2021-look, September 13, 2021, visited January 2, 2022.

88. Twitter search, https://twitter.com/search?q=kim%20kardashian%20unlocked%20character&src=typed_query&f=top.

89. Epic's high-fashion collaboration with Balenciaga in Fortnite includes a hoodie for a walking dog, Jay Peters, The Verge, www.theverge.com/2021/9/20/22679754/fortnite-balenciaga-collaboration-epic-games-unreal-engine, September 20, 2021, visited January 2, 2022.

90. Balenciaga Brings High Fashion to Fortnite, Epic Games, www.epicgames.com/site/en-US/news/balenciaga-brings-high-fashion-to-fortnite, September 21, 2021, visited

January 2, 2022.

91. Balenciaga makes phygital haute couture with Fortnite, Robin Driver, Fashion Network, https://ww.fashionnetwork.com/news/Balenciaga-makes-phygital-haute-couture-with-fortnite,1336247.html, September 21, 2021, visited January 2, 2022.

92. Gucci Garden by Roblox, www.roblox.com/games/6536060882/Gucci-Garden.

93. A digital Gucci bag sold for US$4,000 on gaming platform Roblox – will virtual fashion really become a US$400 billion industry by 2025?, www.scmp.com/magazines/style/news-trends/article/3136325/digital-gucci-bag-sold-us4000-gaming-platform-roblox, June 7, 2021,visited January 2, 2022.

94. LOOK: Dolce and Gabbana sells virtual suit for R18m, by Gerry Cupido, IOL, www.iol.co.za/lifestyle/style-beauty/fashion/look-dolce-and-gabbana-sells-virtual-suit-for-r18m-a870a72f-59ba-482b-b2de-a7508fc12ac6, October 6, 2021, visited January 3, 2022.
Dolce & Gabbana's NFT Experiment Is A Million-Dollar Success Story, by Alex Kessler, Vogue, www.vogue.co.uk/news/article/fashion-nft-dolce-and-gabbana, September 30, 2021, visited January 3, 2022.

95. Interview with Michaela Larosse, Head of Content & Strategy at The Fabricant, December 8, 2021.

96. Digital Fashion House 3.0, The Fabricant, https://the-fab-ric-ant.medium.com/the-fabricant-91e88b5b6b76, October 12, 2021, visited January 3, 2022.

97. Unlocking utility is key for fashion brands launching NFTs in 2022, by Rachel Wolfson, Cointelegraph, https://cointelegraph.com/news/unlocking-utility-is-key-for-fashion-brands-launching-nfts-in-2022, January 3, 2022, visited January 3, 2022.

98. Interview with Lindsey McInerney, November 29, 2021.

99. Fewer Than Half of Returned Goods Are Re-Sold at Full Price: Here's Why, by Jasmine Glasheen, The Robin Report, October 23, 2019, visited January 3, 2022.

100. Your brand new returns end up in landfill, by Harriet constable, BBC, www.bbcearth.com/news/your-brand-new-returns-end-up-in-landfill, visited February 9, 2022.

101. CGTN, "'Smart' mirrors delight shoppers in fitting rooms across China," YouTube, www.youtube.com/watch?v=GNKa8ZDOnF4, published October 8, 2017.

102. How on earth is trading virtual items in video games a $50 billion industry?,WAX.io, https://medium.com/wax-io/how-on-earth-is-trading-virtual-items-in-video-games-a-50-billion-industry-5972c211d621, December 12, 2017, visited January 3, 2022.

103. Interview with Konrad Gill, NeosVR, December 15, 2021.
104. Richard A. Bartle, (2004). Designing Virtual Worlds. New Riders.
105. Mulligan, Jessica & Patrovsky, Bridgette (2003), Developing Online Games: An Insider's Guide, New Riders, pp. 444, ISBN 978-1-59273-000-1, 1980 [..] Final version of MUD1 completed by Richard Bartle. Essex goes on the ARPANet, resulting in internet MUDs!.
106. Presentation by Benjamin Bertram Goldman, Beyond Games Conference in November 2021, https://benjamin.tv/virtual-worlds.
107. Richard Bartle: we invented multiplayer games as a political gesture, Keith Stuart, The Guardian, www.theguardian.com/technology/2014/nov/17/richard-bartle-multiplayer-games-political-gesture, November 17, 2014, visited January 6, 2022.
108. Presentation by Benjamin Bertram Goldman, Beyond Games Conference in November 2021, https://benjamin.tv/virtual-worlds.
109. Keynote Raph Koster, Still Logged In: What AR and VR can Learn from MMOs, 2017 Game Developers Conference, www.raphkoster.com/games/presentations/still-logged-in-what-social-vr-and-ar-can-learn-from-mmos.
110. Do MUDs still exist?, Board Game Tips, https://boardgamestips.com/wow/do-muds-still-exist/#Do_MUDs_still_exist.
111. The Metaverse Explained Part 3: Economics, by Gene Munster & Pat Bocchicchio, Loup, https://loupfunds.com/the-metaverse-explained-part-3-economics, December 21, 2018, visited January 5, 2022.
112. Duan, H., Li, J., Fan, S., Lin, Z., Wu, X., & Cai, W. (2021, October 17). Metaverse for Social Good, Proceedings of the 29th ACM International conference on Multimedia, https://doi.org/10.1145/3474085.3479238.
113. First millionaire in Second Life, Guinness World Records, www.guinnessworldrecords.com/world-records/first-millionaire-in-second-life.
114. Taking a Second Look at Second Life, by Jonathan Schneider, ORCA Views, https://qrcaviews.org/2020/11/10/taking-a-second-look-at-second-life, November 10, 2020, visited January 5, 2022.
115. Black Rock City 2022, https://burningman.org/event.
116. Mark W. Bell, (2008), "Toward a Definition of 'Virtual Worlds,'" Virtual worlds research: Past, Present and Future issue, Journal of Virtual Worlds Research, 1(1).
117. Presentation by Benjamin Bertram Goldman, Beyond Games Conference in November 2021, https://benjamin.tv/virtual-worlds.
118. Elizabeth Reid (1994), Cultural Formations in TextBased Virtual Realities, (master's

thesis), University of Melbourne.

119. Keynote Raph Koster, Still Logged In: What AR and VR Can Learn from MMOs, 2017 Game Developers Conference, www.raphkoster.com/games/presentations/still-logged-in-what-social-vr-and-ar-can-learn-from-mmos.

120. People Are Already Using Pokémon Go as a Real estate Selling Point, by Cara Giaimo and Sarah Laskow, Atlas Obscura, www.atlasobscura.com/articles/people-are-already-using-pokemon-go-as-a-real-estate-selling-point, July 12, 2016, visited January 6, 2022.

121. Criminals Targeting Victims with the Geo-Located Pokémon Go Game, Reyhan Harmonic, Atlas Obscura, www.atlasobscura.com/articles/criminals-targeting-victims-with-the-geolocated-pokemon-go- game, July 10, 2016, visited January 6, 2022.

122. Pokemon Go Turns Man's Home into a 'Gym,' Causing Chaos, by Andrew Griffin, Independent, www.independent.co.uk/life-style/gadgets-and-tech/gaming/pokemon-go-man-s-house-accidentally-turned-into-a-gym-causing-huge-problems-a7129756.html, July 14, 2016, visited January 6, 2022.

123. Virtual Pedophilia Report Bad News For Second Life, TechCrunch, https://techcrunch.com/2007/10/30/virtual-pedophilia-report-bad-news-for-second-life, October 31, 2007, visited January 6, 2022.

124. Pink penis attack on Second Life chat show, by Paul Kevan, Metro, https://metro.co.uk/2006/12/22/pink-penis-attack-on-second-life-chat-show-3433996, December 22, 2006, visited January 6, 2022.

125. My First Virtual Reality Groping, by Jordan Belamire, Athena Talks, https://medium.com/athena-talks/my-first-virtual-reality-sexual-assault-2330410b62ee#.wxqm21s7v, October 21, 2016, visited January 6, 2022.

126. Meta opens up access to its VR social platform Horizon Worlds, Alex Heath, The Verge, www.theverge.com/2021/12/9/22825139/meta-horizon-worlds-access-open-metaverse, December 9, 2021,visited January 6, 2022.

127. Woman claims she was virtually 'groped' in Meta's VR metaverse, by Hannah Sparks, New York Post, https://nypost.com/2021/12/17/woman-claims-she-was-virtually-groped-in-meta-vr-metaverse, December 17, 2021, visited January 6, 2022.
The State of Online Harassment, Pew Research Center, www.pewresearch.org/internet/2021/01/13/the-state-of-online-harassment, January 13, 2021.

128. Dealing With Harassment in VR, by Aaron Stanton, UploadVR, https://uploadvr.com/dealing-with-harassment-in-vr, October 25, 2016, visited January 6, 2022.

129. Meta opens up access to its VR social platform Horizon Worlds, Alex Heath, The Verge, www.theverge.com/2021/12/9/22825139/meta-horizon-worlds-access-open-metaverse, December 9, 2021, visited January 6, 2022.
130. Meta to bring in mandatory distances between virtual reality avatars, by Dan Milmo, The Guardian, www.theguardian.com/technology/2022/feb/04/meta-to-bring-in-mandatory-distances-between-virtual- reality-avatars, February 5, 2022, visited February 9, 2022.
131. My First Virtual Reality Groping, by Jordan Belamire, Athena Talks, https://medium.com/athena-talks/my-first-virtual-reality-sexual-assault-2330410b62ee#.wxqm21s7v, October 21, 2016, visited January 6, 2022.
132. Gaming: the new super platform, Accenture, www.accenture.com/us-en/insights/software-platforms/gaming-the-next-super-platform, April 2021.
133. Film And Video Global Market Report 2021, The Business Research Group, www.thebusinessresearchcompany.com/report/film-and-video-global-market-report-2020-30-covid-19-impact-and-recovery.
134. 35% of the total world's population are gamers, by Justinas Baltrusaitis, Finbold, https://finbold.com/35-of-the-total-worlds-population-are- gamers, August 15, 2020, visited January 7, 2022.
135. The Metaverse: What It Is, Where to Find It, and Who Will Build It, by Matthew Ball, www.matthewball.vc/all/themetaverse, January 13, 2020, visited January 7, 2022.
136. Fortnite earned $9bn in two years, by Tom Phillips, Eurogamer, www.eurogamer.net/articles/2021-05-04-fortnite-earned-usd9bn-in-two-years, May 18, 2021, visited January 7, 2022.
137. Fortnite Usage and Revenue Statistics (2021), by Mansoor Iqbal, Business of Apps, www.businessofapps.com/data/fortnite-statistics, November 12, 2021, visited January 7, 2022.
138. Minecraft boasts over 141 million monthly active users and other impressive numbers, by Zachary Boddy, Windows Central, www.windowscentral.com/minecraft-live-2021-numbers-update, October 16, 2021, visited January 7, 2022.
139. Roblox User and Growth Stats 2022, by Brian Dean, Backlinko, https://backlinko.com/roblox-users, January 5, 2022, visited January 7, 2022.
140. Over half of US kids are playing Roblox, and it's about to host Fortnite-esque virtual parties too, by Taylor Lyles, The Verge, www.theverge.com/2020/7/21/21333431/roblox-over-half-of-us-kids-playing-virtual-parties-

fortnite, July 21, 2021, visited January 7, 2022.

141. The Metaverse: What It Is,Where to Find It, and Who Will Build It, by Matthew Ball, www.matthewball.vc/all/themetaverse, January 13, 2020, visited January 7, 2022.

142. What is Roblox? | An In-Depth Guide To Roblox, by Werner Geyser, Influencer Marketing Hub, https://influencermarketinghub.com/what-is-roblox, August 16, 2021, visited January 7, 2022.

143. This 21-year-old is paying for college (and more) off an amateur video game he made in high school, by Tom Huddleston Jr., CNBC, www.cnbc.com/2019/09/23/college-student-video-game-creator-made-millions-from-jailbreak.html, March 9, 2021, visited January 7, 2022.

144. The Metaverse Overview: From the Past to the Future (Part 2), by LD capital, https://ld-capital.medium.com/the-metaverse-overview-from-the-past-to-the-future-part-2-c4e60ce10e00, August 16, 2021, visited January 7, 2022.

145. Business models in the blockchain gaming world, by Devin Finzer, https://devinfinzer.com/blockchain-gaming-business-models, December 31, 2018, visited January 7, 2022.

146. Beyond Sports, Blocky Nickelodeon NFL Wildcard Game, Beyond Sports, https://vimeo.com/555851612/c8d9a6aaed.

147. Nickelodeon aired an NFL game and proved technology can make football way more fun, by Julia Alexander, The Verge, www.theverge.com/2021/1/11/22224770/nickelodon-nfl-wild-card-new-orleans-saints-chicago-bears-spongebob-squarepants-slime, January 11, 2021,visited February 14, 2022.

148. How to explain the 'Metaverse' to Your Grandparents, by Aaron Frank, https://medium.com/@aaronDfrank/how-to-explain-the-metaverse-to-your-grandparents-b6f6acae17ed, January 9, 2022, visited February 14, 2022.

149. Intel, "Intel True View, Intel in Sports," www.intel.com/content/www/us/en/sports/technology/true-view.html.

150. The Ultimate Echo Arena on the Quest Resource Guide, by Sony Haskins, VR FItness Insider, www.vrfitnessinsider.com/the-ultimate-echo-arena-on-the-quest-resource-guide, May 6, 2020,visited January 7, 2022.

151. IOC launches Beijing Olympics-themed mobile game with NFTs, by Ryan Browne, CNBC, www.cnbc.com/2022/02/03/ioc-launches-beijing-olympics-themed-mobile-game-with-nfts.html, February 3, 2022, visited February 14, 2022.

152. AO releases exclusive NFT's to celebrate iconic moments in history, Australian

Open, https://ausopen.com/articles/news/ao-releases-exclusive-nfts-celebrate-iconic-moments-history, Janiuary 17, 2022, visited February 10, 2022.

153. AO launches into Metaverse, serves up world-first NFT art collection linked to live match data, Australian Open, https://ausopen.com/articles/news/ao-launches-metaverse-serves-world-first-nft-art-collection-linked-live-match-data, January 11, 2022, visited February 10, 2022.

154. 10m players attended Fortnite's Marshmello concert, by Tom Phillips, Eurogamer, www.eurogamer.net/articles/2019-02-04-10m-players-attended-fortnites-marshmello-concert, February 4, 2019, visited January 7, 2022.

155. Fortnite – Twitter, https://twitter.com/FortniteGame/status/1254817584676929537, April 28, 2020.

156. How Hip-Hop Superstar Travis Scott Has Become corporate America's Brand Whisperer, by Abram Brown, Forbes, www.forbes.com/sites/abrambrown/2020/11/30/how-hip-hop-superstar-travis-scott-has-become-corporate-americas-brand-whisperer/?sh=5477095574e7, November 30, 2020, visited January 7, 2022.

157. Travis Scott reportedly grossed roughly $20m for Fortnite concert appearance, by Rebekah Valentine, GamesIndustry, www.gamesindustry.biz/articles/2020-12-01-travis-scott-reportedly-grossed-roughly-USD20m-for-fortnite-concert-appearance, December 1, 2020, visited January 7, 2022.

158. Ivors Academy, "8 out of 10 music creators earn less than £200 a year from streaming," https://ivorsacademy.com/news/8-out-of-10-music-creators-earn-less-than-200-a-year-from-streaming-finds-survey-ahead-of-songwriters-and-artists-giving-evidence-to-a-select-committee-of-mps, December 7, 2020, visited January 7, 2022.

159. Music NFTs: A centre-stage investment?, Raphael Sanis, Currency.com, https://currency.com/music-nft, November 9, 2021, visited January 7, 2022.

160. Susan Sonnenschein & Michele L. Stites (2021), The effects of cOVID-19 on Young children's and Their Parents' Activities at Home, early education and Development, 32:6, 789–793, DOI: 10.1080/10409289.2021.1953311.

    Stanford researchers identify four causes for 'Zoom fatigue' and their simple fixes, by Vignesh Ramachandran, Stanford News, https://news.stanford.edu/2021/02/23/four-causes-zoom-fatigue-solutions, February 23, 2021, visited January 8, 2022.

161. The Learning Pyramid, The Peak Performance Center, https://thepeakperformancecenter.com/educational-learning/learning/ principles-of-

learning/learning-pyramid.

162. The Experiences of the Metaverse, by Jon Radoff, https://medium.com/building-the-metaverse/the-experiences-of-the-metaverse-2126a7899020, May 28, 2021, visited January 8, 2022.

163. Public Policy for the Metaverse: Key Takeaways from the 2021 AR/VR Policy conference, by Ellysse Dick, ITIF, https://itif.org/publications/2021/11/15/public-policy-metaverse-key-takeaways-2021-arvr-policy-conference, November 15, 2021,visited January 8, 2022.

164. Example Use cases of How to Use Virtual Reality (VR) for Training, www.instavr.co/articles/general/example-use-cases-of-how-to-use-virtual-reality-vr-for-training, visited February 10, 2022.

165. 7 Mad Men Quotes That Applied Both Then and Now, Glad Works, www.gladworks.com/blog/7-mad-men-quotes-applied-both-then-and-now, visited January 9, 2022.

166. Warner Music is determined not to make another Napster mistake as it plots A-list concerts in the metaverse,by Marco Quiroz-Gutierrez,Fortune,https://fortune.com/2022/01/27/warner-music-metaverse-theme-park-concerts-sandbox-napster-cardi-b-dua-lipa, January 28, 2022,visited February 14, 2022.

167. JPMorgan's Dimon says bitcoin 'is a fraud', by David Henry, Anna Irrera, Reuters, www.reuters.com/article/legal-us-usa-banks-conference-jpmorgan-idUSKCN1BN2PN, September 21, 2017, visted February 18, 2022.

168. JPMorgan opens a Decentraland lounge featuring a tiger as the bank seeks to capitalize on $1 trillion revenue opportunity from the metaverse, by Natasha Dailey, Business Insider, https://markets.businessinsider.com/news/currencies/jpmorgan-decentraland-onyx-lounge-metaverse-virtual-real-estate-crypto-dao-2022-2, visited February 16, 2022,visited February 18, 2022.

Opportunities in the metaverse, by Christine Moy & Adit Gadgil, J.P.Morgan, www.jpmorgan.com/content/dam/jpm/treasury-services/documents/opportunities-in-the-metaverse.pdf, February 2022.

169. Visions for 2020: Key trends shaping the digital marketing landscape, by Jacel Booth, Oracle Advertising Blog, https://blogs.oracle.com/advertising/post/visions-for-2020-key-trends-shaping-the-digital-marketing-landscape, January 18, 2020, visited January 9, 2022.

170. Are you ready for the metaverse?, The customer experience column, Circlesquare, https://ezine.moodiedavittreport.com/ezine-301/the-customer-experience-column,

visited January 10, 2022.

171. Stella Artois Gallops Into The Metaverse With Horse Racing NFTs, by Cathy Hackl, Forbes, www.forbes.com/sites/cathyhackl/2021/06/18/stella-artois-gallops-into-the-metaverse-with-horse-racing-nfts, June 18, 2021, visited, February 14, 2022.

172. Interview with Lindsey McInerney, November 29, 2021.

173. Virtual-world simulator, United States Patent, Coffey, et al., 2021, https://patft.uspto.gov/netacgi/nph-Parser?Sect1=PTO2&Sect2=HITOFF&u=%2Fnetahtml%2FPTO%2Fsearch-adv.htm&r=1&f=G&l=50&d=PTXT&p=1&S1=11210843&OS=11210843&RS=11210843.

174. Big Data Meets Walt Disney's Magical Approach, Dr Mark van Rijmenam, The Digital Speaker, www.thedigitalspeaker.com/big-data-meets-walt-disneys-magical-approach, May 21, 2013, visited February 10, 2022.

175. Distribution of Roblox games users worldwide as of September 2020, by age, Statista, www.statista.com/statistics/1190869/roblox-games-users-global-distribution-age.

176. Wendy's: Keeping Fortnite Fresh by VMLY&R, www.thedrum.com/creative-works/project/vmlyr-wendys-keeping-fortnite-fresh.

177. Keeping Fortnite Fresh, Cannes Lions 2019, https://canneslions2019.vmlyrconnect.com/wendys.

178. David Robustelli, LinkedIn post, www.linkedin.com/feed/update/urn:li:activity:6884489471849480192, January 16, 2022.

179. McDonald's® USA Unveils First-ever NFT to celebrate 40th Anniversary of the McRib, https://corporate.mcdonalds.com/corpmcd/en-us/our-stories/article/OurStories.40-anniversary-mcrib.html, Press Release October 28, 2021.

180. McDonald's McRib NFT Project Links to Racial Slur Recorded on Blockchain, by Will Gottsegen & Andrew Thurman, www.coindesk.com/business/2021/12/11/mcdonalds-mcrib-nft-project-links-to-racial-slur-recorded-on-blockchain, December 11, 2021,visited January 10, 2022 Etherscan – Transaction details, https://etherscan.io/tx/0xd3a616c65e94f0a78d77a0ef0da699e294043c94b3643bc2c718577f2179b1b1.

181. Interview with Justin Hochberg, CEO of the Virtual Brand Group, January 11, 2021.

182. The brands are at it again — Taco Bell is hopping on the NFT train, by Mitchell Clark, The Verge, www.theverge.com/2021/3/8/22319868/taco-bell-nfts-gif-tacos-sell, March 8, 2021,visited January 11, 2022.

183. Coca-Cola NFT Auction on OpensSea Fetches More than $575,000, Coca-Cola Press Release,www.coca-colacompany.com/news/coca-cola-nft-auction-fetches-more-than-575000, 06 August 2021, visited January 11, 2022.
184. What fashion week looks like in the metaverse, Maghan McDowell, Vogue Business, www.voguebusiness.com/technology/what-fashion-week-looks-like-in-the-metaverse, visited April 16, 2022, published February 1, 2022.
185. Metaverse Fashion Week Draws Big Brands, Startups, Ann-Marie Alcántara, The Wall Street Journal, www.wsj.com/articles/metaverse-fashion-week-draws-big-brands-startups-11648166916, visited April 16, 2022, published March 24, 2022.
186. Metaverse Fashion Week: The hits and misses, Maghan Mcdowel, Vogue Business, www.voguebusiness.com/technology/metaverse-fashion-week-the-hits-and-misses, visited April 16, 2022, published March 29, 2022.
187. Mel Slater, et al. (2020), "The ethics of Realism in Virtual and Augmented Reality," Frontiers in Virtual Reality, 1, 1.
188. Rare Bored Ape Yacht club NFT Sells for Record $3.4 Million, by Rosie Perper, Hyperbeast, https://hypebeast.com/2021/10/bored-ape-yacht-club-nft-3-4-million-record-sothebys-metaverse, October 26, 2021, visited January 12, 2022.
189. 10:22 pm Forms Kingship, The First-ever Group consisting of NFT characters from Bored Ape Yacht club, Press Release, Universal Music Group, www.universalmusic.com/1022pm-forms-kingship-the-first-ever- group-consisting-of-nft-characters-from-bored-ape-yacht-club, November 11, 2021,visited January 12, 2022.
190. Adidas to enter the metaverse with first NFT products, by Rima Sabina Aoef, Dezeen, www.dezeen.com/2021/12/19/adidas-enter-metaverse-first-nft-products-design, December 19, 2021, visited January 12, 2022.
191. ADIDAS Has Landed On The Ethereum Metaverse with Sandbox, BAYC, and Coinbase!, by Dennis Weldner, Cryptoticker, https://cryptoticker.io/en/adidas-ethereum-metaverse, November 29, 2021,visited January 12, 2022.
192. Truly Immersive Retail experiences: How Brands Like Nike Are Using Augmented Reality in 2021, by Madeleine Streets, Footwear News, https://footwearnews.com/2021/business/retail/nike-hovercraft-studio-augmented-virtual-reality-experience-1203103817, February 4, 2021, visited January 12, 2022.
193. Nike Creates NIKELAND on Roblox, Press Release Nike, https://news.nike.com/news/five-things-to-know-roblox, November 18, 2021, visited January12, 2022.
194. What the metaverse will (and won't) be, according to 28 experts, by Mark Sullivan, Fast Company, www.fastcompany.com/90678442/what-is-the-metaverse, October

26, 2021, visited January 12, 2022.
195. How to Quit Your Job in the Great Post-Pandemic Resignation Boom, by Arianne Cohen, Bloomberg, www.bloomberg.com/news/articles/2021-05-10/quit-your-job-how-to-resign-after-covid-pandemic, May10, 2021, visited January 14, 2022.
196. Pieter Levels, There will be 1 billion digital nomads by 2035, https://levels.io/future-of-digital-nomads, October25, 2015, visited January14, 2022.
197. Jeremy N. Bailenson, (2021), Nonverbal Overload: A Theoretical Argument for the causes of Zoom Fatigue, Technology, Mind, and Behavior, 2(1), https://doi.org/10.1037/tmb0000030.
Vignesh Ramachandran, (2021), Stanford researchers identify four causes for Zoom fatigue and their simple fixes, Retrieved from Stanford News: https://news.Stanford.edu/2021/02/23/four-causes-zoom-fatigue-solutions.
198. Augmenting Your Career, by David Shrier, Piatkus, 2021.
199. Erik Brynjolfsson & Andrew McAfee, (2011), Race Against the Machine: How the Digital Revolution is Accelerating Innovation, Driving Productivity, and Irreversibly Transforming Employment and the Economy, Brynjolfsson and McAfee.
200. John Deere's self-driving tractor lets farmers leave the cab — and the field, by James Vincent, The Verge, www.theverge.com/2022/1/4/22866699/john-deere-autonomous-farming-ai-machine-vision-kit, January 4, 2022, visited January 14, 2022.
201. TECH TRENDS The rush to deploy robots in china amid the coronavirus outbreak, by Rebecca Fannin, CNBC.com, www.cnbc.com/2020/03/02/the-rush-to-deploy-robots-in-china-amid-the-coronavirus-outbreak.html, March 2, 2020, visited January 14, 2022.
202. Welcoming our new robots overlords, by Sheela Kolhatkar, The New Yorker, www.newyorker.com/magazine/2017/10/23/welcoming-our-new-robot-overlords, October 16, 2017,visited January 14, 2022.
203. Augmented and Virtual Reality in Operations, Capgemini, www.capgemini.com/wp-content/uploads/2018/09/AR-VR-in-Operations1.pdf, September 2018.
204. Farrand, P., Hussain, F., & Hennessy, e., (2002), The efficacy of the mind map study technique, Medical education, 36(5), 426–431.
205. New employees, come to Metaverse!, Hyundai, https://news.hyundaimotorgroup.com/Article/New-Employees-Come-to-Metaverse, August26, 2021, visited January 15, 2022.
206. Big companies thinking out of the box for recruitment, Korea JoongAng Daily, https://koreajoongangdaily.joins.com/2021/09/15/business/industry/metaverse-job-

fair-recruitment/20210915180700311.html, September 15, 2021, visited January 15, 2022.

207. Looking for a job? You might get hired via the metaverse, experts say, CNBC, www.cnbc.com/2021/11/30/looking-for-a-job-you-might-get-hired-via-the-metaverse-experts-say.html, November 30, 2021, visited January 15, 2022.

208. 5 Virtual Reality Training Benefits HR Managers Should Know, by Andrew Hughes, eLearning Industry, https://elearningindustry.com/virtual-reality-training-benefits-hr-managers-know-5, March 5, 2019, visited January 15, 2022.

209. Cecilie Våpenstad, Erlend Fagertun Hofstad, Thomas Langø, Ronald Mårvik, Magdalena Karolina chmarra, Perceiving haptic feedback in virtual reality simulators, Surg Endosc., 2013 Jul;27(7):2391-7, doi: 10.1007/s00464-012-2745-y, Epub 2013 Jan 26, PMID: 23355154.

210. How does a digital twin work?, IBM, www.ibm.com/topics/what-is-a-digital-twin.

211. How does a digital twin work?, IBM, www.ibm.com/topics/what-is-a-digital-twin.

212. Lik-Hang Lee, et al., (2021), All one needs to know about metaverse: A complete survey on technological singularity, virtual ecosystem, and research agenda, arXiv preprint, https://arxiv.org/abs/2110.05352.

213. Digital Twin, Siemens, www.plm.automation.siemens.com/global/en/our-story/glossary/digital-twin/24465, visited February 13, 2022.

214. Varjo, "The world's first mixed reality test drive" (case study), https://varjo.com/testimonial/xr-test-drive-with-volvo.

215. Varjo, "Case Volvo Cars" with Christian Braun, https://varjo.com/testimonial/volvo-cars-on-varjo-mixed-reality-this-is-the-future-of-creativity.

216. Taking Digital Twins for a Test Drive with Tesla, Apple, by Jesse Coors-Blankenship, IndustryWeek, www.industryweek.com/technology-and-iiot/article/21130033/how-digital-twins-are-raising-the-stakes-on-product-development, April 30, 2020, visited February 10, 2022.

217. The B1M, "Building a $2BN Skyscraper From Home," YouTube, www.youtube.com/watch?v=4lnncgMCLKA, October 7, 2020.

218. The B1M, "Why This Korean Stadium Will Be a Game changer for Football," YouTube, www.youtube.com/watch?v=88nWMhURPgc, January 26, 2022, watched, February 14, 2022.

219. EXPO 2020 Dubai hosts ISALEX2.0, the world's first law enforcement exercise in the metaverse, by International Security Alliance Secretariat, PR Newswire, www.prnewswire.com/news-releases/expo-2020-dubai-hosts-isalex-2-0--the-worlds-

first-law-enforcement-exercise-in-the-metaverse-301508827.html, visited April 16, 2022, published March 23, 2022.
220. Interview with Guillaume Alvergnat and Faraz Hashmi, Advisors, International Affairs Bureau, UAE Ministry of Interior, March 25, 2022.
221. Why Blockchain is Quickly Becoming the Gold Standard for Supply Chains, by Dr Mark van Rijmenam, Datafloq, https://datafloq.com/read/blockchain-gold-standard-supply-chains, November 22, 2018, visited January 16, 2022.
222. Seoul will be the first city government to join the metaverse, by Camille Squires, Quartz, https://qz.com/2086353/seoul-is-developing-a-metaverse-government-platform, November 10, 2021, visited January 16, 2022.
223. Working towards a Digital Twin of Earth, ESA, www.esa.int/Applications/Observing_the_Earth/Working_towards_a_Digital_Twin_of_Earth, October 14, 2021, visited January 16, 2022.
224. Interview with Richard Kerris, VP of the NVIDIA Omniverse platform, December 15, 2021.
225. ESA moves forward with Destination earth, by European Space Agency, www.esa.int/Applications/Observing_the_Earth/ESA_moves_forward_with_Destination_Earth, October 22, 2021, visited January 16, 2022.
226. Edward Castronova, (2008), Exodus to the Virtual World: How Online Fun Is Changing Reality, Palgrave Macmillan.
227. David J. Chalmers, Reality+: Virtual Worlds and the Problems of Philosophy, New York: W. W. Norton, 2022.

Virtual reality is reality, too, by Sean Illing, Vox, www.vox.com/vox-conversations-podcast/2022/1/12/22868445/vox-conversations-david-chalmers-the-matrix-reality, January 12, 2022, visited January 16, 2022.
228. Hernando de Soto, "The Power of the Poor," 2009, www.freetochoosenetwork.org/programs/power_poor.
229. The creator economy Survey by The Influencer Marketing Factory, by Globe Newswire, MarTech Series, https://martechseries.com/social/influencer-marketing/the-creator-economy-survey-by-the-influencer-marketing-factory, September 21, 2021, visited January 21, 2022.
230. 22 Creator Economy Statistics That Will Blow You Away, by Werner Geyser, Marketing Hub, https://influencermarketinghub.com/creator-economy-stats, May 15, 2021, visited January 21, 2022.
231. MetaFi: DeFi for the Metaverse, Outlier Ventures, https://outlierventures.io/wp-

content/uploads/2021/12/OV_MetaFi_Thesis_V1B.pdf.

232. What Is Lens?, https://docs.lens.dev/docs, visited February 11, 2022 A New Decentralized Social Network for Web3Is coming, by Tatiana Kochkareva, Beincrypto, https://beincrypto.com/a-new-decentralized-social-network-for-web3-is-coming, January 3, 2022, visited February 11, 2022.

233. Crypto crime Trends for 2022: Illicit Transaction Activity Reaches All-Time High in Value, All-Time Low in Share of All cryptocurrency Activity, Chainalysis, https://blog.chainalysis.com/reports/2022-crypto-crime-report-introduction, January 6, 2022, visited January 21, 2022.

234. Criminals Use USD More in Illicit Affairs Than cryptocurrency Says US Treasury, by Osaemezu Emmanuel, Zycrypto, https://zycrypto.com/criminals-use-usd-illicit-affairs-cryptocurrency-says-us-treasury, January 3, 2018, visited January 21, 2022.

235. The DOJ's $3.6B Bitcoin Seizure Shows How Hard It Is to Launder Crypto, by Andy Greenberg, Wired, www.wired.com/story/bitcoin-seizure-record-doj-crypto-tracing-monero, February 9, 2022, visited February 12, 2022.

236. Bitcoin Energy Consumption Index, Alex de Vries, Digiconomist, https://digiconomist.net/bitcoin-energy-consumption, visited February 11, 2022.

237. Bitcoin Electronic Waste Monitor, Alex de Vries, Digiconomist, https://digiconomist.net/bitcoin-electronic-waste-monitor, visited February 11, 2022.

238. Bitcoin Uses More electricity Than Many countries. How Is That Possible?, by Hiroko Tabuchi, Claire O'Neill, & Jon Huang, the New York Times, www.nytimes.com/interactive/2021/09/03/climate/bitcoin-carbon-footprint-electricity.html, September 3, 2021,visited February 11, 2022.

239. Coin Market Cap website https://coinmarketcap.com, visited January 21, 2022.

240. Mark van Rijmenam, (2019), The Organisation of Tomorrow: How AI, blockchain, and analytics turn your business into a data organisation, Routledge.

241. Clarifying the path to tokenisation, Dr Mark van Rijmenam in combination with the 2Tokens Foundation, www.thedigitalspeaker.com/clarifying-path-tokenisation, December 18, 2019, visited January 20, 2022.

242. How Security Tokens could change Liquidity and Transform the World's economy, by Dr Mark van Rijmenam, The Digital Speaker, www.thedigitalspeaker.com/security-tokens-change-liquidity-economy, February 14, 2019, visited January 20, 2022.

243. NFTs: But Is It Art (or a Security)?, by Latham & Watkins LLP, www.fintechandpayments.com/2021/03/nfts-but-is-it-art-or-a-security, March 12, 2021,

visited January 20, 2022.

244. Most artists are not making money off NFTs, and here are some graphs to prove it, Kimberly Parker, https://thatkimparker.medium.com/most-artists-are-not-making-money-off-nfts-and-here-are-some-graphs-to-prove-it-c65718d4a1b8, April 20, 2021, visited January 22, 2022.

245. Investing in the Art Market: A $1.7 Trillion Asset Class, by Mike Parsons, CAIA Association, https://caia.org/blog/2021/07/22/investing-art-market-17-trillion-asset-class, July 22, 2021, visited January 20, 2022.

246. NFTexplained.info, "Where Is an NFT Stored? – A Simple and Comprehensive Breakdown", https://nftexplained.info/where-is-an-nft-stored-a-simple-and-comprehensive-breakdown/.

247. "My first impressions of web3," Jan 07, 2022, https://moxie.org/2022/01/07/web3-first-impressions.html.

248. OpenSea Steps in After NFT Art Theft Raising Questions About Decentralization, by Bob Mason, FX Empire, www.fxempire.com/news/article/opensea-steps-in-after-nft-art-theft-raising-questions-about-decentralization-853408, December 31, 2021, visited January 20, 2022.

249. Are your NFTs on the wrong blockchain?, by David Z. Morris, Fortune, https://fortune.com/2021/03/10/are-your-nfts-on-the-wrong-blockchain, March 11, 2021, visited January 20, 2022.

250. $300,000 Bored Ape NFT sold for $3,000 because of the misplaced decimal point, by James Vincent, The Verge, www.theverge.com/2021/12/13/22832146/bored-ape-nft-accidentally-sold-300000-fat-finger, December 13, 2021, January 20, 2022.

251. Two NFT copycats are fighting over which is the real fake Bored Ape Yacht Club, by Adi Robertson, The Verge, www.theverge.com/2021/12/30/22860010/bored-ape-yacht-club-payc-phayc-copycat-nft, December 30, 2021, January 20, 2022.

252. Hermès Sues NFT Creator Over 'MetaBirkin' Sales, by Robert Williams, Business of Fashion, www.businessoffashion.com/news/luxury/hermes-sues-nft-creator-over-metabirkin-sales, January 17, 2022, visited February 14, 2022.

253. Marketplace suspends most NFT sales, citing 'rampant' fakes and plagiarism, by Elizabeth Howcroft, Reuters, www.reuters.com/business/finance/nft-marketplace-shuts-citing-rampant-fakes-plagiarism-problem-2022-02-11, February 11, 2022, visited February 13, 2022.

254. James Felton, "NFT Group Buys copy of Dune for €2.66 Million, Believing It Gives Them Copyright," IFL Science, www.iflscience.com/technology/nft-group-

buys-copy-of-dune-for-266-million-believing-it-gives-them-copyright, January 2022, visited February 11, 2022.

255. @philiprosedale – Twitter, https://twitter.com/philiprosedale/status/1467640781494095877, December 6, 2021.

256. taetaehoho and ryanshon.xyz, "Economic Primitives of the Metaverse 2: Mortgages," Blockchain@colombia, https://blockchain.mirror.xyz/MZmMEDUckY5Vo3QMwZPHcgcSr_FTpg1X025VUad_s9o, December 2, 2021, visited January 21, 2022.

257. NFT Real Estate: Why Buying Land in the Metaverse Is Not It, Spatial, https://spatial.io/blog/nft-real-estate-why-buying-land-in-the-metaverse-is-not-it, February 9, 2022, visited February 14, 2022.

258. Rabobank website, www.rabobank.com/en/about-rabobank/cooperative/index.html.

259. ConstitutionDAO: Paving the Future of Web3, Identity Review, https://identityreview.com/constitutiondao-paving-the-future-of-web3, January 19, 2022, visited January 21, 2022.

260. Pieter Bergstrom on LinkedIn, www.linkedin.com/posts/peterbergstrom_blockchain-gaming-economics-play-to-earn-activity-6890574350089637888-TDpx, January 22, 2022.

261. How Purpose-Driven Tokenisation Will Enable Innovative Ecosystems, Dr Mark van Rijmenam, The Digital Speaker, www.thedigitalspeaker.com/purpose-driven-tokenisation-innovative-ecosystems, January 29, 2020, visited January 22, 2022.

262. Web3 Is Not a Scam, But It can Feel Like One, by Jeff John Roberts, Decrypt, https://decrypt.co/90480/web-3-nft-game-axie-infinity-hard-to-use, January 16, 2022, visited January 22, 2022.

263. 3 problems that might hinder Axie Infinity's quest for game immortality, by Derek Lim - Tech in Asia, www.techinasia.com/3-problems-hinder-axie-infinitys-quest-game-immortality, August 2, 2021, visited January 22, 2022.

264. 3 problems that might hinder Axie Infinity's quest for game immortality, by Derek Lim - Tech in Asia, www.techinasia.com/3-problems-hinder-axie-infinitys-quest-game-immortality, August 2, 2021, visited January 22, 2022.

265. Play-to-earn crypto games have exploded onto the scene and are shaking up gaming business models. Here's how they work, and where the value comes from for investors, by Shalini Nagarajan, Market Insider, https://markets.businessinsider.com/news/currencies/play-to-earn-crypto-axie-infinity-business-model-gaming-

value-2022-1, January 23, 2022, visited February 13, 2022.
266. Ubisoft Reveals Plans to Step into Play-to-earn Gaming, by Robert Hoogendoorn, Dapp Radar, https://dappradar.com/blog/ubisoft-reveals-plans-to-step-into-play-to-earn-gaming, November1, 2021, visited January22, 2022.
267. Philippines Looks to Tax Hit Blockchain Game Axie Infinity: Report, by Eliza Gkritsi, CoinDesk, www.coindesk.com/markets/2021/08/25/philippines-looks-to-tax-hit-blockchain-game-axie-infinity-report, August 25, 2021, visited January 22, 2022.
268. Korea pushes Google, Apple to pull play-to-earn games from stores, by Miguel cordon, TechinAsia, www.techinasia.com/korea-pushes-google-apple-pull-playtoearn-games-stores, December 29, 2021, visited January 22, 2022.
269. Financial Inclusion on the Rise, But Gaps Remain, Global Findex Database Shows, The World Bank, Press Release, www.worldbank.org/en/news/press-release/2018/04/19/financial-inclusion-on-the-rise-but-gaps-remain-global-findex-database-shows, April 19, 2018, visited January 20, 2022.
270. How Decentralised Finance Will change the World's economy, by Dr Mark van Rijmenam, The Digital Speaker, www.thedigitalspeaker.com/decentralised-finance-change-world-economy, February 13, 2020, visited January 22, 2022.
271. How Decentralised Finance Will change the World's economy, Dr Mark van Rijmenam, The Digital Speaker, www.thedigitalspeaker.com/decentralised-finance-change-world-economy, February 13, 2020, visited January 20, 2022.
272. @rchen8, "DeFi users over time," Dune Analytics, https://dune.xyz/rchen8/defi-users-over-time, visited January 23, 2022.
273. MetaFi: DeFi for the Metaverse, Outlier Ventures, https://outlierventures.io/wp-content/uploads/2021/12/OV_MetaFi_Thesis_V1B.pdf.
274. NFT Market Size Statistics and Forecast Report, 2022–2031, www.marketdecipher.com/report/nft-market.
275. Cybercrime to Cost The World $10.5 Trillion Annually by 2025, by Steve Morgan, Cybercrime Magazine, https://cybersecurityventures.com/cybercrime-damage-costs-10-trillion-by-2025, November 13, 2020, visited January 24, 2022.
276. The Top 25 Economies in the World, by Caleb Silver, Investopedia, www.investopedia.com/insights/worlds-top-economies, February 3, 2022, visited February 17, 2022.
277. Trish Novicio, "5 Biggest Industries in the World in 2021," www.insidermonkey.com/blog/5-biggest-industries-in-the-world-in-2021-925230/3, March 24, 2021,

visited January 24, 2022.

278. Statement of Frances Haugen, October 4, 2021, www.commerce.senate.gov/services/files/FC8A558E-824E-4914-BEDB-3A7B1190BD49.

279. Mark van Rijmenam, (2019), The Organisation of Tomorrow: How AI, block chain, and analytics turn your business into a data organisation, Routledge.

280. Kavya Pearlman, Marco Magnano, Ryan Cameron, Sam Visner, (2021), "Securing the Metaverse, Virtual Worlds Need REAL Governance," Simulation Interoperability Standards Organization, www.academia.edu/66984560/Securing_the_Metaverse_Virtual_Worlds_Need_REAL_Governance.

281. Kavya Pearlman, Marco Magnano, Ryan Cameron, Sam Visner, S. (2021), "Securing the Metaverse, Virtual Worlds Need REAL Governance," Simulation Interoperability Standards Organization, www.academia.edu/66984560/Securing_the_Metaverse_Virtual_Worlds_Need_REAL_Governance.

282. Hyper-Reality, by Keiichi Matsuda, www.youtube.com/watch?v=YJg02ivYzSs, May 20, 2016,visited February 11, 2022.

283. German police used a tracking app to scout crime witnesses. Some fear that's fuel for covid conspiracists, by Rache Pannett, The Washington Post, www.washingtonpost.com/world/2022/01/13/german-covid-contact-tracing-app-luca, January 13, 2022, visited January 24, 2022.

284. Sheera Frenkel and Kellen Browning, "The Metaverse's Dark Side: Here Come Harassment and Assaults," The New York Times, www.nytimes.com/2021/12/30/technology/metaverse-harassment-assaults.html, December 30, 2021, visited January 24, 2022.

285. The Metaverse Has a Sexual Harassment Problem and It's Not Going Away, by Kishalaya Kundu, Screenrant, https://screenrant.com/vr-harassment-sexual-assault-metaverse, December 16, 2021, visited January 25, 2022.

286. TikTok Stars Are Being Turned into Deepfake Porn Without Their Consent, by Geordie Gray, RollingStone, https://au.rollingstone.com/culture/culture-features/tiktok-creators-deepfake-pornography-discord-pornhub-18511, October 27, 2020, visited January 24, 2022.

287. Mark van Rijmenam, (2014), Think Bigger: Developing a Successful Big Data Strategy for Your Business, AMACOM.

288. Peter Casey, Ibrahim Baggili, and Ananya Yarramreddy, "Immersive Virtual Reality Attacks and the Human Joystick," in IEEE Transactions on Dependable and Secure Computing, vol. 18, no. 2, pp. 550–562, 1 March-April 2021, doi:

10.1109/TDSc.2019.2907942.

289. Found a random NFT in your wallet? Interacting with it could be a big mistake, by Morgan Linton, www.morganlinton.com/found-a-random-nft-in-your-wallet-interacting-with-it-could-be-a-big-mistake, September 21, 2021, visited January 24, 2022.

290. Ten richest men double their fortunes in pandemic while incomes of 99 percent of humanity fall, Oxfam International, www.oxfam.org/en/press-releases/ten-richest-men-double-their-fortunes-pandemic-while-incomes-99-percent-humanity, January 17, 2022, visited January 24, 2022.

291. Imperva, "Bad Bot Report 2021: The Pandemic of the internet," www.imperva.com/resources/resource-library/reports/bad-bot-report.

292. Scammers are impersonating MetaMask tech support on Twitter, by Will Gendron, Input, www.inputmag.com/tech/beware-of-scammers-impersonating-metamask-support-on-twitter, January 22, 2022, visited January 24, 2022.

293. The Problem of Misinformation, Bad Bots and Online Trolls, especially during the Coronavirus Crisis, Dr Mark van Rijmenam, The Digital Speaker, www.thedigitalspeaker.com/problem-misinformation-bad-bots-online-trolls-coronavirus, March 19, 2020, visited January 25, 2022.

294. Managing the COVID-19 infodemic: Promoting healthy behaviours and mitigating the harm from misinformation and disinformation, WHO, www.who.int/news/item/23-09-2020-managing-the-covid-19-infodemic-promoting-healthy-behaviours-and-mitigating-the-harm-from-misinformation-and-disinformation, September 23, 2020, visited February 11, 2022.

295. Samantha Bradshaw and Philip N. Howard, "challenging Truth and Trust: A Global Inventory of Organized Social Media Manipulation," computational Propaganda Research Project, Oxford internet Institute, https://demtech.oii.ox.ac.uk/wp-content/uploads/sites/93/2018/07/ct2018.pdf.

296. Brands Are Building Their Own Virtual Influencers. Are Their Posts Legal?, by Jesselyn Cook, Huffington Post, www.huffpost.com/entry/virtual-instagram-influencers-sponcon_n_5e31cbefc5b6328af2ef97fd, January 29, 2020, visited January 24, 2022.

297. How Recommendation Algorithms Run the World, by Zeynep Tufekci, Wired, www.wired.com/story/how-recommendation-algorithms-run-the-world, April 22, 2019, visited January 24, 2022.

298. AI experts Want to end 'Black Box' Algorithms in Government, by Tom Simonite,

Wired, www.wired.com/story/ai-experts-want-to-end-black-box-algorithms-in-government, October 10, 2017, visited January 24, 2022.
299. Algorithms Are Black Boxes, That Is Why We Need explainable AI, Dr Mark van Rijmenam, The Digital Speaker, www.thedigitalspeaker.com/algorithms-black-boxes-explainable-ai, March 1, 2017, January 24, 2022.
300. "I'd Blush If I Could," EQUALS Global Partnership and UNESCO, https://en.unesco.org/Id-blush-if-I-could.
301. Amazon scraps secret AI recruiting tool that showed bias against women, by Jeffrey Dastin, Reuters, www.reuters.com/article/us-amazon-com-jobs-automation-insight/amazon-scraps-secret-ai-recruiting-tool-that-showed-bias-against-women-idUSKCN1MK08G, October 11, 2018, visited January 24, 2022.
302. Aviv Weinstein and Michel Lejoyeux (March 2015), "New developments on the neurobiological and pharmaco-genetic mechanisms underlying internet and videogame addiction." The American Journal on Addictions (Review), 24 (2): 117–25. doi:10.1111/ajad.12110. PMID 25864599.
303. How Zero-Knowledge Proof Enables Trustless Transactions and Increases Your Privacy, Dr Mark van Rijmenam, The Digital Speaker, www.thedigitalspeaker.com/zero-knowledge-proof-enables-trustless-transactions-increases-privacy, December 20, 2017, visited January 25, 2022.
304. Vyjayanti T. Desai, Anna Diofasi, and Jing Lu, "The global identification challenge: Who are the 1 billion people without proof of identity?", The World Bank, https://blogs.worldbank.org/voices/global-identification-challenge-who-are-1-billion-people-without-proof-identity, April 25, 2018, visited January 25, 2022.
305. Oasis Consortium, www.oasisconsortium.com/usersafetystandards and interview with Tiffany Xingyu Wang on January 26, 2022.
306. Why Data Rights Will Be The New Civil Rights, Dr Mark van Rijmenam, The Digital Speaker, www.thedigitalspeaker.com/why-data-rights-new-civil-rights-the-digital-speaker-series-ep12, June 24, 2021, visited February 11, 2022.
307. The Rise of Digitalism: Will the Coronavirus Trigger the End of Liberalism?, Dr Mark van Rijmenam, The Digital Speaker, www.thedigitalspeaker.com/rise-digitalism-coronavirus-trigger-end-liberalism, April 2, 2020, visited January 24, 2022.
308. The Future of Computing: How Brain-Computer Interfaces Will Change Our Relationship with Computers, Dr Mark van Rijmenam, The Digital Speaker, www.thedigitalspeaker.com/brain-computer-interfaces-change-relationship-computers, October 21, 2021, visited January 26, 2022.

309. The Brief History of Brain-Computer Interfaces, Brain Vision UK, www.brainvision.co.uk/blog/2014/04/the-brief-history-of-brain-computer-interfaces, April 30, 2014, January 26, 2022.

310. Scientists Can Now Read Your Thoughts with a Brain Scan, by Avery Thompson, Popular Mechanics, www.popularmechanics.com/science/health/a27102/read-thoughts-with-brain-scan, June 17, 2017, visited January 26, 2022.
Scientists 'read dreams' using brain scans, by Rebecca Morelle, BBC, www.bbc.com/news/science-environment-22031074, April 4, 2013, visited January 26, 2022.
Scientists are using MRI scans to reveal the physical makeup of our thoughts and feelings, by Lesley Stahl, CBS News, www.cbsnews.com/news/functional-magnetic-resonance-imaging-computer-analysis-read-thoughts-60-minutes-2019-11-24, November 24, 2019, visited January 26, 2022.

311. @elonmusk – Twitter, https://twitter.com/elonmusk/status/1281121339584114691, July 9, 2020.

312. Monkey MindPong, by Neuralink, www.youtube.com/watch?v=rsCul1sp4hQ, April 9, 2021.

313. How to measure brain activity in people, Queensland Brain Institute, The University of Queensland, https://qbi.uq.edu.au/brain/brain-functions/how-measure-brain-activity-people.

314. Sid Kouider interviewed by Marques Browniee, https://youtu.be/MhKiMPiZOdE, April 16, 2021, visited January 26, 2022.

315. Dr Mark van Rijmenam, The Future of Computing: How Brain-Computer Interfaces Will Change Our Relationship with Computers, The Digital Speaker, www.thedigitalspeaker.com/brain-computer-interfaces-change-relationship-computers, October 21, 2021, visited February 17, 2022.

316. NextMind brings Brain-Computer Interface wearable to IAA Mobility, Business Wire, www.businesswire.com/news/home/20210909005669/en/NextMind-brings-Brain-Computer-Interface-wearable-to-IAA-Mobility, September 21, 2021, visited January 26, 2022.

317. The Quest to Make a Digital Replica of Your Brain, by Grace Browne, Wired, www.wired.com/story/the-quest-to-make-a-digital-replica-of-your-brain, February 15, 2022, visited February 17, 2022.

318. Gabe Newell says brain-computer interface tech will allow video games far beyond what human 'meat peripherals' can comprehend, by Luke Appleby, 1News, www.1news.co.nz/2021/01/25/gabe-newell-says-brain-computer-interface-

tech-will-allow-video-games-far-beyond-what-human-meat-peripherals-can-comprehend, January 25, 2021, visited January 26, 2022.

319. Tobii, Valve & OpenBCI collaborate on 'Galea' VR Brain-Computer Interface, by Peter Graham, GMW3, www.gmw3.com/2021/02/tobii-valve-openbci-collaborate-on-galea-vr-brain-computer-interface, February 5, 2021, visited January 26, 2022.

320. Gabe Newell says brain-computer interface tech will allow video games far beyond what human 'meat peripherals' can comprehend, by Luke Appleby, 1News, www.1news.co.nz/2021/01/25/gabe-newell-says-brain-computer-interface-tech-will-allow-video-games-far-beyond-what-human-meat-peripherals-can-comprehend, January 25, 2021, visited January 26, 2022.

321. Valve psychologist explores controlling games directly with your brain, by Dean Takahashi, VentureBeat, https://venturebeat.com/2019/03/24/valve-psychologist-explores-controlling-games-directly-with-your-brain, March 24, 2019, visited January 26, 2022.

322. Valve Founder Says Brain-Computer Interfaces Could One Day Replace Our 'Meat Peripherals', by Mike Fahey, Kotaku, https://kotaku.com/valve-founder-says-brain-computer-interfaces-could-one-1846124830, January 25, 2021, visited January 26, 2022.

323. Tim Berners-Lee, Re-decentralizing the web: Some strategic questions, 2016. Available from: https://archive.org/details/DWebSummit2016_Keynote_Tim_Berners_Lee.

324. The State of Online Harassment, Pew Research center, www.pewresearch.org/internet/2021/01/13/the-state-of-online-harassment, January 13, 2021, visited January 26, 2022.

325. Eminem – Lose Yourself. Album: 8 Mile – Music from and Inspired by the Motion Picture, 2002.

326. Douglas Adams, (2002). The Salmon of Doubt: Hitchhiking the Galaxy One Last Time (Vol. 3). Harmony.

327. Metaverse Marketing Podcast, eP08 as discussed by Jonathan Glick, www.adweek.com/category/metaverse-marketing-podcast.

328. The 10 Principles of Burning Man, https://burningman.org/about/10-principles, visited January 28, 2022.